존 듀이의

경험 중심
교육사상

| 송도선 저 |

학지사

서문

존 듀이(John Dewey, 1859~1952)는 93세까지 살면서 엄청난 양의 저술과 사회 활동을 통해서, 교육은 간접경험에 의존할 것이 아니라 학습자의 직접경험과 연결해야 한다고 강조하였다. 그의 사상은 현대 교육이론 전반에 산파역을 한 것으로 평가받을 정도로 교육학계에 많은 영향을 끼쳤고 교육학 이론 전반에 깊이 침투되어 있다. 그리고 우리나라를 비롯하여 세계의 각종 교육개혁의 사상적 토대가 되어왔다. 하지만 그가 죽은 지 70여 년이 지난 오늘날에도 우리의 교육 현실은 여전히 서책 위주의 간접경험 교육에서 크게 벗어나지 못하고 아동·학생들은 지적 소화불량에 시달리고 있다. 그것은 수많은 교육적 낭비의 주범이 되어왔다. '경험' 개념을 중심으로 전개된 그의 교육이론의 진의와 가치를 되새겨볼 필요성을 절감한다.

이 책은 필자의 박사학위논문 "John Dewey의 經驗 中心 敎育論"(1998)을 근간으로 하여, 교육에 관심을 가진 많은 사람이 좀 쉽게 접근할 수 있도록 그 내용을 수정·보완한 것이다. 책의 구성은 총 9장으로 되어 있으며, 들머리(1장)와 마무리(9장)를 제외하면 크게 두 부분으로 나누어진다. 제2~4장에서는 듀이의 '경험이론'을 다루었고, 제5~8장에서는 이에 기초한 '교육사상'을 다루었다. 전자는 1부, 후자는 2부로 나눌 수 있겠지만 목차에는 장, 절로만 표기하였다.

　우리의 삶은 경험의 연속 과정이다. 삶의 총체로서의 경험이 어떤 과정을 거치며 연결되고 통합되는지 그 구조를 이해하고, 교육에서 서책 위주의 암기식 교육은 왜 문제가 되며, 체험 학습은 어떤 근거로 교육의 필수 조건이라고 하는지를 체계적으로 이해하는 데 도움이 되기를 희망한다. 다소 복잡해 보이는 존 듀이의 사상을 이해하는 지름길을 찾는 사람에게 이 책을 추천하고 싶다.

　교육학계의 큰 산 듀이에 입문시키고 수백 권의 관련 서적을 아낌없이 제공하며 불민한 사람에게 공부를 독려해주신 김병길 선생님, 진리 탐구의 에너지를 끊임없이 충전해주신 신득렬 선생님께 각별한 감사를 드린다. 다른 출판사에서 나온 책이 절판되었다고 하여 상당 부분 보강하여 이번에 학지사와 인연을 맺게 되었다. 독자들의 요청에도 불구하고 출판이 늦어진 점에 대해서 송구한 마음을 전하고 싶다. 출판을 흔쾌히 맡아주신 학지사 김진환 사장님과 멋진 모양으로 책을 다듬어준 출판사 관계자들께 고마움을 전한다.

2021년 4월의 마지막날
송　도　선

차례

제1장 들머리

듀이(John Dewey, 1859~1952)는 교육학뿐만 아니라 철학, 심리학, 사회학, 정치학, 윤리학, 미학, 과학철학, 종교철학 등 광범위한 영역에 걸쳐서 방대한 저작 활동을 했던 만큼, 그의 사상에 붙여지는 이름도 다양하다. 인간 경험의 최종적 가치를 그 실효성(workability)에 두고 있다는 측면에서 그의 사상을 주로 실용주의(pragmatism)라고 표명하고 있지만, 모든 인간 생활을 통해서 습득하는 경험을 문제 해결의 수단이라고 본다는 점에서 도구주의(instrumentalism)라고도 하고, 실증 과학의 실험적 방법을 중시하여 그것을 인문학의 탐구 방법론에 적용하려 했다는 면에서 실험주의(experimentalism)라고도 한다. 또한 진리와 가치에 대한 절대 불변의 관념을 부정하고 변화를 실재로 간주하여, 모든 지식과 가치를 잠정적인 것으로 본다는 점에서 상대주의(relativism)라고도 하고, 인간 삶의 목적을 세우는 일보다는 자연적·사회적 환경에서 인간이 삶을 효과적으로 유지해 나가는 방법을 설명하는 일에 치중하고 있다는 점에서 기능주의(functionalism)라고도 한다.[1]

그의 교육사상은 미국은 물론 전 세계에 걸쳐서 20세기 교육의 이론과 실제에 지배적인 영향을 끼쳐왔다는 것은 주지의 사실이다. 금세기의 교육에 있어서 듀이만큼 폭넓은 영향을 끼친 교육이론가는 없다고 하는 사람도 있고(Ou, 1961: 277), 심지어 현대 교육이론 대부분이 그의 사상에서 파생되어 나왔다 하여, 현대 교육이론은 듀이 교육사상의 주해(註解)라고 해도 과언이 아니라고 평가하는 사람도 있다(Dewey 저, 李烘雨 역, 1987, 역자 서문: iv). 말하자면, 그의 사상이 현대교육이론의 산파역을 했다는 것이다. 그의 주저인 *Democracy and Education*(1916)에는 현대 교육이론에서 등장하는 중요한 개념들 대부분이 그 원형에 가깝게 담겨 있는 것을 보면 이러한 주장이 별로 과장되지 않았음을 알 수 있다. 그리고 교육의 개혁을 거론할 때는 그 이론적 바탕으로 듀이의 교육사상이 빠짐없이 오르내리는 걸 보면 그의 영향력은 지금도 진행 중이라고 할 수 있다.

우리나라는 해방 이후 국가 재건의 지표가 민주 사회 건설이었던 만큼, 민주주의에 기조를 둔 듀이의 교육이론이 유입된 것은 자연스러운 일이었다. 따라서 그의 사상이 어떤 형태로든 '교육이론'에는 많은 영향을 끼쳐온 것은 부인할 수 없다.[2] 그러나 그것이 우리 '교육의 실제'

---

1) 그 외에도 가끔 언급되는 명칭이 있다. 듀이가 생물학적 관점을 일관되게 견지하여 인간을 자연계에서 생존해 나가는 하나의 유기체로 보고자 했다는 측면에서 자연주의(naturalism)라고도 하고, 삶이나 교육의 방식에 대하여 정적·소극적인 면보다는 동적·적극적인 면을 중시했다는 점에서 활동주의(activism)라고도 하며, 모든 가치나 진리를 재는 척도를 인간의 경험에 두고 있다는 점에서 인본주의(humanism)라고도 한다.
2) 영향을 받은 방식에 대해서는, 그의 사상이 우리의 교육이론 연구에 직접 영향을 끼친 측면도 있겠지만, 그보다는 듀이의 사상이 깊이 반영되어 발전된 미국의 교육이론을 우리가 계속 도입함으로써 간접적으로 전파된 영향이 더 크다고 보는 것이 타당할 것이다.

현장에 얼마만큼 반영되었는지에 대한 평가는 엇갈린다.

그런데 적어도 근래의 듀이 연구자들의 평가로는 '우리의 교육계에 듀이만큼 많이 알려진 교육이론가도 드물지만, 듀이만큼 잘못 알려진 사람도 없을 것'이라는 견해가 지배적이다.[3] 그 경위야 어찌 되었든, 필자의 생각으로는 우리나라 교육의 주요 실태들, 그중에서도 줄곧 문제점으로 지적되어온 현안들, 예컨대 소위 상급학교 진학을 위한 지식 위주의 교육, 성인과 교재 중심의 일방적이고 획일적인 교육, 연속성과 통합성이 결여된 단편적 교육, 자유로운 활동을 제약하는 열악한 교육 시설과 환경 등은 분명히 듀이와는 상반된 현상이라고 평가할 수 있다. 이는 곧 듀이가 퇴색한 사상가가 아니라, 현재 우리의 교육계에 생생한 메시지를 던져주는 살아있는 사상가임을 말해주는 것이다.

이런 사항을 감안하면, 교육학의 발전이나 현대 교육이론의 문제점 극복을 위해서도, 우리나라 교육 실제에의 올바른 적용을 위해서도, 듀이의 교육사상은 2차 자료보다는 가능하면 그의 원전에 입각하여 주도면밀하게 연구할 필요가 있다. 그렇게 할 때 그의 진의를 충실하게 파악하고 교육 실제에 올바르게 적용할 수 있을 것이기 때문이다.

1970년대 이후에는 그의 사상을 재평가하려는 움직임이 활발하게 일어나, 체계적으로 이해하기 위한 많은 연구와 논쟁이 행해졌지만, 1950년대 후반부터 1960년대까지는 그의 교육사상이 주로 미국에서 많은 비판

---

3) 그것은 그동안의 듀이 연구자들에게도 책임이 있겠지만, 일반적인 교육 종사자들에게 파급력이 큰 교육학 개론서들에 더 많은 문제가 있었다고 파악된다. 듀이는 후기에 진보주의 교육 방향에 대하여 강한 불만을 표시하며, 그들의 그릇된 방향을 바로잡고자 많은 노력을 기울였음에도 불구하고, 많은 교육학 개론서에서는 아직도 듀이의 교육이론을 진보주의 교육과 동일시하고 있다는 것은 이를 입증한다.

을 받기도 했다. 그에 대한 평가는 찬사와 악평이 교차하였다. 하지만 아직도 그의 사상을 둘러싸고 많은 이견이 상존하고 있다. 그것은 그의 사상의 난해성이나 문체의 불명확성, 그리고 사상 자체가 가진 문제점에도 그 원인이 있겠지만, 그에 대한 비판가들은 주로 절대 불변의 신(God)을 전제로 한 가톨릭적 이념에 기초한 사람들이며, 그의 교육이론의 철학적 기반[4]을 제대로 이해하지 못한 데서 연유된 경우가 많다는 지적(Meyer 저, 최정웅 역, 1985: 72-73)은 주목할 만하다.

그는 철학, 심리학 연구에서 시작해서 사회 문제에도 많은 관심을 가졌지만, 실험학교를 손수 운영하여 교육 실험을 거치면서, 결국 교육이론에서 사상의 꽃을 활짝 피운 인물이다. 그가 마지막까지 교육분세에 심혈을 쏟은 것은, "교육은 사회의 진보와 개혁을 가져오는 근본적인 방법"(*MPC*: 93)이며, 자신의 모든 역량과 사상을 사회적으로 실현하기 위한 최적지가 교육 분야라고 확신했기 때문이다.

그의 교육이론을 연구하기 위한 접근 통로는 다양할 수 있을 것이다. 그러나 그의 전반적인 이론이 전개되는 중심축이 '경험 사상'이라는 점에서, 다른 통로가 아닌 그 중앙으로 직접 뛰어들어 그것을 기준으로 접근하는 것은 그의 교육이론을 이해하는 지름길이 될 수 있다고 생각

---

4) 본문 진행 과정에서 고딕체로 된 것은 '서사적 신호법'(graphical signaling)을 이용한 것으로서, 그 부분을 부각시켜 독자의 주의력을 환기시키기 위해서 사용한 것이다. 다만, 인용문 내의 고딕체는 원저자의 강조이며, 서명(書名)에 대해서는 단지 그것이 서명임을 명시하기 위해서 고딕으로 표기한 것이다. 그리고 필자가 강조하거나 특정한 말을 별도로 따서 거론할 필요가 있을 경우는 임의적으로 '외따옴표'를 사용하였다. 직접인용문 내의 '외따옴표'는 원저자의 인용을 그대로 옮겨 표시한 것이다. 한자(漢字)나 영문 표기는 그 의미를 분명히 할 필요가 있는 경우에 사용한 것이다.

된다. 그의 교육이론이 경험 사상에 기초하고 있다는 것은 그의 모든 저작물에 나타나 있지만, 특히 후기 저작인 *Experience and Education* (1938)에는 여러 차례 명시적으로 표현되어 있다. 그는 "새로운 철학의 기본적인 공통점은 실제적 경험 과정과 교육의 과정 사이에 밀접하고 필연적인 관계가 있다는 생각에서 찾을 수 있다고 생각된다. 그렇다면 새 교육의 기본 사상이 적극적이고 건설적으로 발전하느냐의 여부는 경험에 대한 올바른 사상을 갖느냐의 여부에 달려 있다"(*EE*: 7)[5]고 말한다. 그러므로 "개인이든 사회든 그 교육적 목적을 달성하기 위해서는, 교육이 반드시 경험에 기초를 두어야만 하며"(*EE*: 61), "새 교육철학은 경험적·실험적 철학의 어떤 성질에 맡겨져 있다"(*EE*: 11). 또한 경험이론을 잘 이해하여 학교에서 교재, 교수, 훈련, 방법, 물리적 시설과 사회적 조직을 결정하는 방안이 되지 못한다면, 그것은 공염불이 되고 말 것이라고 하면서(*EE*: 13), 그의 새로운 교육사상의 성패는 경험이론에 대해서 올바르게 이해하느냐의 여부에 달려 있다고 생각하였다. 이러한 맥락에서 그는 교육을 "경험의 끊임없는 재구성 또는 재조직"(*DE*:

---

5) 이 책에서, 인용 근거를 나타내는 '근거주'는 이와 같이 본문 속에 처리하고, '내용주'는 본문 하단에 수록하기로 한다. 다만, 글 전반에 걸쳐서 자주 인용되는 듀이의 대표적인 저서의 경우는 편의상 다음과 같이 약칭하여 표기하였다.

　MPC = "My Pedagogic Creed"(1897).

　IE = *Interest and Effort in Education*(1913).

　SS = *The School and Society*(1915).

　DE = *Democracy and Education*(1916).

　RP = *Reconstruction in Philosophy*(1920).

　HNC = *Human Nature and Conduct*(1922).

　EN = *Experience and Nature*(1925).

　EE = *Experience and Education*(1938).

82)이라고 정의하고, "교육은 경험 안에서(within), 경험에 의해서(by), 경험을 위해서(for) 이루어지는 발전"(EE: 13)이라고 했던 것이다. 따라서 '경험 중심 교육'이란 말은 '체험 위주의 교육'으로 한정되는 좁은 의미를 가리키는 것이 아니고, 모든 교육 장치를 경험을 중심으로 배치하는 교육, 또는 경험을 중심으로 전개된 교육 사상이나 이론을 의미하는 것이고, '경험 중심 교육사상'은 이러한 경험과 교육의 복합적 관계를 함축하여 표현한 것이다.

경험에 관하여 역사상 상당수의 철학자가 관심을 기울여 탐구했지만, 듀이만큼 체계적이고 폭넓게 그리고 현대적 시각으로 논한 사람은 찾아보기 어렵다. 경험과 관련된 기존의 이론이 개울물이라면 그의 이론은 대하(大河)라고 비유해도 좋을 것이다. 그의 철학은 경험 개념에서 시작해서 거기로 수렴되고 있다는 점에서 '경험 철학'이라고 할 수 있다. 그런데 그는 "철학은 교육의 일반 이론"(DE: 338)이라고 간주하였으므로, 그의 경험 철학은 곧 교육의 일반 이론이라는 논리가 성립한다. 따라서 그의 교육이론을 '경험교육론'이라 해도 무방할 것이다. 그렇다면 그의 교육이론을 제대로 파악하기 위해서는 그의 경험이론을 제대로 이해하고, 그러한 바탕 위에서 경험 사상이 교육이론에 어떻게 투영되어 있는지를 규명하는 작업이 필요할 것이다.

선행 연구들을 검토한 결과, 듀이에 관한 국내외 연구는 그 중요도에 비례하여 석·박사학위논문과 일반 논문 그리고 단행본을 통해서, 비교적 활발하게 이루어져 있다. 국내의 경우는 박사학위논문이 30여 편(1998년 기준, 그중 ⅔ 정도가 교육학 관련 논문임)이 나와 있고, 영어권의 해외 박사학위논문은 수백 편에 이른다. 그중 듀이의 경험이론에 대해서, 혹은 그것과 관련된 교육이론을 다룬 연구도 상당수 이루어진 것으

로 조사되었다. 이에 관련된 대표적인 것들로는 다음과 같은 연구들을
꼽을 수 있었다.[6]

영어권의 박사학위논문으로는 S. D. Ross(1961)의 *The Philosophy
of ExperiencE: An Analysis of the Concept of Experience in the
Philosophy of John Dewey*, M. A. Collins(1971)의 *The Implication of
J. Dewey's Theory of Teaching Method for Educational Practice*, R.
A. Brosio(1972)의 *The Relationship of Dewey's Pedagogy to His
Concept of Community*, 그리고 C. H. Park(1993)의 *Education as Living:
A Re-evaluation of John Dewey's Experience-Centered Curriculum* 등
이 돋보였다. 그리고 국내의 박사학위논문으로는 吳炳文(1983)의 "John
Dewey 哲學에 있어서의 經驗에 關한 研究", 趙成述(1985)의 "존 듀이
哲學에 있어서의 經驗의 構造에 關한 研究", 李章浩(1988)의 "듀이의 道
具主義에 있어서의 相互作用原理에 관한 研究", 鄭健泳(1988)의 "John
Dewey의 教育的 經驗의 原理에 對한 研究" 등을 대표적으로 꼽을 수
있었다.

그리고 단행본으로서 경험과 교육의 문제를 상당 부분 다루고 있는 것들
로는, J. P. Wynne(ed. 1960)의 *Qualities of Experience and Educational
Philosophy*, B. B. Brown(1968)의 *The Experimental Mind in Education*,
J. J. McDermott(1973)의 *The Philosophy of John Dewey*, (Vol. 1: The

---

6) 이들 선행 연구 자료를 검토하는 데 있어, 학위논문에 관련된 자료 색인 방법은, 영어
   권 논문은 DAO(Dissertation Abstracts On Disc; 미국의 UMI(University Microfilms
   Inc.)에서 제공하는 박사학위논문 자료집)(1861~1995)를, 그리고 국내 논문은 LIBRARY
   (국립 중앙도서관 색인집)(1960~1996)와 NOLIS(국회도서관 색인집)(1960~1996)
   를 토대로 하였다.

Structure of Experience, Vol. 2: The Lived Experience) 등을 들 수 있으며, 국내 출판물로는 金在萬(1980)의 『듀이哲學』, 李敦熙(1993)의 『敎育的 經驗의 理解』 등을 들 수 있다.

결국, 어떤 형태로든 듀이의 경험과 교육이론에 관련된 선행 연구도 양적으로는 상당수 나와 있는 셈이다. 그러나 듀이가 '경험 중심 교육과 정'의 주창자라고 널리 회자되고 있지만, 기존의 연구에서는 우선 그의 경험 사상의 실체를 밝히고, 그 토대 위에서 형성된 그의 교육이론을 체계적으로 고찰한 것은 찾기 어려웠다. 기존의 연구들은 경험과 교육 이론이 뒤섞여 있고, 듀이 자신의 저서 속에 나오는 소제목들을 재현하 는 경우가 많아, 연구자가 충분히 소화하여 주체적으로 분석하고 범주 화하여, 체계적으로 재구성하였다고 보기 어려웠다. 또한 하위 개념들 간의 유기적 관계를 분명하게 드러내는 데에도 미흡한 것으로 평가되 었다.

따라서 그의 풍부한 교육사상이 경험 철학에 바탕을 두고 있다는 듀 이 자신의 주장에 입각하여, 인간 일반을 대상으로 전개된 그의 경험 사상을 고찰하고, 이를 토대로 하여 아동 · 학생을 주 대상으로 한 그의 교육이론을 체계적으로 밝히는 것도 의미 있는 연구가 될 것으로 생각 되었다.

요컨대, 경험의 다양한 개념을 분석하고, 경험의 원리들을 통합할 때 드러나는 입체적 구조를 파악함으로써, 그의 사상 전반을 포섭하는 경 험 철학을 이해하고, 거기에 토대를 둔 그의 교육사상, 즉 경험 철학이 교육 사상이나 이론에 어떻게 투영되어 있는지를 밝혀내는 것이 본 연 구의 주된 목적이다. 아울러 그와 관련하여 한국의 교육 현실 문제를 개선하는 데 필요한 몇 가지 방안을 찾아 제시하고자 한다. 장별 구체적인 전개 순서는 다음과 같다.

제2장에서는 듀이의 경험 철학이 형성된 사회적·사상적 배경을 검토할 것이다. 첫째, 그의 경험 철학의 토대가 되는 통합적 사고의 특징과 그것의 형성 과정을 고찰하고자 한다. 둘째, 철학사에 있어 경험 개념에 대한 흐름을 대별하고, 전통적인 경험관에 대하여 듀이 자신이 어떠한 비판을 가하는지를 검토할 것이다. 셋째, 그의 새로운 경험 철학의 주요 특징을 요약하고자 한다.

제3장에서는 복합적인 의미를 가진 그의 경험 개념을 몇 가지 범주로 나누어서 고찰하고자 한다. 그에게서 경험 개념은 삶의 과정과 결과를 모두 포함하는 총체적 의미를 담고 있으며, 탐구 방법으로서의 의미를 갖기도 하고, 실제적인 활동으로서의 직접경험과 상징 매체를 통한 간접경험을 포함하기도 하며, 개인의 경험뿐만 아니라 사회 전체의 공동경험으로서의 의미를 갖기도 한다.

제4장에서는 교육적 경험이 성립되기 위한 조건으로서 제시되는 두 가지 원리, 즉 상호작용과 연속의 원리, 그리고 이를 통해서 경험이 성장하는 양태를 고찰하게 되는데, 이것은 일종의 입체적인 구조로 나타나게 될 것이다.

제5장부터는 앞에서 파악한 그의 경험 사상을 기반으로 형성된 그의 교육이론을 고찰하고자 한다. 5장에서는 우선 교육적 경험의 개념을 분석하여 경험과 교육의 관계를 다루고, 6장에서는 듀이의 사상을 상징적으로 나타내는 학습자와 흥미를 중시하는 교육의 진정한 의미를 파악할 것이다. 7장에서는 경험 성장으로서의 교육관을 재검토하게 될 것이며, 8장에서는 그가 일관되게 강조하는 교육 방법, 즉 실제적인 경험 활동을 통한 '경험 중심 교육사상'에 담긴 원리와 의의를 다각도에서

검토하고자 한다.

제9장의 마무리 부분에서는 먼저 책 전반의 연구 결과를 요약하고, 듀이의 경험과 교육 사상에 담긴 몇 가지 문제점을 지적하며, 다음으로 그의 이론이 우리의 삶과 교육 문제에 던지는 시사점을 다루고, 후속 연구를 위한 제언을 하면서 마무리하고자 한다.

듀이의 저작물은 40여 권의 저서와 700여 편의 논문에 이르는 방대한 분량이며, 그것은 대개 초기(1882~1898), 중기(1899~1924), 후기(1925~1953) 저작으로 구분되고 있다. 그중에서 집필에서 주로 참고한 저작물은 앞의 각주에 제시된 것들이다. 그의 대표적인 저서로 손꼽히는 *Democracy and Education*(1916)와 *Experience and Education*(1938) 등은 내용 전체가 분석 대상이 되었지만, 이 책은 처음부터 특정 저서에 대한 분석을 목적으로 한 것이 아니므로 다른 저작물은 각 장·절의 제목과 색인집을 통해서 내용 전개에 필요하다고 판단되는 내용만 참고하였다.

우리는 종종 한 사상가가 일생 동안 저작 활동을 해가는 가운데 시각이 상당 부분 변화되어 가는 모습을 볼 수 있다. 인간의 삶이 변화의 연속 과정이라고 볼 때 이러한 현상은 있을 수 있는 일이다. 그러나 듀이의 경우는 사상의 주요 노선이 변경되지 않기도 하거니와[7], 본 연구는 한 가지 주제를 중심으로 그의 저작물을 검토하는 공시적(共時的) 연구 방법을 취하였기 때문에, 2장을 제외하고는 연대순의 사상 변화를

---

7) 듀이가 그의 나이 38세에 저작하여 *School Journal* (LIV, Jan., 1897: 77-80)에 실린 자신의 교육 신조 "My Pedagogic Creed"의 내용은 '듀이 사상의 요약물'이라 할 수 있을 만큼, 마지막 저작물까지 사상적 일관성을 유지하고 있다는 사실은 우리에게 놀라움을 던져주고 있다.

중시하는 통시적(通時的) 방식으로 진행하지는 않을 것이다. 다만, 후기 저작물에서 약간 보완되는 내용은 전체적인 논리 구성에 있어 그것을 감안하여 전개하게 될 것이다. 이에 따라 *Experience and Education* (1938)은 앞서 출판되어 나온 내용에 가해진 많은 비판에 대해서, 듀이가 변론한 저술이라는 점에서 중요한 자료가 되었다.

　듀이가 사망한 지 거의 반세기가 지난 오늘날, 그를 재평가하려는 여러 가지 시도에 힘입어, 본 연구는 그의 사상을 포섭하는 '경험' 개념을 중심으로 그의 교육이론을 재검토함으로써, 그가 강조하였듯이 "이것 아니면 저것"(*EE*: 5)식의 한쪽으로 치우친 연구가 아니라, 균형 잡힌 논리 전개가 되도록 노력할 것이다.

제2장 듀이 경험 철학의 형성 배경

　　듀이는 그 당시의 사회적 상황과 여러 가지 사상적 영향을 받음으로써 '통합적 세계관'을 형성하게 된다. 그는 이를 통해서 고대에서부터 근세까지 2천 년에 걸쳐서 서양철학을 지배해온 이성주의뿐만 아니라 그 반대 면에서 발달해온 경험주의 이론을 모두 비판하고, 그 모두를 통합하고 포섭하는 실험적 경험론, 혹은 자연주의적 경험론을 수립하게 된다. 그것은 사상사에서 중대한 변화를 요구하는 개혁적 주장이었고 실제로 많은 변화를 일으켰다. 따라서 듀이의 경험이론을 제대로 이해하기 위해서는 먼저 그것이 형성된 배경을 파악하는 일이 필요할 것이다. 진행 순서는 먼저 그의 통합적 세계관이 형성된 과정을 검토하고, 다음으로 전통적인 경험관에 대한 그의 비판을 다루고, 그에 따른 새로운 경험이론의 전개 배경을 고찰할 것이다.[1]

---

1) 2장 부분은 논리적 전개 순서상으로는 여기서 다루는 것이 맞지만 그 내용이 상당히 방대하고 전문적인 사상사적 내용을 다루고 있어서, 전문적인 Dewey 연구자가 아니라면 3장부터 끝까지 읽은 후에 마지막에 읽기를 권하고 싶다.

1. 통합적 세계관의 형성

듀이에 있어 경험 개념은 교육이론을 포함한 그의 전 사상을 포섭한다는 의미에서 그의 사상을 경험 철학이라 할 수 있다. 이 경험 철학을 관통하는 중핵적 아이디어를 찾는다면 그것은 아마도 '통합적 사고'[2]라고 봐야 할 것이다. 그의 폭넓은 철학 저변에 편재된 원리는 통합적 사고이며, 이것을 구현하는 방법, 다시 말해 각 개념을 일관되게 연결하는 중심축이나 프레임으로 설정된 용어가 '경험'이라는 것이다. 따라서 그의 경험 사상을 파악하기 위해서는 이 통합적 세계관에 대한 이해가 선행되어야 할 것이다.

듀이는 여러 분야에 걸친 다작가이기도 하거니와, 불명확한 표현이나 까다로운 문체, 너무 많은 포괄적 용어를 사용하는 등 사상 전달 방법에도 문제가 있어 난해한 사상가로 손꼽는다. 따라서 그의 사상을 체계적으로 파악하기 위해서는, 그의 사상이 나오기까지 영향을 끼친 사상이

---

2) 연구자들이 듀이의 이 통합적 사고를 '일원론'(monism)이라고 명명하는 경우가 많다. 그 자신도 일관되게 비판한 바와 같이, 그의 철학은 '이원론'(dualism)이 아니라는 점에는 이론의 여지가 없다. 그리고 그의 철학이 '생명 현상'을 중심으로 전개되고 있다는 점에서는 일원론이라 해도 별 무리는 없을지 모른다. 그러나 그의 사상은 워낙 복합적이어서 그렇게 단정하기 어려운 면이 있다. 그는 궁극적인 존재를 주장하는 이론을 부정할 뿐만 아니라, 그의 인간관이나 자연관, 사회관, 특히 경험 사상은 그것을 구성하는 각 요소들을 함께 통합함으로써 조화와 균형을 이루어 내는 독특한 구조를 보여주고 있다. 따라서 구태여 이러한 방식으로 분류하자면, 그의 사상은 오히려 '다원론'(pluralism), 더 정확히 말하면 '유기적 다원론'이라고 간주하는 것이 더 타당할 것으로 생각된다. 아무튼 필자는 이것을 위의 분류에 포함시키는 것이 만족스럽지 않아, 이 글에서는 그냥 '통합적 사고' 또는 '통합적 세계관'이라는 용어로 표기하였다.

나 인물의 전반적인 원류를 추적하여 탐구하는 작업이 필요할 것이다. 하지만 그 사상의 형성과 발전 배경도 너무 많고 복잡하게 얽혀 있어, 명확하게 구분해서 설명하는 것은 그리 쉬운 일이 아닌 것 같다. 여기서는 듀이의 통합적 사고를 중심으로 해서 그것이 어떤 과정을 거쳐 형성되었는지, 그리고 그것이 그의 철학에 어떻게 적용되었는지를 고찰하고자 한다.

듀이가 성장한 환경과 살았던 사회 문화적 상황과 그에게 중요한 영향을 끼쳤다고 자타가 인정하는 주요 사상이나 인물들을 검토한 결과, 그들의 공통분모는 바로 '통합적 세계관'이라는 것을 발견할 수 있다. 그가 살아온 환경과 그가 깊은 관심을 가졌던 인물들의 사상을 보면 이에 대한 흔적과 원형을 찾을 수 있다.

요약하면, 듀이 경험 사상의 근간은 통합적 사고에 있고, 이것이 형성된 배경은 대체로 그 자신의 타고난 심성과 사회적 상황이나 풍토, 그리고 다른 사람들의 사상적 영향에서 찾을 수 있다는 것이다. 여기서 후자의 측면에서는 대체로 세 사람, 즉 유기적 관계 속에서의 변화를 강조한 진화론자 Charles R. Darwin(1809~1882), 과정과 발전을 중심 사상으로 했던 Hegel(1770~1831), 의식의 흐름을 중시하고 경험의 연속성에 주목한 William James(1842~1910)의 사상이 유력한 영향을 주었던 것으로 파악된다.[3] 이 통합적 사고의 형성 과정을 파악하기 위해서는 그의 성장 배경에 관해서도 함께 검토해야 할 것이다.

---

3) 듀이의 통합적 사고 형성에 영향을 끼친 대표적인 사상으로 이들 세 사람을 지목하여 선정한 것은, 그의 자전적 에세이 "From Absolutism to Experimentalism"(1930), in *John Dewey: The Later Works*, Vol. 5: 147-160에 근거한 것이다.

1) 사회적 배경

듀이는 1859년 10월에 미국 동북부 버몬트(Vermont)주의 소도시 버링턴(Burlington)에서 4형제 중 3남으로 태어났다. 그는 그 지방 공립학교에서 교육을 받고 16세에 버몬트대학에 들어갔으며, 졸업 후 3년간 중등학교 교사로 근무하였다. 그러다가 새로 설립된 Johns Hopkins대학 대학원에 진학하여 철학 전공으로 1884년(24세)에 박사학위[4]를 받았다. 그 후 Michigan대학, Minnesota대학에서 철학을 가르치다가, 1894년(34세)에 Chicago대학의 철학, 심리학, 교육학의 주임 교수를 맡았다. 이 시카고 시절에는 실험학교로 알려진 Dewey School을 설립하여 새로운 교육사상을 실험하였고, 1904년(44세)에는 Columbia대학의 철학 교수로 부임하여 26년간 재직하다가 1930년(70세) 퇴임하였다. 그 후에도 명예 교수로서 원숙한 저작 활동을 계속하다가 1952년 6월(93세)에 사망하였다.

듀이가 태어나서 초중등학교 시절을 보낸 버링턴은 미국 개척 시대의 아름다운 자연환경을 가진, 인구 1만 명 정도의 신흥 소도시로서, 개방적이고 민주적인 분위기를 가진 지역이었다. 그의 부모는 모두 개척민의 농부 집안에서 성장하였지만, 듀이가 자랄 당시는 식료품을 경영하는 중산층 가정이었다. 그는 풍부한 자연환경에서 자유롭고 활동적인 생활을 하였으며, 당시의 다른 학우들과 마찬가지로 집안일을 거들면서, 교육적으로 중요한 것들을 학교에서보다는 교실 밖에서 많이 얻었다고 한다. 또한 청교도인 어머니는 춤이나 카드놀이, 내기 당구, 음주, 도박을 하는 데는 얼씬도 못하게 하였다. 듀이는 유순하게 순종하면서

---

4) 박사학위논문 제목은 "The Psychology of Kant"이었다.

착실한 신앙생활을 하였지만, 학교 성적은 그다지 뛰어나지 않았다고 한다(Dykhuizen, 1973: 4-5). 결국 그의 청소년 시절은 심성이 순박하고 온순하여 수줍음을 잘 타면서도 진지한 태도를 가졌다는 정도이고, 그 이외에는 다른 사람과 별다른 특성을 찾기 어렵다.

그러나 Hook은 듀이가 장성했을 때 "그가 청소년 시절을 보냈던 버몬트와 뉴잉글랜드는 멀어졌지만, 버몬트와 뉴잉글랜드의 사회적 환경의 흔적들은 여전히 남아 있었다. 그것은 단순히 기억으로가 아니라 습관으로, 깊은 선호도로, 그리고 몸에 배인 민주적 편향으로 되살아났다"(Hook, 1939: 5-6)고 말한다.

그는 대학이나 대학원 시절에도 두드러진 특성을 보이지 않았지만, 대학원 졸업 후에야 비로소 사회의 근본적인 문제에 개입하기 시작하였다. 결국 그가 후에 세상에 끼친 엄청난 영향력은 원래부터 가진 비범한 지적·인격적 탁월성에서 나온 것은 아니었음을 짐작할 수 있다. 따라서 그의 어린 시절의 온순하고 착실한 성격, 풍부한 자연을 배경으로 한 실생활을 통한 경험, 그리고 충분한 경험을 한 후에야 자신의 신념을 발전시키는 신중한 탐구 정신, 그런 것들이 오히려 그가 성숙해감에 따라 민주주의 사상을 발전시키고, 양극의 대립과 갈등을 싫어하고 화합과 통합의 정신을 선호하게 된 중요한 요인이 되었다고 보아야 할 것이다.

듀이가 들어간 Vermont대학은 그 당시는 소규모 학교로서 다양한 교과를 수강해야 했으므로 인문·사회·자연과학을 두루 섭렵하게 하는 기회가 되었고, 교육과정은 고학년으로 갈수록 지적인 깊이를 더하도록 구성되어 있었다. 그는 이렇게 회고하고 있다. "마지막 한 해는 광범위하고 심오한 의미를 가진 지적인 주제를 진지하게 다루는, 말하자면 관념의 세계로 입문하는 과정이었다. 그것이 다른 학생들에게도

강의 설정 목적대로 기여했는지 잘 모르겠지만, 나의 성향에는 꼭 맞는
것이었다. 그래서 나는 언제나 대학의 이 마지막 해에 대하여 고맙게
생각하였다"(Dewey, 1930: 147). 그는 그러한 교육과정 덕분에 대학 후기
에 정치·사회·경제·철학적인 문제에 대해서, 특히 현실적인 사회 문
제에 관심을 갖게 되었으며, 그것은 그의 삶에 있어 중대한 전환을 가져
오는 계기가 된다.

19세기 후반기 미국은 유럽의 영향권에서 벗어나기 위해 많은 노력을
기울었고, 과학과 기술 면에서 경이적인 발전을 거듭하면서 활발하게
성장·팽창하고 있었다. 이러한 산업 발달은 인간의 자연적·사회적 생
활 양식에 혁신을 가져옴으로써, 새로운 형태의 민주적 사회 공동체가
실험되고 있었다. 특히 듀이가 대학원을 다니고 교수 생활이 시작되고
실험학교를 운영하던, 말하자면 지적 발달이 왕성하던 1880~1890년
대 미국의 사회 상황은 정치·경제·문화 등 모든 분야에 걸쳐 급격하게
변화하던 시기였다.

전원적인 농업 사회에서 산업화된 사회로 변모하면서, 미국은 여러
가지 문제들이 야기되는 혼란스러운 상황을 맞이하게 된다. 산업 혁명
으로 인해 전통 사회가 무너지고 새로운 사회가 도래하면서 가치관의
혼란과 사회의 분열이 가속화되고 있었다. 자본주의 체제에서 개인적인
부의 축적이 지나치게 심화됨으로써, 그에 대항한 노동조합 운동과 파
업이 일어나고,[5] 해외로부터의 엄청난 이민으로 인한 사회·경제적 대

---

5) 노동자들이 그들의 권익 보호를 위해 자본가에 대항한 대표적인 사건으로, 1892년
의 Homestead Strike와 1894년의 The March on Washington by Coxey's Army,
같은 해의 Pullman Strike 등을 들 수 있다(朴榮滿, 1992: 33).

립과 갈등이 미국 전역에 엄청난 혼란을 일으키고 있었다. 그런 와중에
서 다양한 새로운 사회적 이념과 운동이 난무하게 되어, 수많은 인민주
의자, 마르크스주의 아류들, 자유사상가들, 궤변을 일삼는 설교자들, 심
지어 무정부주의자와 사회주의자들까지 생겨나 사회적 혼란은 더욱 가
중되었다(Bernstein, 1966: 29-30).

　그러나 이러한 다양한 갈등과 혼란은 결과적으로는 오히려 사회 개혁
을 앞당기고 민주적 역량을 사회의 각 방면에 확산시키는 촉진제가 되
기도 하였다. 이러한 사회적·사상적 혼란과 대립에 대해서, 민주적 개
혁가들은 새로운 길을 모색하지 않을 수 없었다. 그들에게는 시민들 간
의 대립에서 시작해서, 이상과 현실, 이론과 실천, 지식과 행위, 자연과
인간 등, 여러 형태의 분리와 괴리 현상을 어떻게 하면 조화시키고 통합
하느냐 하는 것이 중대한 고민이었다. 또한 이 문제를 해결할 수 있는
새로운 진리와 이념을 탐구하여 대중에게 보급하는 것이 시급한 과제였
다. 미국 철학으로서의 실용주의는 이러한 사회적 필요성, 즉 그 당시
미국 사회가 안고 있는 문제를 해결하기 위해서 발달한 것이며, 듀이의
사상도 그 연장선에서 탄생했다고 할 수 있다.

　듀이는 통합이 필요한 사회 현실을 철학에 깊이 투영하여, 철학적 사
고를 그 시대의 필요에 적합하게 개조하고자 하였다. 여기서 우리는
듀이가 단순한 지적 탐구자가 아니라, 사회와 교육과 철학에 대한 개혁
자의 길로 나아가게 된 배경을 짐작할 수 있다. 그는 사상 형성 과정에
있어 "나에게 영향을 미친 힘은 대체로 서적보다는 사람들과 [사회적]
상황에서 왔다"(Dewey, 1930: 155)고 말할 만큼, 그의 사상은 자신이 처
한 실제적인 인간 생활사에 대한 경험에 바탕을 두고 있다. 그의 관심사
가 한 가지에 머물지 않고 '카멜레온처럼' 바뀌어 간 것도, 서적을 통한

다양한 사상을 연구하면서도 언제나 그것을 자신이 처한 시대적 상황에 관련시키고, 논리적으로 일치시켜 보려는 노력을 계속했기 때문이다 (Dewey, 1930: 155). 이러한 시대 상황에서 기존의 절대적 관념론이나 이분법적 사고는 현실적인 사회 문제를 해결하는 데에는 무력하거나 오히려 방해되는 것으로 보였을 것이다. 결국 듀이는 사회에 대한 깊은 관심으로 철학을 현실 생활에 관련시키게 됨으로써, 그가 순수 이론으로서의 기존 철학사의 연장선에 서지 않고, 개혁적 입장에 서게 한 요인이 되었다고 봐야 할 것이다.

2) Darwin 사상의 영향

그의 주장대로 사회적 상황이 그의 사상 형성에 많은 영향을 준 것은 사실이지만, 그의 통합적 사고는 또한 수업이나 서적에서도 중요한 자극을 받은 것으로 보인다. 그건 어쩌면 당연한 일이라고 해야 할 것이다. 학부 4학년 때 그가 도서관에서 H. Martineau가 쓴 Comte에 대한 해설서 *Philosophy of Comte*(1853)를 읽고 받았던 소감을 말하는 다음 대목은 이러한 사실을 뒷받침해 준다.

나는 그의 '3단계 법칙'[6]이 나에게 특별히 영향을 미쳤는지 기억하기

---

6) 이것은 그 당시 사상계 전반에 큰 영향을 주었던 것으로, 인류의 지적 발달은 크게 세 가지 단계, 즉 '신학적 단계 → 형이상학적 단계 → 과학적 혹은 실증적 단계'를 거쳐서 발달해 나간다는 이론이다. Comte는 이를 토대로 당시 사회를 이해하고 해석하였으며, 합리적인 사회를 실현하기 위해 실증적 사회 이론을 수립하고자 하였다.

는 어렵지만, 서양 근대 문화의 무질서는 분열적인 '개인주의'에서 기인
된 것이며, 과학이 조직화된 사회생활을 조정하는 방법이 되어야 한다
는 그의 종합적 사고는 나에게 깊은 인상을 주었다. 나는 Comte의 비판
은 헤겔과 같은 것이지만, 헤겔보다 더 깊고 넓은 통합(integration) 사상에
이르고 있음을 발견하였다(Dewey, 1930: 154).

우리는 여기서 사회에 대한 Comte의 과학적 사고가 벌써 듀이의 사
회 철학 형성에 상당한 영향을 주었음을 알 수 있다. 그는 이 책을 통해
서 Comte의 실증주의에 관심이 끌렸고, 전통적 사회 구조가 무너지고
새로운 사회가 건설되는 과정에서 과학이 해야 할 역할에 대해서 진지
하게 생각하는 계기가 된 것이다. 하지만 그의 통합적 사고가 체계적으
로 정립되기 시작한 것은 소위 Charles Darwin(1809~1882) 사상을 접하
면서부터라고 할 수 있다.

듀이가 철학적 사고에 눈뜨기 시작한 것은 대학 후반기 시절이며, 그
중에서도 진화론 사상에서 받은 영향은 그에게 중요한 의미를 갖는다.
당시는 Darwin 사상으로 인해서 인간의 본질에 대하여 아주 새롭게 조
명하기 시작할 때였다. 그때까지 그는 철학 과목을 배워보지 못했지만,
3학년 때 개설된 생리학 강좌 덕분에 Darwin 사상의 신봉자인 영국의
T. H. Huxley가 쓴 생리학 입문서 *Elements of Physiology*를 접하게
된다. 이 책을 통해 새로운 과학적 생물학이라 할 수 있는 진화론 사상
을 접함으로써, 생물들을 유기적 통일체로 보는 Darwin의 혜안에 큰
감동을 받는다. 그것은 모든 세계를 해석하는 근간으로 작용하였고, 그
에게 철학적 사색을 하게 하고, 나아가서는 일생을 철학적 문제에 전념
하게 하는 중요한 계기가 되었다고 그는 회상한다.

돌이켜 보면 그 앞 해 [3학년 때]에도 철학적이라고 부를 만한, 철학
적 흥미를 불러일으킨 하나의 강의가 있었다. 그것은 Huxley의 저서를
교재로 사용하는 생리학 강의로서, 실험은 하지 않는 간단한 과정이었
다. … 나는 이 책을 공부함으로써 [내 사고의 초석이 된] 상호 의존적
이고 상호 관련된 통일성(unity)에 대한 감각을 갖게 되었다고 생각된
다. 이 통일성은 조직화되지 않은 이전의 지적 혼란에 어떤 형식(form)
을 가져다주는 것이었고, 사물관에 대한 일종의 양식이나 모델을 창안
하는 것으로서 어느 분야의 논제에도 들어맞을 만한 것이었다. 나는
Huxley의 이론을 공부함으로써, 알게 모르게 그의 논의 속에 나타나는
인간 유기체의 속성과 동일한 성질을 가졌다고 생각되는 세계와 생명체
에 대해서 강한 관심을 갖게 되었다. 아무튼 나는 그것을 공부하면서
이전에 접했던 그 어떤 내용에서보다도 더 큰 자극을 받았다. 그전에는
철학이라는 특수한 분과 학문을 계속하고자 하는 욕구가 일어나지 않았
으므로, 나에게 철학적 흥미가 뚜렷하게 일어난 시기는 바로 이때라고
생각된다(Dewey, 1930: 147-148).

진화론적 입장에서 집필된 이 생리학 입문서에서, 모든 생물체는 모
두 밀접하게 관련되어 있으며, 개별적 생명체를 넘어선 전체적 생명 현
상이 있는 것으로 상정하는 새로운 시각은 놀랄 만한 것이었다. 그것을
계기로 그는 도서관에 들어오는 저널들을 통해서 진화론을 둘러싸고
벌어지는 급진파와 보수파의 논쟁에도 심취하게 되었다.[7]

---

7) 듀이가 그 당시 상당 기간 탐독한 정기 간행물은 *Fortnightly Review*(격주 평론)과
   Nineteenth Century(19세기), 그리고 *Contemporary Review*(현대 평론)이었다 한
   다(Dykhuizen, 1973: 11-12).

그 당시 진화론은 단지 하나의 과학 이론 차원을 넘어서, 종교 문제, 윤리 문제 등 다방면에서 심각한 사회 문제로 확산되고 있었다. 더구나 19세기 후반에 이르러 급속하게 발달한 과학 기술은 도처에서 전통적인 신념 체계와 충돌하여, 과학과 종교의 충돌을 어떻게 해결하느냐 하는 것이 지식층의 중요한 관심사였다. 이런 상황에서 진화론의 파급은 학계를 비롯한 많은 사람에게 큰 파문을 일으켰다. 그 파문의 진앙지는 Darwin이었다.

Darwin은 현대 생물학의 초석이 된 그의 역작 *The Origin of Species* (1859)[8]에서, '모든 생명체는 자연 속에서 적응해 나가는 가운데 변이된다'는 혁명적인 이론을 제기하였다. 즉, 그 당시의 일반인뿐만 아니라 과학자들의 신념과 달리, 인간을 포함한 모든 생물체의 신체적 · 정신적 특징[9](각 생물이 가진 본능이나 종 특유의 행동까지 포함)은 모두 신에 의해서 창조된 것이 아니라, 자연 선택(natural selection)의 작용으로 진화된

---

8) Huxley는 이 책을 읽고, "이것을 생각하지 못했다니 얼마나 어리석었던가!"라고 탄식했다고 한다. (아래의 책, 해설자 머리말 참고) 이 책은 1859년 11월에 처음으로 출판되었으나 6판까지 나오면서 계속 보완되었다. 저자는 원저 6판을 토대로 하여 Richard E. Leakey가 알기 쉽게 축약하고 자신의 해설을 첨가한 책, 소현수 역, 『종의 기원』(서울: 종로서적, 1986)을 참고하였다.

9) Darwin이 인간의 정신(mind)까지 진화의 산물이라고 생각한 것은 듀이의 인간관에 중요한 영향을 미치게 된다. 예를 들면, 종래의 철학에서 이성은 신이 인간에게 부여한 절대적 속성이라고 믿었지만, 듀이는 사고나 정신 작용이 유기체의 삶의 과정에서 문제 해결을 위해 발생하는 것으로 간주함으로써, 소위 '이성'이라는 것도 진화의 산물로 보았던 셈이다. 그리하여 그는 기존 철학에서 인간 고유의 생득적 특성이며 영구불변의 고정된 속성으로 이해하고 의미 부여해온 'reason'(이성)이라는 용어를 폐기하고, 그 대신 변화와 발달의 의미가 담긴 'intelligence'(지성, 지력)라는 용어를 사용하게 된다. 따라서 듀이가 사용하는 지성이라는 용어는 다분히 생물학적이며 실험적 의미를 내포하고 있다(*RP*: 4장 참고).

결과라고 주장하고(Darwin 저, 소현수 역, 1986: 4장), 나아가서 모든 동식물은 한 가지 원형에서 기원했을 것으로 추정하고 있다.[10]

그의 생물학은 '자연 선택'이라는 용어를 중심으로 전개된다. 이 말은, 자연은 한 종에서 혹독한 생활에 가장 잘 대처해 나가는 개체들을 선택한다는 것, 다시 말해서 자연은 최적자의 살아남음을 보장한다는 것을 의미한다.[11] 생명체는 변화무쌍한 생활 조건 속에서 다른 여러 환경 요인들과 복잡한 상호 관계를 맺고 살아간다. 생물들의 다양한 공생 관계는 그것을 실증적으로 보여준다. 이러한 다양한 생활 조건에 적응하는 가운데, 유기체는 자신의 생존에 유리한 방향으로 변이를 일으켜서, 생존에 적합한 어떤 특정 형질을 갖게 되고, 그 획득된 형질이 다음 세대로 계속 유전됨으로써 보존되어 간다. 말하자면, 생명체는 '변화를 수반한 계승'을 계속한다는 것이다. 그러는 가운데 다양한 형질이 분기되기도 하고, 다른 한편으로 적응하거나 발달하지 못하는 형질은 절멸되기도 한다는 것이다.

---

10) 그는 후속 저작에서 이 내용을 더 구체화하지만, 『종의 기원』 15장에서는 그 입증 자료로서 동물과 식물의 중간 단계에 있는 유글레나와 같은 생물체들을 예시하면서 설명하고 있다.

11) 그 당시 일부 과학자가, 'natural selection'이라고 말할 때, '자연'이라는 용어가 신이나 인간처럼 어떤 의도성과 활동성을 가진 인격체의 속성을 내포한다는 점, 즉 자연 선택이 변이성을 유발한다는 의미로 오해하면서, 용어 사용이 부적절하다는 문제를 제기한 데 대하여, Darwin은 거기서 말하는 자연은 "자연 속의 많은 법칙들의 집합적인 작용과 결과"를 뜻하는 것이라고 변론하면서, 그것을 인격화하는 것은 피할 수 없다고 말한다(Darwin 저, 소현수 역, 1986: 85-86). 그는 행성들의 운동을 지배하는 힘으로 작용하는 중력을 그 사례로 들고 있다. 이와 같이 그는 자연 전체를 생명 현상으로 봄으로써, 자연에 일종의 범신론적인 의미를 부여하고 있다.

이러한 Darwin의 생물학적 입장은 듀이의 대표적인 저서인 *Democracy and Education*(1916)의 1장 첫 단락에 그대로 반영되어 나타난다.

> 생물과 무생물 간에는 아주 놀랄 만한 차이가 있다. 그것은 생물은 갱신에 의해서 자신을 보존해 나간다는 것이다. 돌멩이의 경우는 뭔가에 타격당하면 저항을 한다. 이때 타격하는 힘보다 돌멩이의 저항력이 크면 그것은 외견상 변화가 없겠지만, 그렇지 못하면 여러 조각으로 깨지게 된다. 돌멩이는 타격하는 힘에 대항하여 자기를 보존하기 위해서, 더구나 그 힘을 다음에 이어지는 자신의 행위에 이로운 요인이 되도록 역이용하기 위해서, 같은 방식으로 반작용하려고 시도하는 일은 결코 없다. 그 반면에 생명체의 경우는 자기보다 큰 힘에 대해서 쉽게 손상을 입을 수 있음에도 불구하고, 오히려 자기에게 가해지는 에너지를 이로운 방향으로 돌려서 자기의 생명을 더 잘 유지하는 수단으로 삼게 된다. 그렇게 하지 못하면, 생물은 (적어도 고등 생명체는) 곧바로 산산이 부서지지는 않겠지만 생명체로서의 본질을 상실하게 된다.

Darwin은 *The Origin of Species*에서, 어떤 위대한 기계적 발명이 기술자들의 노력과 경험과 추리와 실수의 총체인 것과 마찬가지로, 자연은 그 자신의 복잡한 구조에 따라 오랜 세월 동안 자신에게 유용한 장치들을 진화시켜온 산물의 총체라는 것을 보여주고자 했다. 그는 여러 가지 동식물을 체계적으로 예시하면서 이러한 적자생존에 의한 진화의 메커니즘을 과학적으로 설명하였다.

그것은 그 당시까지 깊이 뿌리내려온 자연과 인간에 대한 절대주의적 · 초월주의적 사고나 물질계와 정신계라는 이분법적 사고와 정면으로 충돌하는 이론이었다. 인간을 포함한 모든 생물체는 같은 원류에서 생성 발전된 것이므로 서로 밀접한 관계를 갖고 있을 뿐만 아니라, 인간 개인에 있어서도 지적·심미적·도덕적인 특징들이 절대자의 의도에 의해 생득적으로 부여받은 것이 아니고, 자연계에서 생존해 오는 과정에서 신체적 변화와 더불어 진화된 결과로서, 그 특징들은 서로 별개의 것이 아니고 같은 것의 다른 현상에 불과하다는 것이다.

결국 생물을 상호작용적 혹은 유기적 통일성으로 보는 Darwin의 진화론을 통해서 듀이는 처음으로 철학적 관심을 갖게 되었고, 그의 자연선택에 의한 적자생존 사상, 그리고 생명체는 '변화를 수반한 계승'을 계속한다는 것은 듀이 철학의 중요한 기반이 된 셈이다. 그는 이러한 과학적 사고를 자연계뿐만 아니라 인간과 사회를 이해하고 해석하는 데에도 적용함으로써, 그것을 진화론적 성장이론으로 발전시키게 된다. 이러한 맥락에서 "그의 다양한 사상은 이 생물학적 과학에서 얻은 개념들로 조직되었으므로, 그의 원숙기의 철학은 그 성격에 있어서 Aristoteles 철학 이래 그 어느 철학보다도 더 생물학적이었다"고 평가하기도 한다(Lamprecht(1955) 저, 金泰吉(1987) 외 역: 708). 이 생물학적 영향으로 인해서 그는 모든 관념론과 이원론을 비판하고, 사상의 전개 방향을 자연주의적·통합적 사고 체계로 잡게 되었다고 하겠다.[12]

12) 듀이의 사상적 영향에 대한 대부분의 연구자들은 영향의 중요도 면에서 Hegel 사상을 높이 평가하여 그것을 우선적으로 다루고 있다. 그러나 Darwinism의 영향은 연대적으로 앞서기도 하거니와, 표면적 측면이 아닌 듀이의 내면에 끼친 강도에 있어서는, Hegelianism의 영향에 못지않다고 봐야 할 것이다. 그것은 듀이에게 철학적 사고를 잉태하게 했을 뿐만 아니라, Hegel 사상을 연구할 때나, 그 이후 그를 떠나 실험주의 사상으로 발전해 가는 과정에서도 줄곧 따라다니면서 듀이의 마음을 붙들고 있었기 때문이다. 더구나 사상 전반이 아닌 통합적 사고를 중심으로 볼 때는 Darwinism의 영향은 더욱 부각된다 하겠다.

3) Hegel 사상의 영향

다음으로 그의 통합적 사고 형성 배경을 거론하는 데 있어 우리는 Georg Wilhelm Friedrich Hegel(1770~1831)의 사상을 언급하지 않을 수 없다. 듀이가 철학에 입문하게 된 데에는 대학 마지막 해와 졸업 후까지 관심을 보여준 H. P. Torrey 교수, 그의 첫 논문[13]과 철학적 자질을 진지하게 평가해 준 W. T. Harris 교수의 역할도 크게 작용하였다. 그러나 그가 본격적으로 철학을 연구하게 된 것은 Johns Hopkins 대학 대학원에 진학하여 George S. Morris 교수의 지도를 받으면서부터였다. 그는 그 당시로는 드물게, 목사 아닌 철학 교수로서 독일 철학, 특히 Kant와 Hegel을 강의하였는데, 그 당시 학생들에게 이들 철학이 주는 매력은 대단한 것이었다. 듀이는 여기서 Hegel 철학을 접하게 되는데, 특히 그가 거기에 몰입하게 된 것은, 그 철학은 전체적 통일성을 중시할 뿐만 아니라, 양대 모순에 대한 변증법적 해결 방식을 제시하고 있었기 때문이다.

Hegel은 근세의 합리론과 경험론을 융합하려 했던 Kant의 비판적 관념론에서 발전된 독일 관념 철학의 완성자라 불린다. 그는 자아와 비아(非我), 정신과 자연의 대립을 초월한 '절대자'를 상정하여 그것을 존재의 실체라고 간주했던 Schelling의 주장에 수정을 가한다. 즉, 셸링의 절대자 개념을 계승하면서도, 거기서 초월적 성질을 제거하여, 이 절대

---

13) 이 첫 논문은 그의 교사 시절에 써서, Harris 교수가 편집장으로 있던 저널지 *Journal of Speculative Philosophy*에 투고한 것으로, 제목은 "The Metaphysical Assumptions of Materialism"이었다.

자는 대립을 초월한 존재가 아니고 모든 대립적 요소 속에 내재해 있다는 생각을 하였다. 이 절대자를 그는 이성(logos)이라고 간주하고 그것을 '절대정신'이라고 하였다. 따라서 그는 모든 존재의 근원은 이성이요, 세계는 절대적 이성이 스스로의 기제에 의해 발전한 것에 불과하다고 생각하였다. 그에 따르면 절대자 자체가 일체의 대립과 정립을 통한 발전을 포함하고 있기 때문에, 일체의 개별자는 절대자와 별도로 자존(自存)하는 것이 아니다. 그들의 대립도 전체를 떠나서 일어나는 것이 아니고, 이 절대자의 자기 발선 내부에 있는 한 기제에 불과하다는 것이다. 정신과 자연처럼 대립적으로 보이는 것은 이 절대정신의 발전 과정에 나타나는 한 현상에 불과하다. 즉, 이성(logos)이 자기 소외의 과정을 통해 나타난 것이 자연이며, 그것이 다시 자기에게 돌아와 자각된 것이 정신일 뿐이라는 것이다. 이러한 의미에서 절대자는 유기체와 같은 전체적 통일자로서의 특징을 갖는다. 그리고 철학은 이러한 절대자를 탐구 대상으로 하며, 사유나 관념에 의해 세계를 인식하고 이해하는 학문이라고 믿었다.

그런데 이 절대정신이 자기를 전개·발전해 나가는 데는 일정한 논리적 법칙을 가진다고 보았다. 절대자의 자기 전개 법칙이 바로 그의 유명한 '변증법'이다. 다시 말해, 인간의 사고는 무한자로서의 이 절대정신을 지향해가는 가운데 일정한 과정을 밟게 되며, 이 법칙은 사고의 방법뿐만 아니라, 자연·사회·역사 등 모든 객관적 세계가 변화하는 사상(事狀) 가운데에도 내재해 있다는 것이다.

이 변증법의 논리는 정(thesis) → 반(antithesis) → 합(synthesis)이라는 세 가지 단계를 갖는다. 첫째는 추상적·오성적 측면으로, 사상의 고정적·정지적 특성을 보여주는 것이고, 둘째는 부정적 이성의 측면으로,

사상의 대립적·모순적 특성을 나타내는 것이며, 셋째는 사변적·긍정적 이성의 측면으로, 사상의 종합적·통일적 특성을 보여주는 것이다.[14)]

요컨대, Hegel의 관념론은 절대자 개념을 상정하고, 세계의 발전 과정을 설명하는 데에 변증법의 논리를 적용함으로써, 존재와 사유를 융합하고자 하였으며, 자연이나 초월적 존재에 의해 자기 소외된 근대 정신을 본래적 자기로 돌아올 수 있게 하기 위한 사상적 노력이었다고 할 수 있다.

듀이는 후에 Darwin의 생물학 이후 나타난 과학적 심리학, Peirce와 James에 의해 발전한 실용주의, 실험학교 운영을 통한 실제적 교육 경험 등에 힘입어 Hegel 철학에서 탈피하였다. 하지만 자전적 에세이 "From Absolutism to Experimentalism"(1930)에서 다음과 같이 말할 정도로, 그것은 듀이의 사상 형성에 중요한 영향으로 작용하였다.

　　나는 그 후 15년에 걸쳐 헤겔주의에서 서서히 벗어났다. … 그렇지만 내가 헤겔을 앎으로써 나의 사고에 영원히 그 잔영이 남았다는 예리한 비평가의 말을 무시하거나 부인할 생각이 전혀 없다. 그의 사상 체계의 도식적 구조는 나에게 마지막까지 좀 부자연스럽게 보이는 면도 있다. 그러나 사상의 내용면, 즉 기계적인 변증법적 체계에서 나오는 수많은 분석 내용에는 탁월한 깊이와 예리함이 있다. [있을 수 없는 일이긴

---

14) 여기서 종합이나 통일은 두 번째 부정을 다시 부정하여 나오는, 즉 부정의 부정에 의한 긍정이므로 긍정적이라는 것이며, 사변적(speculative)이라는 말은 일반적으로 가리키는 관념적 추상성이 아닌 합(合)으로 가는 사유 단계를 말하는 것으로, 전체적이며 동시에 구체적 특징을 갖는 것이다.

하지만] 만약 내가 어떤 사상의 신봉자가 될 수 있다고 하면, 단일 사상
가로는 그 어떤 철학자보다도 엄청나게 풍부하고 다양한 통찰력이 헤겔
에게 있다고 나는 여전히 믿고 있다(Dewey, 1930: 154).

이와 같이 듀이가 철학에 입문하면서 Hegel 학파에 의해 훈련받은
것은 자신에게 매우 다행한 일이며 유익했다고 생각하고 있다. 그러나
듀이가 그의 사상에 심취하고 거기서 중요한 영향을 받았다는 것은 어
찌 보면 쉽게 납득하기 어려운 면도 있다. 왜냐하면 Hegel 철학은 절대
적 관념론, 혹은 절대주의적 이상주의(idealism) 철학으로서, 그것은 결
국 듀이가 시종일관 반대했던 절대주의·이성주의 철학에 속하기 때문
이다.

그러면 듀이가 Hegel 철학에서 진정으로 얻은 것은 무엇이었을까?
그의 관심을 강하게 끈 것은 존재론의 측면이 아니라, 바로 통합의 원리
를 제시하는 그의 철학적 논리와 방법론이었을 것이다. Hegel은, 현실
적 경험을 중시하는 듀이와는 달리, 정신을 중시하여 역사를 우주의 절
대정신을 향한 변화 과정으로 보는 이상주의자였다. 하지만 철학적 사
색의 출발을 사회적·역사적 현실에 기반을 두었으며,[15] 유기적 관계
(organic relationship)를 강조하여 양극의 대립을 분열이 아닌 발전으로
종합해내는 놀라운 논리와 방법을 보여주었던 것이다. 요컨대, 듀이는
그 당시 미국에 절실히 요망되는 화합과 통합(unification)을 위한 방법과
아이디어를 그에게서 발견했던 셈이다.[16]

---

15) Hegel에게는 18세기에서 19세기로의 전환기에 영국, 프랑스의 선진 세력의 유입
    으로 독일 사회가 부딪힌 신구의 대립을 해결하는 것이 자신의 현실적 문제 의식
    이었다(金桂淑, 1974: 49).

한편, Hegel의 사상이 특별히 듀이에게 감동을 준 것은, 자신이 성장한 배경과 관련된 개인적인(subjective) 이유도 있었다고 회고하고 있다.

그의 사상은 통합(unification)에 대한 요구를 충족시켜 주었다. 그것은 분명 엄청난 정신적 갈망이었다. … 그 초기의 심정을 충족시키는 일은 어렵다기보다 거의 불가능한 일이었다. 뉴잉글랜드의 문화적 유산[즉, 청교도적 이원론]의 결과로 나에게 남겨진 분할과 분리의 정신, 즉 자아와 세계, 신체와 정신, 신과 자연을 분리해서 보는 사고는 나에게 고통스러운 압박으로 작용했다. 아니 차라리 그것은 정신적 상처였다고 해야 할 것이다. 나의 초기 철학 공부는 지적인 훈련에 불과하였다. 하지만 주관과 객관, 물질과 정신, 신성과 인간성에 대한 헤겔의 종합(synthesis)은 단순한 지적 공식 이상의 것이어서, 그것은 이루 말할 수 없는 해방감과 석방 심정을 가져다주었다. 인간 문화와 제도와 예술에 대한 그의 논의 방식은 확고하게 구분된 양 벽을 모두 해체하고 있어 나에게 각별한 매력을 주었다(Dewey, 1930: 153).

16) Lamprecht의 견해도 이러한 사실을 뒷받침해 준다. 그는 듀이가 Hegel에게서 얻은 것으로 다음 세 가지를 제시하고 있다. 듀이는 Hegel 철학을 공부함으로써 첫째, 근세 철학자들의 생각처럼 경험은 자연과 분리된 개인적 영역이 아니라, 그것은 자연과의 관계 속에서 일어난다는 것, 즉 경험과 자연은 일원론적이라는 것을 깨달았으며, 둘째, 희랍 철학자들의 생각처럼 사상이란 현실에 선행하는 불변의 존재를 밝히는 것이 아니라, 현실을 만드는 데에 참여하는 것으로, 역사적 과정에 유효한 결과를 가져오게 하는 역할을 할 뿐만 아니라, 그것도 역사적 진로를 결정짓는 유력한 요인이라는 것을 알게 되었고, 셋째, 정신(mind)은 사회적 환경에서 상호작용하는 과정에서 발생하는 것이므로, 사상도 포괄적인 역사적 상황 속에서 시대적·문화적 사회성을 반영한 것일 때 유의미한 것이 된다는 것을 배웠다고 말한다(Lamprecht 저, 金泰吉 외 역: 706-707).

그의 사상은 통합에 대한 듀이의 강한 열망에 부합한 것이었다. 감수성이 예민하던 듀이는 Morris 교수의 열성적이고 성실한 지도 덕분에, 그 당시 철학계에 일어난 새로운 변화에도 깊은 관심을 갖게 되었다 (Dewey, 1930: 152). 철학계에는 1880~1890년대 영국 철학에 일어난 원자론적 개인주의, 감각론적 경험주의 사상에 반대하는 관념주의적 사고가 부흥하고, 그 영향이 미국의 철학계에까지 파급되었다. 그것은 듀이가 Hegel 연구에 더욱 박차를 가하는 요인이 되기도 하였다.

그의 초기의 철학적 연구는 지적인 훈련에 불과하였다. 그러나 사회적으로 · 개인적으로 이러한 고뇌에 빠져 있던 듀이에게 Hegel의 전체적 통합 사상은 놀라운 감동이 아닐 수 없었을 것이다. 그것은 자신의 내적인 고민과 그 당시 미국의 문제를 해결할 수 있는 중요한 방법으로 생각되었던 것이다. 결국 Morris 교수의 도움으로 Hegel 철학을 접함으로써, 듀이는 현실적 문제 해결의 단서를 발견하면서, 엄청난 지적 만족을 얻을 수 있었고 그 영향은 언제나 그에게 살아있었던 셈이다.

4) James 사상의 영향

듀이의 통합적 사고 형성에 중요한 영향을 미친 또 한 사람은 거의 동시대 인물에 속하는 William James(1842~1910)이다. 원래 의학을 연구하다가 철학으로 전환한 그는 Darwin 이후에 나타난 과학적 생물학에 기반을 두고 과학적 심리학을 추구하였다. 듀이는 James의 사상은 자신의 사고에 새로운 지침과 특성을 가져다준 특별한 철학적 요인이었다고 회고하고 있다. 주관적인 경향을 띠고 있던 과거의 심리학이 추상적 개념들로 이루어진 철학에서 벗어나, 객관적이고 과학적인 학문으로 전환된 것은 바로 그의 공헌이라고 평가하고 있다(Dewey, 1930: 157).

듀이가 높이 평가했던 *The Principles of Psychology*(1890)에서, 그는 의식의 흐름(stream of consciousness)이라는 개념을 철학에 도입함으로써, 단순 관념들이나 다른 심적 요소들을 전체의식에서 분리하여 기술하려고 한 종래의 학설에 반대한다. 그것은 인위적으로는 가능할지 몰라도, 전체의식의 흐름은 감각(sensation), 표상(image), 관념(ideas)과 같은 독립 요소(discrete element)에 선행하는 것으로서, 그것은 단편적인 요소들의 단순 집합이 아니라 그들이 상호 침투하면서 유동하는 것이라고 주장하였다. 또 의식은 본래 인식이나 지적 활동에만 관련된 것이 아니고, 충동적이고 정서적이며 의지적인 속성을 함께 갖고 있으며, 환경 변화에 따라 끊임없이 변하는 것으로 생각하였다(Lamprecht(1955) 저, 金泰吉(1987) 외 역: 645-647).

James는 현대의 과학과 전통적인 형이상학이 대립되고 상호 모순되는 현상은 현대 사회가 당면한 딜레마라고 보고 이를 극복하고자 하였다. *Essays in Radical Empiricism*(1912)에서 그는 우리에게 잠재해 있는 이원론적 사고로 말미암아 우리는 경험을 이론상으로 분리하려고 하지만, 실제로는 단일 원통(single-barrelled)이라고 말한다. 말하자면, 삶과 역사가 분리될 수 없듯이 사물(thing)과 사상(thought), 내용(content)과 의식(consciousness)은 한 덩어리라는 것이다(James, 1912: 9-10).

그는 의식이나 마음은 생득적인 것이 아니고, 자연적 세계의 물리적 대상들과의 관계에서 점차 발생하는 것으로 생각하였다. 마음은 유기체가 자연계에 참여하여 적응하는 과정에서 나온 진화의 산물로서, 탐구과정에서 여러 가지 가능성을 탐색하는 데 필요한 도구적 기능을 하는 것으로 간주함으로써, 마음과 신체에 대한 종래의 이원론에 동의할 수가 없었다. 그러므로 감각과 인식과 의도와 신념 등의 복합적 요소들은 근본적으로는 경험이라는 하나의 세계에서 일어나는 사건들이 된다.

　James의 사상에서 특히 듀이의 관심을 끌게 한 것은 환경과 상호작용 하면서 적극적으로 적응해가는 '전체 유기체'(total organism)에 관한 착상이었다. James는 삶(life)을 행동(action)의 차원에서 생각하였다. 그는 마음(mind)을 자연과 분리된 것으로 생각하지 않고 유기체와 환경이 통합되는 과정에서 나오는 것으로 보았다. 이와 같이 마음에 대한 객관적인 시각은 점점 듀이의 사상으로 파고들어 그가 마음을 초월적 존재로 보려고 했던 전통적인 신념에서 벗어나도록 하였다(Wirth, 1966: 15). 이러한 맥락에서 듀이는 다음과 같은 예측을 하게 된다.

　　제임스 심리학의 객관적인 생물학적 접근은 독특한 사회적 범주, 특히 대화와 참여의 중요성을 똑바로 인식하도록 해주었다. 따라서 나는 이러한 확신을 갖게 되었다. 즉, 우리의 수많은 철학적 활동은 이러한 관점에서 다시 수행되어야 할 필요가 있다는 것이며, 또한 궁극적으로는 철학은 현대 과학에 부합하도록 교육과 도덕과 종교에서의 실제적인 필요와 관련된 통합된 종합으로 가게 되리라는 것이다(Dewey, 1930: 159).

　듀이는 경험 세계를 상호 연관된 것으로 보려는 James의 접근 방식에 공감하고 경험의 통합성을 정당화하고자 하였다. 듀이는 나중에 자신의 사상을 도구주의(instrumentalism)나 실험주의(experiment-alism)라고 표방하면서, 그와의 차별성을 부각하려고 하지만, 그가 과학적 방법론과 실용주의적 방법에 깊은 관심을 갖게 되고, 특히 경험 세계를 상호 연관되고 통합적인 것으로 보게 된 것은 James의 영향도 컸다고 봐야 할 것이다.

5) 통합적 사고의 정립

지금까지 듀이의 성장 배경과 통합적 세계관이 형성되어온 사회적·사상적 영향을 검토하였다. 이러한 영향에 힘입어 듀이는 종래의 철학에 상존했던 이원론(dualism)과 분리관을 철저히 배격하고, 모든 것을 통합적 차원에서 전개하게 되었다. 듀이가 비판하면서 개조하려고 시도한 기존의 서양철학사를 검토해 보면, 철학 활동이 본격적으로 시작되었다고 할 수 있는 희랍시대부터 근세에 이르기까지의 철학은 대체로 이원론적 구조로 점철되어왔던 것이 사실이다.

Platon과 Aristoteles를 중심으로 한 고대 희랍 철학의 발생도 시대적·사회적 상황과 무관하지 않다. 그 당시 그리스는 무역과 여행, 식민지 경영, 이민과 전쟁 등이 빈번해짐에 따라 각 사회의 풍습과 신념이 서로 다르다는 사실을 알게 되고, 그러한 변화로 말미암아 사람들의 지적 시야가 아주 넓어지게 된다. 또한 아테네는 정치적인 소요와 당파 싸움으로 인해서 혼란 속에 있었다. 이러한 일련의 사태는 전통적인 관습을 다시 생각하게 함으로써, 그들에게 지적 호기심을 자극하였으며, 세계 이해에 대한 새로운 시각을 요청하게 되었다. 다양하게 변화하는 현실적인 사회와 자연에 대응하여, 그들에게는 변함없이 든든하게 지탱해줄 어떤 확고한 정신적 지주가 절실히 요망되었다.

이러한 배경에서 철학자들은 우주를 설명하는 원리로서 '정신계'(logos)라는 관념을 상정하고, 거기에 영구불변의 절대적 세계로서의 의미를 부여하게 된다. 또한 그들은 영속적·보편적 속성을 지닌 정신계와 대비되는 세계로서 '물질계'(physis)라는 관념을 상정하고 그것은 가변적·개별적 세계라는 의미를 부여하게 된다. 그들은 이러한 선명하게 구분된 양대 세계관을 통해서, 자연·사회·인간 등 거의 모든 분야를 설명하는 원리로 삼았다.

Platon은 이 정신계와 물질계를 본질계와 현상계로 구분하고, 전자는 이데아계로서 보편적·이성적인 영역이고, 후자는 경험계로서 개별적·감각적인 영역이라고 보았다. 여기서 참된 실체는 이데아계로서 경험계가 추구해야 힐 궁극적 대상이며 목적이라고 하고, 경험계는 이데아의 그림자·허상·모사에 불과한 것으로 간주하였다. 또한 Aristoteles는 정신계와 물질계를 '형상'과 '질료'로 구분하고, 전자는 현실태(the mode of actuality)라 하고 후자를 가능태(the mode of possibility)라고 설명하면서, 형상이 있으므로 개별적 자료들을 이해할 수 있는 것으로 생각하였다.

결국, 그들은 세계를 정신계와 물질계라는 이중 구조로 양분하고, 정신계, 즉 이성계는 보편적이며, 불변하며, 절대적이며, 필연적이며, 초공간적이며, 영속적이며, 확실하고, 안정되고, 완전한 것인 반면에, 물질계, 즉 경험계는 개별적이며, 가변적이며, 상대적이며, 우연적이며, 공간적이며, 일시적이며, 불확실하고, 불안정하며, 불완전한 것이라고 간주했던 것이다. 이러한 사상이 인간을 설명하는 데에 적용될 적에는 이성과 경험의 분리로 나타나게 되었다.

그리고 정신계를 중시하는 이러한 이원론적 사상은, 중세 철학에서는 정신계의 특성이 신(神)의 관념에 이입됨으로써 정신계를 중시하는 이분법적 구조가 더욱 철저해지게 되었으며, 또한 그러한 전통은 17세기까지 이어졌다고 할 수 있다. 유럽 대륙의 합리론과 영국의 경험론으로

대표되는 근세의 철학은, 세계관이 신 중심에서 인간 중심으로 이동하
는 근대정신을 반영하고 있고, 존재론적 사고에서도 벗어났다. 그러면
서도 그 바탕에 깔린 사고 구조는 고대 철학의 이원론적 사고에서 크게
탈피하지 못한 채, 인간의 인식 문제, 즉 지식의 확실성을 탐구하는 데
에 중점을 두었다. 그리하여 René Descartes(1596~1650)를 대표로 한
합리론자들은 인간의 이성을 신성과 닮은 속성으로 상정하고, 지식의 기
원을 정신계 · 이성계에서 구하여 본유관념설을 내세웠다. 반면에 John
Locke(1632~1704)를 대표로 한 경험론자들은 그와 반대로 지식의 기원
을 물질계 · 경험계에서 구하여, 지식은 인간의 감각기관(sense data)에
의해 수동적 · 단편적으로 습득되는 것으로 생각하였다. 따라서 그들의
철학을 철학사에서 대표적인 인식론으로 분류해왔다.

　듀이는 철학사에서 희랍 사상의 영향을 받은 모든 이원론과 그로 인
해 이성에만 매달려온 이성주의 철학을 총체적으로 비판하고 있다.[17]
결국, 전통적인 철학은 그 사유의 틀 자체에 근본적인 문제가 있다고
진단했던 셈이다. 철학과 교육 문제를 포함하여 모든 학문에 파급된
근원적인 오류의 원천은, 바로 정신계와 물질계의 분리관, 이성과 경험
의 이분법적 · 이원론적 사고에서 비롯된 것으로 간주하고 있다. 그 이
유는 바로 "Bacon이 지적하였듯이, '이성'은 그릇된 단순성 · 통일성 · 보
편성을 가정하고 있으며, 과학에 위조된 안이함의 길을 열어준다"(*RP*:
135)고 보았기 때문이다. 그리고 "이러한 추세는 지적 무책임과 태만을

---

17) 그는 통합적 사고를 기준으로 해서 이원론을 비판하면서, 언제나 절대주의 · 이성
　　주의에 대한 비판을 병행하고 있다. 그것은 절대주의 · 이성주의가 철학에 있어 이
　　원론적 분리의 원흉이라고 보았기 때문일 것이다.

초래한다"고 지적하고 있다. "여기서 '무책임'이라고 한 것은 이성주의
가 이성의 개념을 자족적이고 초경험적인 것으로 전제하고, 이것을 경
험으로 확인할 필요도 확인할 수도 없는 것으로 간주하기 때문이다.
또 '태만'이라고 한 것은 이와 같은 생각으로 말미암아 사람들이 구체적
인 관찰과 실험에 대해서는 소홀하게 만들기 때문이라"고 덧붙이고 있
다(*RP*: 135).

듀이는 이와 같이 통합적 사고를 기준으로 해서, 사상의 발달 과정에
서 만연되어온 양극단의 이원론을 그의 모든 저서에서 일관되게 비판하
고, 양극단 사이의 절묘한 조화를 꾀하고 있다. 이것은 고도의 중용론이
라 해도 손색이 없을 것이다.

이렇게 형성된 통합적 사고는 그의 경험이론을 전개하는 근간이 된
다. 양극으로 대립된 개념들이 원래는 통합적·총체적이었으나, 학문과
사상의 발달로 인해 구분·구획되고 이질성이 고착되어, 결국 그들이
완전히 별개의 것처럼 간주하게 되었다. 그럼으로써 이론적으로나 사회
현실에 있어서 여러 가지 갈등 구조가 노정되는 중대한 폐해를 가져왔
다고 보았던 셈이다. 그는 인간의 모든 활동이 실제적 경험 상황에서는
이성과 감각, 사고와 행위 등이 서로 분리되지 않고 총체적이며 통합적
으로 작동한다는 것에 주목한다. 말하자면, 경험 활동 자체를 중심으로
생각해 보면, 그것은 원래 한 덩어리로서 거기서 파생된 용어들의 구획
이나 분리 개념은 조작적인 것일 뿐, 실제로는 존재할 수 없다는 것이다.

그의 경험이론에서 이 통합적 사고를 내포한 다른 표현으로는 통일,
종합, 전체, 상호작용, 연속, 일원성 등으로 나타나며, 그것과 대립되는 말
로는 균열, 분리, 괴리, 구획, 단편, 이원성 등으로 나타난다. 이 통합적
사고는 논리학뿐만 아니라 그의 사상 전반에 침투해 있다.

철학에서는 관념론과 실재론의 대립, 합리론과 감각적 경험론의 대립 구조를 허물고자 하였다. 또한 귀납법과 연역법, 본질적 가치와 도구적 가치, 인식과 생활의 분리, 능동성과 수동성, 직접경험과 간접경험, 객관적 지식과 주관적 지식, 보편성과 특수성, 추상성과 구체성, 원인과 결과, 내용과 방법, 관념과 언어, 이론과 실제의 구획을 없애며, 마음과 신체, 정신과 물질, 신성과 인간성, 영혼과 육체, 인간과 자연, 주체와 객체, 행위와 사고, 사고와 지식, 유전과 환경의 대립 구조를 통합시키고자 하였다.

사회적으로는 개인과 사회, 전통적 이념과 새로운 이념, 보수와 진보의 갈등을 해소하고, 목적과 수단, 자본과 노동, 노동과 여가를 밀접하게 관련시키고, 다양한 이념을 통합하는 생활과 정치 형태로서의 민주주의 사상을 발전시킨다.

그러한 통합 정신이 교육에 적용될 때는 사회와 학교가 일체가 되고, 아는 것과 행하는 것, 정서와 지력, 지력과 인격, 지식과 신념, 지식과 양심, 지식과 습관, 의무와 흥미, 흥미와 노력, 교육의 목적과 방법, 교육의 내용과 방법, 이론적 교과와 실제적 교과, 과정과 결과, 지성과 정서, 지식과 인격의 균열을 없애며, 보수적 교육과 진보적 교육, 교양교육과 직업교육, 인문주의와 자연주의의 갈등을 완화하고, 또한 교육 본질에 대한 형성설과 발현설, 미래에의 준비와 과거 문화 전수, 훈련과 교육, 권위와 자유의 조화, 아동과 교사와 교재가 일체가 되는 등의 통합 논리를 펴고 있다.

그의 사상에는 이 모든 것을 이질적으로 분리·대립시키지 않고, 유기적으로 결합하려는 시도들을 확인할 수 있다. 통합을 위한 그의 다각적인 노력은 그의 주요 저서와 각 저서의 주요 장의 제목에도 그대로

반영되어 나타난다.[18]

그가 경험 성립의 원리로 제시하는 두 가지, 즉 상호작용의 원리와 연속의 원리도 역시 이 통합적 사고에 바탕을 둔 것이다. 전자는 통합적 사고가 공간적 차원에서 적용된 것이고, 후자는 그것이 시간적 차원에서 적용되어 나온 원리라고 말할 수 있다. 이들이 종과 횡으로 결합함으로써 고도의 통합적 개념으로서의 경험 성장 이론이 탄생하게 된다.[19]

1절을 요약하면, 사상사적으로 독특한 성질을 띤 듀이의 통합적 사고는 청소년 시절의 성상 과정에서 형성된 대립이나 갈등을 싫어하는 심성, 사상 발달이 왕성하던 시기의 혼란스러운 사회를 화합으로 전환해야 하는 사회적 환경, 그리고 Darwin, Hegel, James 등의 사상에 힘입어 형성되었다고 하겠다. 그리고 이것은 이원론에 바탕을 둔 전통적인 철학과 교육을 극복하고, 경험과 교육에 대한 새로운 이론을 전개하는 근본 원리로 작용하고 있다. 다음 절에서 다룰 전통적인 경험관에 대한

---

18) 서로 분리·대립되는 요소를 통합하려는 의지가 엿보이는 그의 대표적인 저술로는 *The School and Society*(1899), *The Child and Curriculum*(1902), *Interest and Effort in Education*(1913), *Experience and Nature*(1925), *Individualism, Old and New*(1930), *Construction and Criticism*(1930), *Philosophy and Civilization*(1931), *Experience and Education*(1938), *Knowing and the Known*(1949) 등을 들 수 있다. 또한 이러한 특징은 그의 저서 각 장에서도 그대로 반영되어 나타나고 있다. 예컨대 *Democracy and Education*(1916)의 경우에도 주요 장의 제목들, 즉 6장의 Education as Conservative and Progressive, 9장의 Natural Development and Social Efficiency as Aims, 10장의 Interest and Discipline, 11장의 Experience and Thinking, 15장의 Play and Work in the Curriculum, 19장의 Labor and Leisure, 20장의 Intellectual and Practical Studies, 21장의 Physical and Social Studies: Naturalism and Humanism, 22장의 The Individual and the World 등에서도 대립적인 요소를 하나로 융합하려는 그의 노력을 읽을 수 있다.

19) 이것은 경험의 구조에 관한 내용으로 구체적인 것은 4장에서 자세히 검토할 것이다.

비판도, 그 초점은 역시 그들의 이원론적 사고 또는 단편적 사고에 맞추어져 있다.

2. 전통적인 경험관 비판

이 절에서는 듀이가 새로운 경험이론의 정당성을 위해 전통적 경험관이나 경험론에 대해서 어떠한 비판을 가하는지를 고찰하고자 한다. 이에 대해서는 자신의 이론을 전개해 나가면서 여기저기서 비교를 통해서 다루고 있을 뿐, 특정 저서를 통해서 비판만을 체계적으로 다룬 것은 아니다. 앞서 거론한 자신의 통합적 세계관에 입각해서 볼 때, 이원론적 세계관을 기반으로 발전해 온 철학과 교육, 특히 경험에 대한 종래의 이론들이 그에게는 모두 문제투성이로 보였을 것이다.

듀이는 "An Empirical Survey of Empiricisms"(1935)이라는 논문에서 철학사에 있어서 경험에 대한 의미부여를 세 가지 부류로 구분하고 있다. 첫째는 Platon, Aristoteles를 중심으로 한 고대 희랍 시대의 경험관으로 17세기까지 지속되면서 오랫동안 강한 영향력을 행사했던 것이다. 둘째는 Locke, Berkeley, Hume을 대표로 하는 근세의 영국 경험론으로서 [17, 18][20]세기의 양 세기 동안 철학계를 지배했던 것이다. 셋째는 James에게서 제기되어 19, 20세기에 계속 발전되어온 새로운 경험이론이라고 한다(Dewey, 1935: 69-83).

---

20) 그 논문에는 18, 19세기로 표시되어 있으나, 근세 경험론은 17세기에 시작되어 18세기까지 이어졌다고 보는 것이 보편적이거니와, 또한 듀이도 *Democracy and Education*: 275에서는 그렇게 표기하고 있으므로 수정한 것이다.

이들 세 부류 중에서 고대 희랍의 경험관과 근세의 영국 경험론[21]은 '전통적 경험론', '구 경험론'으로, 그리고 20세기의 포괄적인 경험이론을 '새로운 경험이론'이라고 규정하고 있다. 듀이는 경험에 대한 과거의 이론을 비판한 James의 견해에 동의하면서, 통합적 세계관에 입각하여 전통적 경험관의 타당성과 문제점을 저서 여러 부분에서 지적하고 있다.

전술한 바와 같이, 희랍의 철학은 사회가 변동하여 전통적인 관습이 붕괴됨에 따라, 전통 대신에 정신계라는 절대적 관념을 설정하게 되었고, 그것이 인간을 설명하는 원리로는 이성(reason)이라는 용어로 나타났다. 그들은 이성을 신념과 활동의 절대적인 기준으로 삼았고, 보편적이며 필연적이고 완전하며 불변하는 것으로 생각하였다.

그러나 경험에 대해서는 이와는 반대로 이성이나 지력에 의해서가 아니라 우연적이고 맹목적이며 주먹구구식으로 활동하는 가운데 형성되는 것으로 간주하여, 그것은 이성보다 열등하고 천박한 것으로 취급하였다. 이성만이 우리를 우연사의 노예 상태에서 구출할 수 있다고 믿었고, 경험은 개별적이고 우연적이며 불완전하고 가변적인 것이라 하여 거기에 중요성을 부여하지 않았다. 경시 또는 천시하였다는 표현이 더 옳을 것이다. 그들에게는 "참된 지식을 얻기 위해서는, 경험을 초월해 있는 이성에서 나오는 개념에 근거를 두어야 한다는 것이 거의 확고부동한 원칙"(*DE*: 281)으로 간주하였기 때문이다.

이들 고대 희랍 철학에서는 인간에 대해서도 이원론적 세계관에 입각

---

21) 여기서 한 가지 주지할 사항은, 합리론과 대비되는 근세의 경험론과는 달리, 이 고대 철학에서는 경험에 대한 나름의 의미부여는 있었지만, 경험론이라고 일컬을 만한 정도의 정립된 경험이론이 있었던 것은 아니라는 점이다. 따라서 경험에 대한 그들의 입장은 '경험관'이라는 표현이 적절할 것이다.

하여 정신과 신체로 양분하여 탐구하였다. 그리하여 정신은 이성계(理性界)의 영역으로서 지식에 관계되는 것이며, 완전하고 절대적인 것이라고 생각하고, 신체는 경험계(經驗界)의 영역으로서 행위에 관계되는 것이며, 불완전하고 가변적인 것으로 생각하였다. 따라서 그들은 경험을 물질이나 일상생활사에 관계되는 것이라고 간주하여 천시하였던 셈이다.

그들의 경험관에 대한 듀이의 비판은 두 가지 정도로 요약할 수 있다. 하나는 경험 개념을 실제적인 세계에만 한정함으로써 참된 지식의 대상에서 제외시킨 것에 대한 비판이며, 또 하나는 그 결과 교육에 있어서 아는 것과 행하는 것 사이에 분리를 가져오게 한 것에 대한 비판이다.

먼저 듀이는 그들의 경험관을 강도 높게 비난하고 있다. 그들이 생각했던 경험의 개념은 사고 작용과는 거리가 먼 것으로서, 현대 심리학에서 말하는 '시행착오에 의한 학습법'과 흡사한 것이라고 지적한다(RP: 125, DE: 273). 즉, 희랍인들은 '경험적'(empirical)이라는 말을 어떤 원리에 입각한 통찰에 기반을 둔 것이 아니라, 어쩌다가 몇 번 시행해본 결과 우연히 얻게 되는 능력을 나타내는 뜻으로 사용하였다는 것이다. 말하자면, 경험을 생활의 현장에서 우연적 · 개별적으로 시행한 결과, 기억의 도움으로 개별적 사건들이 보존되고 축적되는 것 정도로 보았다는 것이다.

그는 Platon과 Aristoteles의 철학이 상당한 차이가 있긴 하지만, 모든 것을 이성계와 경험계로 분리하여, '이성'은 정신적인 지식에 관계되는 것이고 '경험'은 실제적인 활동에 관계되는 것이라고 생각했던 점에서는 마찬가지라고 보았다(DE: 271). 그러면 결국 그들은 지적인 면과 생활적인 면을 분리하여, 전자는 인간의 이성과 정신에, 후자는 경험과 신체에 관계되는 것으로 보았던 셈이다. 여기서 주목할 사항은 그들이 사용한 경험 개념 속에는 사고와 지적인 측면이 배제됨으로써 그것을 참된 지식의 대상에서 제외하였다는 점이다.

이러한 분리는 교육의 차원에서는 아는 것(knowing)과 행하는 것(doing)의 대립, 더 나아가서는 지적인 학습(intellectual studies)과 실제적 학습(practical studies)의 분리를 초래하게 되었고, 행하는 것과 실제적 학습은 경멸의 대상으로 간주하는 폐단을 낳았다고 듀이는 지적하고 있다(*DE*: 271). "수학과 논리학에 비하여 물리학에 대한 경시, 감각과 감각적 관찰에 대한 경시, 구체적인 것이 아닌 관념적 상징을 다루는 지식일수록 고귀하다는 생각, 연역을 통한 보편지 이외의 모든 개별지에 대한 조소, 신체 천시, 지식의 방편으로서의 기술과 수공에 대한 과소평가 등"(*DE*: 274), 모든 것이 경험과 이성, 실제적인 것과 이론적인 것의 분리로 나타남으로써, 교육에 여러 가지 폐해를 가져오게 했다는 것이다.

이와 같은 이성과 경험의 양분은 그 당시의 계급 사회를 정당화하는 이론적 기반이 되었다고 할 수 있다. 그들 사회에서는 자유인에게는 정신을 자유롭게 한다는 취지에서 자유 교양교육(liberal education)을 실시하고, 노예들에게는 특수한 기능을 발달시킨다는 취지에서 전문 기능 훈련을 시켰던 것이다. 이러한 전통은 오늘날까지 사람들의 의식 속에 강하게 남아 비민주적 사고의 요인이 되었다고 할 수 있다.

다른 한편으로 17세기 이후의 근세 철학은 새로운 사회적 · 사상적 조류, 즉 르네상스와 프로테스탄트의 종교개혁, 그리고 천문학을 비롯한 여러 과학의 눈부신 발달 등에 힘입어, 관심의 초점이 중세까지의 신 중심에서 인간 중심으로 이동하였다.

그 결과 철학에서는 일차적 관심이 인간의 앎의 확실성의 문제로 쏠리면서, 지식의 기원과 본질은 무엇이며, 그 가능성과 한계는 어디며,

진리란 무엇인가 등을 탐구하는 데에 집중하였다. 그 당시에는 철학 고유한 탐구 영역이 인식의 문제라고 간주할 정도였다. 그리하여 다른 분야에서도 이 인식 문제에 대한 탐구 결과에 중요한 영향을 받았다.

근세의 인식론은 유럽 대륙의 합리론과 영국의 경험론 양면에서 발달했는데, 이 근세 철학도 고대 희랍 철학의 영향으로 인해서 이원론적 구조에서 벗어나지는 못하였다. 탐구 내용에 있어서는 전자는 이성의 측면에, 후자는 경험의 측면에 매달림으로써, 희랍의 이성과 경험의 개념과는 그 성격이 아주 다르게 나타난다.

경험 측면에서 보면, 희랍 시대에는 경험을 생활적·실용적·활동적인 것에 해당하는 것으로 간주했던 반면에, 17, 18세기에 영국을 중심으로 대두된 경험론에서는 '감각적 경험'이 지식의 기원이며 그 본질에 도달하는 방법이라고 봄으로써, 경험을 '인식'의 문제에 국한하여 생각하였다.

Locke는 Descartes가 cogito(사유)로 제기했던 이성주의적 인식론을 정면으로 공격하고, 그것의 출발이라 할 수 있는 인식의 기원, 관념의 기원을 문제 삼았다. 그는 합리론에서 주장하는 본유 관념·생득 관념을 부정하였다. 만약 그러한 본유 관념이 있다면, 어린아이도 그런 관념을 갖고 있어야 할 텐데 그렇지 않으므로 그 논리를 인정할 수 없다는 것이다. 그리하여 인간의 마음은 처음에는 백지(tabula rasa)와 같다고 생각하고, 백지 위에 글자를 쓰듯이 감각에 의하여 그 마음 위에 경험들이 축적됨으로써 관념이 형성된다고 보았다. 따라서 모든 지식의 기원은 경험이라고 보았던 것이다.

Locke는 경험을 감각 작용(sensation)과 반성 작용(reflection)으로 나누고, 감각 작용은 일차적으로 외관(外官)이 사물을 지각하는 것이고, 반성

작용은 내관(內官), 즉 마음의 작용으로 발생하는 지각이므로 감각에 수반되는 2차적인 것이라고 간주하였다. 이들 경험에 의해 습득되는 관념은 단순 관념(simple ideas)과 복합 관념(complex ideas)으로 나누어진다. 단순 관념은 감각이나 반성을 통해서 직접적으로 형성되는 관념으로서 모든 지식의 근본 재료이며, 복합 관념은 단순 관념이 결합하고 발전되어 형성되는 것이다. 또한 Locke는 이 단순 관념을 두 가지로 구분하였다. 즉, 크기, 모양, 운동, 정지 등은 사물 자체가 가지고 있는 성질이라고 하여 제1성질이라 하고, 색, 맛, 향 등은 인간 마음의 주관적인 느낌이라고 하여 제2성질이라고 하였다. 이러한 단순 관념들의 결합으로 형성되는 것은 양태의 관념, 실체의 관념, 관계의 관념 등으로서 복합 관념[22]이라고 하였다.

그런데 Locke는 단순 관념이든 복합 관념이든, 감각과 반성에서 나오지 않는 관념이란 없으며, '감각에 의해 주어지지 않는 지식이란 우리의 지각 속에 없다'고 봄으로써, 감각과 반성, 그중에서도 감각이 모든 관념이나 지식의 근원이라고 보았다. 결국 Locke는 외부 자극을 수동적으로 받아들이는 감각작용이 모든 경험이 형성되는 출발점이고 그 경험이 관념을 발생시킨다고 봄으로써, 결국 경험이 지식 획득의 근원이라고 생각했던 셈이다.

근세의 경험론은 Locke에 의해 본격적으로 시작되었지만 이후의 경험론자들에 의해 발전되고 상당 부분 변형된다. 즉, Berkeley를 거쳐 Hume에 와서는 극단적 감각주의에 이른다. David Hume(1711~1776)

---

22) 예를 들어 '지금 내가 난롯가에서 외투를 입고 책을 읽고 있다'와 같은 것이 복합 관념에 해당한다.

도 지식의 기원에 대한 문제에서 출발하여, 선험적 지식관을 부정하고 모든 지식은 감각적 경험에서 생겨나는 것이라고 생각한 것은 Locke와 마찬가지다. 그러나 그는 Locke가 주장한 제1성질과 제2성질, 물질적 실체와 정신적 실체 모두를 객관적 지식으로 인정하지 않았다. 그것들은 모두 한 다발의 주관적 지각 내용일 뿐이며, 지식은 그 지각 내용이 축적된 결과라고 생각했던 것이다.

Hume은 모든 지각은 인상(印象, impression)과 관념(ideas)에서 생겨난다고 보고, 그 두 가지를 나누는 기준을 인식의 확실성 여부에 두었다. '인상'이란 색상과 소리 등의 외적 감각과 고통과 기쁨 등의 내적 감각으로 형성되는 직접적이고 생생한 느낌이며, '관념'이란 인상이 사라진 뒤에 마음속에 기억이나 희미한 심상으로서 나타나는 표상이라고 간주하였다. 그러므로 지식의 원천이 되는 것은 사물과의 직접적·일차적 접촉으로 우리 마음에 형성되는 인상이라는 것이다. 그는 모든 단순 관념은 단순 인상의 모사에 지나지 않으며, 단순 관념들이 결합되어 복합 관념이 되며, 이들이 모여서 다양한 지식이 형성된다고 생각하였다. 결국, 우리의 모든 지식은 관련된 관념끼리 서로 결합되어 만들어지는 연합의 결과라는 것이다.

Hume은 인과율까지도 선험적 지식에서 나온 것이 아니라 경험의 결과로 발생한 관념들의 상호 연합에 의해서 생기는 것으로 보았다. 지식이 경험만을 토대로 하는 한, 인과율도 필연적인 관념이 아니라 개연적인(probable) 관념일 뿐이라는 것이다. 따라서 인과율에 근거한 자연과학적 사실들을 포함한 모든 지식은 필연적이며 보편타당한 지식이 될 수 없다고 간주하였다. 우리의 감각은 극히 제한될 수밖에 없으므로 지식은 불완전하며 주관적이고 단편적일 수밖에 없다는 것이다. 결국,

세상에 필연적 지식은 없다는 말이 된다. 이리하여 근세의 영국 경험론은 Hume에 이르러 '회의론'에 빠졌다고 평가한다.

아무튼 근세 경험론자들은 모든 지식이 경험에서 기원하며 경험으로 검증받아야만 참된 것이라고 전제하고, 희랍 시대부터 이어져 온 전통적인 합리론에서 내세웠던 이성이나 본유관념과 같은 것은 공허한 독단이라고 생각했다. 즉, 우리가 알 수 있는 것은 경험계밖에 없으므로 인간은 그 한계를 벗어날 수 없다는 입장이다. 이런 점에서 볼 때 이들은 이성을 중시하고 경험을 경시했던 고대 철학의 입장을 완전히 뒤바꿔 놓았다고 할 수 있다.

그러나 듀이는 그들도 경험을 지식이나 관념을 형성시키는 방법으로만 보았다는 점에서 전통적인 이원론적 관점에서는 크게 벗어나지 못했다고 보았다. 듀이는 그들의 "감각적 경험론은 현대 심리학에서 입증해낸 경험에 대한 견해나, 현대 과학적 절차에서 제시하는 지식에 대한 견해를 제대로 설명하지 못한다"(*DE*: 280)고 하면서, 그들은 몇 가지 오류를 범했다고 지적하고 있다.

첫째, 그들은 경험을 인지적인 측면에만 국한하여 다룸으로써, 경험의 생활적·실제적 측면은 보지 못했다고 비판한다(*DE*: 276). "경험은 Platon 때부터 가지고 있었던 실제적인 의미를 잃어버렸다. 이제 경험은 무슨 일을 한다거나 무슨 일이 이루어지는 방식을 뜻하는 것이 아니라, 지적이고 인식에 관한 것을 가리키는 이름이 되어버렸다"고 지적하고 있다. 그들은 경험을 앎의 방식을 탐구하는 데에만 사용하였으므로 "고대 철학에서보다 더 철저한 주지주의가 되어버렸다"고 평가하고 있다. 그리하여 그들은 "실행(practice)을 지식에 종속되는 정도도 아닌 지식의 꼬리표나 잔류물 정도로 간주하였다"는 것이다.

둘째, 마음을 백지와 같은 것으로 간주했던 근세 경험론은 경험을 수동적인 것으로 보고 능동적인 측면을 보지 못했다고 비판한다. 그들에게 있어서 "감각기관은 지식의 문이고 통로였다. 마음은 원자적인 감각들을 결합하는 일 말고는, 인식하는 일에서 전적으로 수동적이며 묵종적인 것이었다"(*RP*: 128). 듀이는 경험 속에는 능동적 요소가 있음에도 불구하고, 그들은 "그 속에 내재된 능동적·정의적 측면은 무시한 채 … 경험을 단편적인 감각들을 수동적으로 받아들이는 것으로 보았다"(*DE*: 285)고 지적하고 있다.

셋째, 그러한 결함으로 인해서 그들은 그릇된 교육이론을 낳게 했다고 비판한다. 먼저 그들은 경험을 인지적인 측면에서만 취급한 결과, "학교에서 능동적 활동을 제외시키는 일을 정당화시켰다"(*DE*: 276)고 평가한다. 그리고 Locke가 수동적 감각주의 입장에서 교육에 있어서의 형식도야설을 주장한 것에 대해서, 그것은 사고 작용을 경시한다는 측면에서 '훈련'이라고 할 수는 있어도 '교육'이라고 할 수는 없다고 지적하였다(*DE*: 5장 3절). 또한 이런 생각이 극단으로 가면 Helvetius가 주장한 '교육 만능설'이라는 그릇된 신념에 이르게 한다고 우려하고 있다(*DE*: 277). 그러나 근세 경험론은 그들 이론이 자체 결함으로 말미암아 교육 실제에는 별로 영향을 끼치지 못한 것으로 평가하였다(*DE*: 279-280).

결국, 듀이는 철학사에서 경험 개념에 대한 의미부여에 대해서 검토한 결과, 이들 두 부류의 전통적인 철학에서 사용한 경험 개념에는 문제가 있다고 진단한 셈이다. 여기서 이들의 전통적인 경험관에 관한 그의 비판을 분석해보면 서로 묘하게 교차하는 이중 구조를 포함하고 있음을 알 수 있다. 요컨대, 그는 고대 철학에서 경험을 생활계에 국한하고 경시한 것은, 인식의 측면에서 경험을 중요시한 근세 경험론의 시각에서 비판하고, 근세 경험론에서 경험을 인식의 측면에 국한하여 논한 것은, 경험을 생활계에 속하는 것으로 간주했던 고대 철학의 시각에서 비판하고 있는 셈이다.

먼저, 고대 희랍 철학에서 이성은 정신에 관계되는 것이고 경험은 물질 현상에 관계되는 것이라고 봄으로써, 경험은 이성에 비하여 열등하고 천박한 것이라고 경멸했던 점을 맹렬하게 공격하였다. 이 점에 있어서는 이성도 본질적으로 구체적인 경험의 결과로 생기는 것이며, 그 타당성은 경험을 통해서 검증·확인되어야 한다고 생각하면서, 경험을 중시했던 근세의 영국 경험론의 입장을 오히려 높이 평가하고 있다(*DE*: 285).

그러나 근세의 영국 경험론에서는 경험을 중요시하긴 했지만, 그것을 한 가지 측면, 즉 지적인 면에만 치우쳐 보았으며, 또한 그것을 수동적인 감각작용으로만 봄으로써, 경험의 중요한 측면이라 할 수 있는 실제 생활적인 면과 능동적이고 활동적인 면을 외면했다고 비난하고 있다. 이 점에서는 오히려 경험을 능동적·실제적 활동과 관계있다고 간주했던 고대의 경험관에 더 타당성이 있다고 평가하고 있다(*DE*: 279-280, 285).

결국, 듀이는 경험을 이성과 대립시켜서 주먹구구식의 시행착오적인 것으로 취급했던 고대 희랍의 경험관, 그리고 경험을 인식의 기원이라 하여 인식의 문제에만 국한해서 본 근세 영국의 감각적 경험론을 모두 비판하고, 경험이란 이성과 대립적인 것이 아니고 지성과 사고까지 포함하는 것이며, 그것은 인식에도 관계되는 것이지만 1차적으로는 실생활에 관한 것이라는 통합적 논지를 담은 새로운 경험이론을 전개하게 된다.[23]

---

23) 진행 순서에 있어 2절의 내용을 먼저 다루고, 3절의 내용을 뒤에 다루는 것은, 글

3. 새로운 경험이론 전개

　19세기 후반 생물학과 심리학, 실험 과학, 산업에 있어서 눈부신 발달
은 듀이에게 새로운 경험이론을 전개할 수 있는 가능성을 열어주었다.
그의 새로운 경험이론은 논리적 측면에서는 그가 지적한 전통 철학의
문제점을 극복하는 데서 시작되었다고 할 수 있다. 그는 경험은 1차적
으로 생활 사태와 실행에 관련된 것으로 본 고대 희랍인들의 경험 개념
을 되살려야 한다고 생각하였다. 다만 그것은 그들처럼 이성과 분리·
대립되는 것이 아니라, 그 실행 과정에 사고나 지성도 함께 작동한다는
의미를 추가해야 한다는 것이다.

　그러면 그들이 말한 이성도 생활에서 멀리 떨어진 별도의 정신세계가
아니라, 실행의 세계에 풍부한 의미를 불어넣어 주는 자원이 된다는 것
이다(*DE*: 285). 그 말은 곧 경험 개념이 인식이나 지식의 측면에도 관계
된다는 것을 의미한다. 다만, 진정으로 유의미한 인식은 근세 경험론자
들의 주장처럼 단편적인 감각작용에 의해서가 아니라, 통합적인 활동
가운데서 형성된다고 생각한 것이다.

　실험 과학의 발달로 인해서 사람이 환경을 의도적으로 지배할 수 있게
된 현대에 와서는 과거와는 다른 새로운 경험 사상이 필요하다고 생각한
것이다. 이제 경험(experience)의 개념은 과거의 '그냥 해보는'(empirical)

의 체제상 그렇게 하는 것일 뿐, 그가 종래의 경험관을 비판하고 그 위에 새로운
경험이론을 수립했다는 것을 의미하는 것은 아니다. 정확하게 말한다면 이것은 그
에게 일찍이 형성된 통합적 사상을 기조로 하여, 종래의 경험관에 대한 비판과 함
께 자신의 경험이론을 수립했다고 보는 것이 타당할 것이다. 그렇게 보는 근거는
여러 저서에서 비판과 주장이 동시에 나타나기 때문이다.

것이 아니라, '실험적인'(experimental) 것을 의미하는 것으로 바뀌어야
한다는 것이다.[24] 왜냐하면 전자는 희랍 시대의 전통으로 말미암아 조
잡하고 주먹구구식이며, 시행착오적이고 비합리적인 활동을 두고 지칭
하는 반면에, 후자는 실험 과학의 방법에 기반을 둔 합리적인 활동과
지식이라는 의미를 담고 있기 때문이다(RP: 133-134, DE: 233). 결국
듀이가 사용하는 '경험'이라는 말은 희랍 시대의 경험관이나 근세의 경
험론에서 의미하는 단순하고 좁은 의미가 아니라, 실험 과학의 복잡한
과정이나 결과까지 포함하는 종합적이고 통합적인 의미를 담고 있다고
할 수 있다. 이 새로운 경험이론을 '실험적 경험론' 혹은 '자연주의적
경험론'이라고 말한다.

　그의 새로운 경험론이 갖는 가장 뚜렷한 특징은 경험 속에 행위와
사고가 동시에 포함된다는 점이다. 그의 실험적 경험론은 사고 작용을
경험 속에 포함시킴으로써, 경험에서 사고 작용을 배제했던 '고대의 시
행착오식 경험관'과 구별되며, 또한 경험의 생활적·활동적 측면을 배
제하고 인식의 측면에서만 보려 했던 '근세의 감각적 경험론'과 분명히
구별되는 것이다.

　근세 경험론에서는 아는 자(the knower)와 알려지는 것(the known),
즉 인지하는 주체와 인지되는 객체가 따로 분리된 것으로 취급하였다.
대상이 없는 경험은 원초부터 불가능한 것임에도 불구하고, 그들은 경
험을 감각기관에 의해 지각하는 과정을 통해서 성립되는 것으로만 생각

---

24) 'empirical'의 어원은 희랍어 'emperia'에서 온 것으로, 원래 '어림짐작, 단순기술'이
　　라는 뜻을 지니고 있다. 그런데 오늘날에는 '실증 과학'과 동의어로서 '경험 과학'
　　이라는 용어가 사용될 정도로 '경험' 개념에 대한 의미부여가 달라졌다. 따라서 '실
　　험'을 '경험' 개념에 포함시켜도 무방할 것으로 보인다.

했다. 따라서 그들에게서 경험은 지적이며 주관적인 것이었다. 이러한 논리를 경험에 대한 '주관주의'라고 부른다(EN: 25). 그러나 듀이에 있어서는 주체와 객체가 불가분의 관계를 갖는다. 경험은 유기체의 내부에서만 일어나는 것도 아니고 사적인 소유물도 아니다. 경험은 인간과 환경의 직접적인 상호작용을 통해서, 그 둘이 통합된 사태에서만 성립하는 것이다. 그러므로 그에게서 경험은 객관적인 특성을 갖는다고 할 수 있다.

듀이는 종래의 서양철학에 점철되어온 이원론적 관점을 철저히 비판하고, 경험계와 이성계, 물질계와 정신계가 서로 분리되어 작용하는 것이 아니라, 동시에 작동하는 활동임을 강조하고 있다. 그는 행하는 것(doing)과 아는 것(knowing), 신체와 정신, 밖과 안, 외적 과정과 내적 과정, 즉 행위(action)와 사고(thinking)가 모두 경험 속에서 함께 이루어진다고 하는 통합적 입장을 견지하게 된다. 듀이는 과정적 측면에서 볼 때, 즉 동태적(動態的)인 측면에서 볼 때, 경험은 그 속에 외적 활동으로서의 행위와 내적 활동으로서의 사고가 동시에 작동한다는 것을 보여주고 있다.

그것은 곧 생물학적 사고를 철학에 도입함으로써, 기존의 경험관을 전면적으로 수정하는 것을 의미한다. 그는 "생명이 있는 곳에는 어디에나 행위와 활동이 있다. 생명을 존속하기 위해서는 이러한 활동은 계속될 뿐만 아니라, [끊임없이] 환경에 적응해 나가지 않을 수 없다"(RP: 128). 따라서 우리의 "경험은 1차적으로 행하는 것(doing)에 관한 일"(RP: 129)이라고 강조한다. 말하자면, 모든 생명체의 제1속성을 활동(activity)이라고 본 셈이다.

모든 생명체는 생존 본능을 가지고 있고, 살아있는 한 활동하지 않을 수 없으므로 활동력은 생명체의 본래적 특징이라고 보고 있는 것이다. "생명체와 무생물의 가장 두드러진 차이를 말한다면, 생명체는 갱신에 의해서 스스로를 존속시켜 나간다는 데에 있다"(*DE*: 4). 무생물은 그보다 강한 힘이 부딪치면 부서져 버리지만, 생명체는 주위의 에너지를 자신에게 이로운 방향으로 활용하려고 노력한다는 것이다. 생명체의 이러한 활동력은 가장 고등 생물인 인간에 있어서는 외적으로 보면 신체의 활동이나 동작인 것처럼 보이지만, 그 내면에서는 마음의 활동, 즉 '사고'라는 것이 함께 작동한다는 것이다.

 그것을 듀이는 도랑 건너는 일을 예로 들어 설명한다(*DE*: 357). 어떤 사람이 도랑을 건너려고 할 때, 건너뛸 수 있는지 없는지 결정을 내리면 한 가지를 택하겠지만, 건너뛸까 말까 하고 망설이는 상태는 행동이 보류된 상태가 된다. 그 상태에서는 행동 방향을 준비하려고 에너지를 재분배하여, 눈으로 재어 보기도 하고 건너야 할 필요성을 다시 생각해 보기도 한다. 이것은 행위와 사고가 전체적인 활동 속에서 밀접하게 관련되어 함께 작동하는 것을 생생하게 보여준다. 따라서 순전히 정신적인 과정이 먼저 일어나고, 그다음 그와는 근본적으로 다른 신체적 과정이 뒤따라오는 것이 아니라, 하나의 연합적인 활동이 있을 뿐이라는 것이다. 듀이는 사고에 대해서 다음과 같은 정의를 내리고 있다.

> 사고란 … 우리가 행하는 일과 그로 인해서 생기는 결과 사이의 특수한 관련성을 파악함으로써, 양자가 단절되지 않도록 하려는 의도적 노력을 가리킨다(*DE*: 152).

사고는 바로 우리의 경험 속에 들어 있는 지적 요소를 명백히 드러내

는 것과 동일한 의미를 가진다. 사고는 우리에게 목적이나 목표를 머리
속에 그리면서 행동하게 해주는 것이므로, 목적의식을 가지고 행동하는
데 있어서 없어서는 안 되는 조건인 것이다. 그것은 경험에 있어서 수단
과 목적을 연결하는 방법으로 사용되는 것이기 때문이다.

　그는 사고가 작용하지 않는 행위, 즉 사고가 없는 행동이 있다면, 그
것은 '기계적인 활동'(routine behavior)이며 '제멋대로의 행동'(capricious
behavior)이라고 규정한다(DE: 153). 즉, 사고가 없는 행위는 결과에 대한
예측이 없는 행위이고, 그렇게 되면 행동의 현재 의도조차 알 수가 없게
되므로, 그러한 행위는 우연한 사건에 불과할 뿐 인간의 경험이 될 수가
없다는 것이다. 그러므로 "경험은 감각과 욕구와 전통이라는 한정된 영
향력에서 우리를 해방시키는 사고 작용을 내포하고 있다"(Dewey, 1910:
301)는 것이다.

　철학사적으로 볼 때 이 사고력은 오랫동안 이성(reason)이라 하여, 현
실적 경험과는 별도로 존재하는 인간의 보편적 능력이었지만, 그것을
통합적 활동의 필연적 요소로 보았던 듀이로서는 여기에 동의할 리가
없었다. 이러한 차원에서 듀이는 경험을 계속해서 재조직하고 후속 경
험에 시사를 주고 목적의식과 관련된 경험을 하게 하는 이러한 사고
작용을 지성(知性, intelligence)[25]이라고 불렀다. 지성은 이성의 개념처

---

25) 이 용어는 한국어로는 관점에 따라 知力, 智力, 知性 등으로 변역·이해되고 있으
　며, 각각 나름의 타당성을 갖기도 한다. 知力이라는 말은 인간의 인지적 능력의
　총체를 가리키는 의미가 강하고, 智力이라는 말은 개별적인 앎으로서의 '지식'보다
　는, 보편적인 앎으로서의 '지혜'의 의미를 강하게 내포하며, 知性이라는 말은 철학
　에서 사용되는 감성, 오성, 이성과 구별되는 한 측면이라고 할 수 있다. 그러나
　철학에서 인간의 주요 특성을 나타낼 때 '性'이라는 글자를 주로 사용된다는 점을
　고려하여, 그들과의 병치 관계를 생각할 때, '知性'으로 변역·이해하는 것이 가장

럼 완결되거나 자족적인 것이 아니고, 끊임없이 발달한다는 의미를 가진 것으로 보았기 때문이다(신득렬, 1987: 156-158).

원래 듀이가 이 개념을 사용하게 된 배경은 다분히 생물학적인 사고가 반영된 것이다. 진화의 과정에서 인간이 다른 동물과 구별되게 된 가장 확실한 특성은 생각하는 능력, 즉 사고력이라 할 수 있다. 따라서 '경험을 하는 가운데 행위와 함께 작동되는 사고', 다시 말하면 '경험 속에 깃든 사고'로서 고안된 용어가 바로 이 지성이다.

그는 "신체적 활동의 의미를 아주 좁게 해석해서, 신체를 마음, 즉 의미의 이해와는 무관한 것으로 생각하면, 그러한 방식의 활동은 언제나 기계적인 것으로 된다"(DE: 150)고 말한다. 듀이는 인간의 경험 활동에는 그 활동에 수단과 방법을 지도해 주는 사고 작용이 동원되어야만 그것이 맹목적인 것이 아닌 과학적 · 실험적인 것이 될 수 있다는 점을 지적하는 것이다.

인간은 본질적으로 자연적 · 사회적 환경에서 떠날 수 없는 존재이므로 언제나 어떠한 상황 속에서도 환경과 상호작용하며, 안전을 추구하기 위하여 균형과 통합을 유지하면서 살아간다. 사고(思考)는 생활 과정에서 균형과 통합을 유지하려는 가운데서 발생한다고 할 수 있다. 듀이는 "사고의 과정은 어떤 것이든지 반드시 현재 진행 중인 어떤 것, 현재로서는 아직 완결되거나 이루어지지 않은 것에서 출발한다"(DE: 153), "사고는 무엇인가 불확실하거나 의심스럽거나 문제되는 것이 있을 때 발생한다"(DE: 155)는 말로 사고의 발생 기원을 설명하고 있다. 그러므로 이미 완결된 것, 끝난 것을 머릿속에 그대로 부어 넣는 방식에는

무난할 것으로 본다.

사고가 촉발할 수가 없게 된다. 불확실하거나 의심이 있는 곳에서 사고가 발생한다는 것을 역설적으로 표현하면 "사고가 있는 곳에 불안이 있다"(*DE*: 155)는 말이 된다.

듀이는 우리의 모든 삶의 현장을 계속되는 문제 상황(problem situation)이라고 보고 있다. 크고 작은 경험 사태에서 눈앞에 펼쳐지는 새로운 문제를 해결하는 데 있어, 앞서 경험한 내용이 어떤 의미를 주고 어떤 관련을 갖는지 알아내려고 애쓰는 과정, 즉 당면한 문제를 해결하려는 노력 과정 자체가 바로 사고의 활동 과정이 되는 셈이다. 따라서 구체적인 문제 사태에 직접 참여하는 가운데서 사고가 활발하게 작동된다고 보는 것이다. 이것은 비단 눈앞에 있는 현재 사태에서만 일어나는 것은 아니다. 공간적·시간적으로 떨어져 있는 상황에서도 자신의 목적의식과 의지와 노력이 직접 작용하는 것에는 사고는 마찬가지로 작동하는 것이다. 결국 사고는 크고 작은 의혹의 사태에서 '문제를 해결하기 위해 동원되는 마음의 활동'이라 할 수 있다.

한편, 듀이는 문제 해결 방법으로 가장 효과적인 방법을 지성에 의한 방법이라고 믿고 있다. 그의 철학에서 실험적 방법, 과학적 방법, 탐구 방법 등은 모두 문제 해결 방법을 가리키는 것으로서 지성에 의한 방법과 같은 속성을 가진 것이다. 그리고 사고, 탐구, 방법도 본질적으로는 지성의 다른 측면이라 할 수 있다. 지성은 문제 해결의 과정을 지도하는 능력이며, 사고는 지성이 작용하는 현실태를 가리키는 것이고, 탐구는 사고를 통해 어떤 목적을 추구하는 과정을 뜻하며, 방법은 사고와 탐구의 결과로 나오는 것으로 수단과 목적을 연결하는 원리가 되기 때문이다(李敦熙, 1982: 116).

요컨대, 듀이에 있어서 경험은 그 활동 과정에서 외적·신체적 활동으로서의 행위와 내적·정신적 활동으로서의 사고가 통합된 상태로 동시에 작동하고 있는 것이다. 이러한 경험의 활동 과정, 즉 유기체와 환경의 상호작용 과정은 결과적으로 어떠한 경험 내용을 형성하게 되고, 그렇게 형성된 경험 내용은 경험 활동에서는 사고라는 모습을 띠고 문제 해결을 위해 도구로 활용된다는 것이다.

듀이는 "The Need for a Recovery of Philosophy"(1917)라는 소논문에서 경험에 대한 전통적인 관점과 새로운 관점 사이에 나타나는 주요한 차이점이나 특징을 다섯 가지로 요약하고 있다(Dewey, 1917: 6).

첫째, 전통적인 관점에서는 경험을 1차적으로 '지식의 문제'에 관한 것으로 간주했던 반면에, 새로운 경험이론에서는 이런 시각에서 벗어나 경험을 생물체가 물리적·사회적 환경과 함께 어우러지는 '생활의 문제'라고 본다는 점이다.

둘째, 전통적인 이론에서는 경험을 '주관에 의해 이입되는 심리 현상'으로 보았지만, 경험은 우선 인간이 행함과 당함을 겪고 그 결과 일어나는 반응을 통해서 모종의 변화를 가져온다는 점에서 '객관적'이라는 것이다.

셋째, 전통적인 이론에서는 경험을 감각에 의해 현상을 받아들여 누적되는 것으로 간주하여, 눈앞의 현재가 아닌 이미 발생한 일, 즉 '과거에 관련된 회고적인 것'으로 생각하였다. 그러나 새로운 경험이론에서는 생생한 경험은 원래 실험적 성질을 갖고 있으므로 이미 주어진 것을 변형하려는 진보적이고 창조적인 특성, 즉 미지의 것을 탐구하려는 '미래 지향적 특성'을 갖는다고 본다는 것이다.

넷째, 전통적인 이론에서는 경험이 각각 단절되고 '개별적인 것'들로 이루어진다고 생각하여 연관성이란 경험과는 거리가 먼 것으로 간주했지만, 새로운 경험이론에서는 경험을 환경에 영향받는 것과 환경을 새로운 방식으로 통제해 가려는 노력이 서로 밀접하게 '연관된 것'으로 본다는 것이다.

다섯째, 전통적인 이론에서는 '경험과 사고를 완전히 이질적인 것'으로 보았지만, 새로운 경험이론에서의 경험은 처음부터 그 속에 사고와 추리를 포함하고 있다고 봄으로써, 그들을 '일체적인 것'으로 생각한다는 점을 지적하고 있다.[26]

요약하면, 듀이는 19세기의 생물학, 심리학, 실험 과학 분야의 급격한 발달에 힘입어, 철학이나 인문학에 실험적 방법을 도입함으로써, 경험 개념을 중심으로 한 자신의 독창적인 사상을 전개하게 되었다. 그의 경험이론은 기존의 사상과는 비교할 수도 없을 만큼 포괄적인 것이다. 그것은 행위뿐만 아니라 사고까지 포함되며, 인식의 문제에 국한된 것이 아니라 생활의 차원까지 포함하는 것으로, 소위 실험적 경험론의 체계를 갖추고 있다.

---

26) 듀이는 여기서 새로운 경험이론과 대비되는 것을 지칭하는 말로서, 구분 없이 그냥 경험에 대한 정설화된(orthodox), 또는 전통적인(traditional) 개념이라고 표현하고 있지만, 앞 절에서 다룬 전통적인 경험관의 비판을 고려하면, 첫째와 둘째는 주로 근세 영국 경험론의 경험관을 지칭하는 것이고, 셋째와 넷째와 다섯째는 고대 희랍과 영국의 경험관 모두를 염두에 둔 것임을 알 수 있다.

제3장　경험의 개념

2장에서는 듀이의 경험이론의 형성 배경으로서, 통합적 세계관의 형성 과정과 전통적인 경험관에 대한 비판, 그리고 그의 새로운 경험이론의 특징을 고찰하였다.

이 장에서는 듀이가 다양하게 사용하는 경험 개념이 어떠한 의미들을 담고 있는지를 몇 가지 범주와 양태로 나누어서 분석하고자 한다. 다음 장에서는 경험의 원리와 성장을 다룸으로써 경험을 구조적으로 탐구하겠지만, 여기서는 경험 개념을 평면적 차원에서 미시적으로 탐색해볼 것이다.

듀이의 논지에서 볼 때, 실제적인 경험 사태는 원래 유기적으로 통합된 복합성을 가진 것으로서 거기에 담긴 여러 가지 내용이 엄밀하게 구분·구획되는 것은 아니다. 따라서 경험을 그 특성이나 양태를 기준으로 분석한다는 것이 자칫하면 그 본래의 전체성 개념을 훼손할 우려도 있다. 그렇지만 워낙 복합적인 의미를 가진 '경험'을 구성하는 의미 요소들을 구체적으로 검토하지 않고서는 그 전체성을 이해하는 데에 어려움이 따르기 때문에, 그것을 다각도에서 파악하고자 하는 것이다.

이원론적 사고를 토대로 어느 하나를 부각하기 위해서 분리하는 것과 전체를 이해하기 위해 구분하는 것은 엄밀하게 구별되어야 할 것이다. 말하자면, 우리가 연구 과정에서 경험 개념을 이론적으로 분석하는 것은, 통합적으로 구성된 경험의 다양한 측면이 각각 어떤 기능을 하는가를 파악하기 위한 기능적 설명에 지나지 않는다고 보면 될 것이다.

시각에 따라서 범주화 방식이 다를 수 있겠으나, 연구자의 관점에서 볼 때는 다음과 같이 분류할 수 있을 것으로 생각된다. 우선 그의 경험은 과정과 결과를 모두 포함한다. 경험의 방법론으로서는 일차적 경험과 이차적 경험을 연결하는 탐구 방법으로서의 경험을 말한다. 그리고 경험 과정에서 상징의 매개성 여부에 따라 직접경험과 간접경험으로 나눌 수 있고, 경험의 주체에 따라 개인경험과 공동경험으로 구분할 수 있을 것으로 보인다.

1. 삶의 과정과 결과의 총체

듀이가 사용한 경험의 개념에는 우선 과정적 측면과 결과적 측면이 동시에 포함되어 있다. 'experience'라는 단어는 사전상으로도 '경험하다'라는 동사적 의미와 '경험'이라는 명사적 의미를 동시에 가진 것으로서, 경험의 과정과 결과는 그것과 맥을 같이 하고 있다. 즉, '경험하다'라고 할 때 그것은 과정적 의미이고, '경험을 가졌다'라고 할 때 그것은 결과적 의미라고 할 수 있다.

듀이는 경험 과정(processes)에 대하여 "무엇을 행하는 것과 무엇을 겪는 것의 연결을 지각하는 것으로서의 경험은 하나의 과정이라"(*DE*: 173)

고 말한다. "경험은 우리가 추수하는 방식, 우리에게 도움이 되도록 일
하고 기뻐하며, 두려워하며, 계획하고, 마술이나 화학으로 호소하는 방
식, 또한 침통하거나 우쭐하게 되는 방식", 즉 "인간이 행동하고 영향받
는 방식, 행하고 당하며, 바라고, 즐기고, 보고, 믿고, 상상하는 방식,
간단히 말해서 경험하는(experiencing) 모든 과정을 포함한다"(*EN*: 18)는
것이다.

경험 개념에는 이뿐만 아니라 결과(results)로서의 경험도 포함된다. "에
너지가 작용하면 거기에는 반드시 결과가 따른다. 사막에 바람이 불면
모래 알맹이의 위치가 바뀐다"(*DE*: 107). 즉, 어떤 활동이 있으면 거기에
는 필연적으로 어떤 결과가 뒤따른다는 것이다.

과정적 측면에서의 경험은 '경험 활동'을 뜻하는 것이라면, 결과적 측
면에서의 경험은 경험 과정을 통해서 의식 내재화되는 '경험 내용'을
의미한다. 따라서 '과정으로서의 경험'이라고 할 수 있는 전자는 경험의
동태적(動態的)인 측면에서 본 것이고, '결과로서의 경험'이라 할 수 있는
후자는 경험을 정태적(靜態的)인 측면에서 본 것이라 할 수 있다.

4장 1절에서 경험에 작용하는 상호작용의 원리를 고찰하게 되는데,
여기서 유기체와 환경이 상호작용하는 방식은 과정으로서의 경험에 해
당하고, 그 상호작용의 결과로 습득되는 내용은 결과로서의 경험이 되
는 것이다.[1] 그것은 곧 과정으로서의 경험 활동이 어떠한 결과로 이어

---

1) R. S. Peters는 *Ethics and Education*(1980) 1장 2절에서 교육의 개념을 분석하는 과
   정에서 G. Ryle이 구분한 과업어(課業語, task word)와 성취어(成就語, achievement
   word)의 개념을 빌어서 교육은 과업어인 동시에 성취어라고 주장한 바 있는데, 이
   논리를 듀이의 경험 개념에도 적용할 수 있다. 즉, 과정으로서의 경험은 '과업어'에
   해당하고, 결과로서의 경험은 '성취어'에 해당하는 것으로서, 경험도 이러한 두 가

질 때 비로소 의미 있는 경험이 된다는 것을 의미한다. 어떠한 행위를 했는데 그 결과로 얻는 것이 아무것도 없다면 그것은 무의미한 동작일 뿐 경험으로 연결되지 못한다고 할 수 있다. 모든 활동은 어떤 형태로든 어떤 결과를 초래할 때 경험이 되는 것이다.

듀이는 경험의 개념을 사용하는 데 있어서, 어떤 경우에는 과정의 의미로, 어떤 경우에는 결과의 의미로, 또 어떤 경우에는 그 둘 다 포함하는 의미로 사용하고 있어 경험 개념을 이해하는 데 곤란을 주어 왔다. 예를 들어, 그가 경험과 교육의 관계에 대해서 "교육은 경험 안에서, 경험에 의해서, 경험을 위해서 이루어지는 발전"(*EE*: 13)이라고 할 적에, 언뜻 보기에 이때 경험이 어떤 것을 말하는지 잘 이해되지 않는다. 이것을 과정과 결과라는 기준에서 풀어 보면 그 의미가 좀 분명해진다. 즉, 첫째의 '경험'은 교육의 범위를 말하는 것으로서 과정과 결과 모두가 포함되는 것이고, 둘째의 '경험'은 교육의 방법을 말하는 것으로서 과정을 의미하는 것이고, 셋째의 '경험'은 교육의 목적을 말하는 것으로서 결과나 내용을 의미하는 것이라고 이해할 수 있다. 또한 '경험은 성장한다'고 할 때, 그것은 경험의 전체적인 성질이 성장의 과정 중에 있다는 뜻이지만, '경험'이라는 용어 자체는 경험된 내용, 혹은 결과로서의 경험을 뜻하는 것으로 볼 수 있다.

앞 장에서 거론한 바와 같이 그의 경험 개념이 갖는 실험적(experimental) 성격은 경험의 과정을 중시하는 것으로서, 경험의 실험적 과정

지 측면을 모두 갖는 것이다. 다만 여기서 Peters는 교육은 '바람직한 것'의 성취를 내포하는 가치어라고 말하고 있지만, 경험은 그러한 전제를 갖지 않는다는 점에서 차이가 있다고 할 수 있다.

은 외적 측면과 내적 측면에서 동시에 발생하는 것이다. 외적 측면의
경험 과정은 신체의 활동을 말하는 것으로 '행위'(action)로 표현되고, 내
적 측면의 경험 과정은 마음의 활동을 말하는 것으로 '사고'(thinking),
혹은 '반성'(reflection)으로 표현하고 있다. 이러한 용어들은 경험의 동태
적인 면을 나타낸 것으로 경험의 과정에 해당한다고 할 수 있다. 그리고
실험적 경험 과정을 거쳐 습득된 결과에 해당하는 지식, 지성, 습관,
인격 등은 경험의 정태적인 측면, 즉 결과로서의 경험 내용을 의미한다
고 할 수 있다.

　여기서 우리는 '경험 내용'이라는 말에 대해서 좀 더 생각해 봐야 할
것이 있다. 경험 내용에 해당하는 것은 자연과 사회와 학교 등의 환경에
서 마주치는 대상물과 2차적 경험의 대상인 여러 관념들, 그리고 교육
에서는 교육 재료 등이 될 것이다. 이들은 총칭 시제로 표시하면 '경험
되는 내용'(what is experienced)이라고 할 수 있을 것이다. 하지만 듀이
의 경험이론에서 따져 보면 그것도 세 가지 차원으로 나누어볼 수 있다.
과거 경험에서 발생한 결과로서의 경험은 '경험된 내용'(what *has been*
experienced)이고, 현재 상호작용하는 경험 장면에서 볼 때는 '경험되고
있는 내용'(what *is being* experienced)이며, 또한 아직 경험 사태에 들어
오지 않은 경험 가능태로서의 자료는 '경험될 내용'(what *will be*
experienced)이라 할 수 있다.

　이들은 상당한 차이가 있는 것이다. 첫째 것은 경험 과정을 거쳐 이미
나의 의식에 내재화된 내용(contents)을 말하는 것이고, 둘째 것은 현재
나의 의식 맞은편에 있는, 다시 말해 의식의 지향권 내에 있는 구체적인
대상(object)이나 관념이 되는 것이고, 셋째 것은 미래에 습득될 가능성
을 가진 잠재적 경험 내용으로서의 자료(subject-matter 또는 material)를

말하는 것으로, 자연과 인류의 문화유산 모두가 여기에 포함되는 것이다.

그는 경험과 자연의 관계를 논하면서 "경험은 우리가 관찰하고 두려워하고 갈망하는 모든 것들, 즉 초목으로 덮인 들판, 뿌려지는 종자들, 거둬들이는 추수, 밤과 낮, 봄과 가을, 습기와 건조, 열과 냉의 변화들을 포함한다"(*EN*: 18)고 하고 있어, 아직 의식의 지향권 내에 들어오지도 않은 자연에까지 경험 개념을 확장하고 있다. 우리는 여기서 듀이의 경험 개념이 얼마나 포괄적으로 사용되고 있는지를 가늠할 수 있다. 또한 그는 모든 자연까지 인간 중심에서 해석하고 있음을 파악할 수 있다.

그러나 이러한 미시적·이론적 차원에서 벗어나 거시적·실제적 차원에서 보면 경험은 잠시도 정지해 있는 것이 아니라, 늘 진행하고 변화하는 과정에 있다. 그러므로 … '과정 → 결과 → 과정' …의 관계는 개인의 경험에서는 일생 동안, 그리고 사회 전체로 보면 인류가 존속하는 한 계속된다고 할 수 있다.

경험의 한 부분에 속하는 지식에 대해서 듀이는 "지식의 내용(content)은 이미 일어난 것, 즉 완전히 끝나서 해결되고 확실하게 된 것이지만, 지식의 적용(*reference*)은 미래적이며 전향적이다. 왜냐하면 지식은 현재 진행되고 있는 일과 앞으로 해야 할 일을 이해하거나 거기에 의미를 부여하는 수단이 되기 때문이라"(*DE*: 351)고 한다. 우리가 가진 지식은 그 자체로 가치가 있다기보다는 현재 진행 중인 것, 아직 해결되지 않은 것, 우리가 얽혀 있는 삶의 장면에 적용되어 활용될 수 있기 때문에 가치가 있다고 보는 셈이다.

이와 같이 경험 과정을 통해서 습득된 경험의 결과나 내용은 또다시 그다음의 경험 과정, 혹은 경험 활동에 도구로 사용됨으로써 경험의 과정과 결과는 끊임없이 자리바꿈하면서 이어지게 된다. 그러므로 듀이는 전체적으로 볼 때는 인간을 하나의 과정적[2] 존재로 보았던 셈이다.

따라서 경험이란 '인간이 외부 세계와의 관계를 통해서 의식 내재화 하는 과정과 결과의 총체'라고 정리할 수 있다. 엄밀히 말하면 인간의 삶은 의식적으로든 무의식적으로든, 직접적으로든 간접적으로든, 경험 하지 않는 시간은 잠시도 존재하지 않는다고 할 수 있다. 우리가 생존한 다는 것도 무엇을 안다는 것도 필연적으로 경험을 수반하지 않을 수 없기 때문이다.

요컨대, 우리가 '나는 하나의 경험을 하였다'고 할 적에 그것을 듀이의 입장에서 풀이해 본다면, '나는 어떤 환경에 마주쳐서 나의 선행 경험 내용을 활용하여 신체적·정신적으로 그 대상과 상호작용하는 경험 과 정을 거쳤고, 그럼으로써 어떠한 결과가 발생했으며, 이 새로운 경험은 나에게 의식 내재화되어 나의 일부가 되었으며, 그것은 또 그다음 경험 행위에 활용될 것이다'라는 뜻으로 풀이할 수 있을 것이다.

2. 탐구 방법으로서의 경험

우리는 일반적으로 자연과학을 '실증과학' 또는 '경험과학'이라고 부

---

2) 여기서 '과정'이라는 말은 두 가지 의미로 사용되고 있다. 앞 문장의 '과정'은 하나의 경험을 할 때, 유기체와 환경이 상호 거래 작용을 거친다는 '경험의 활동 과정'을 뜻하는 것이고, 여기서 말하는 '과정'은, 전체적으로 볼 때 경험은 이러한 활동 과정 과 그로 인해 의식 내재화되는 결과가 반복되면서, 계속적으로 변화하는 과정에 있 다는 것을 의미한다.

르기도 한다. 그 이유는 자연과학에서는 어떤 원리에 도달하는 효과적
인 방법으로서 경험적으로 확인할 수 있는 사실의 세계에 토대를 두고
있기 때문이다.

듀이는 이러한 자연과학의 탐구 방법을 분명하게 드러내기 위한 방안
으로, 경험을 1차적 경험과 2차적 경험으로 구분하여 설명하고 있다.
1차적 경험(primary experience)이란 "거칠고 거시적이며 가공되지 않은
소재들", 즉 "최소한의 우발적인 반성의 결과로 경험되는 것"이며, 2차
적 경험(secondary experience)이란 "징제되고 추론된 반성의 대상들", 즉
"계속해서 조정된 반성적 탐구의 결과로 경험되는 것"(*EN*: 15)이라고
정의하고 있다.

1차적 경험은 우리가 일상생활에서 마주치는 소재들, 즉 돌, 식물,
동물, 질병, 건강, 온도, 전기 등과 같은 자연물을 우리의 감관을 통해서
직접 보고, 듣고, 느끼면서 경험하는 것을 말한다. 이것은 아직 사유나
반성을 거쳐서 체계적인 지식으로 정착되지 않은 경험으로서, 실생활
장면에서 처음으로 부딪혀서 일어나는 실제적인 경험이라 할 수 있다.

2차적 경험이란 1차적 경험 내용을 소재로 삼아 마음에서 반성과 숙
고를 통해서 이루어지는 관념이나 판단 등의 내적 경험을 뜻하는 것이
다. 이것은 사고나 반성을 통하여 이루어진다는 측면에서, 듀이는 이것
을 "반성적 경험"(reflective experience)(*EN*: 16)이라고 부르기도 한다.

결국 1차적 경험과 2차적 경험은 경험 과정에서 감관(感官)을 통해서
습득되는 경험이냐, 아니면 감관을 사용하지 않고 사유만을 통해서 습
득되는 경험이냐에 따라 구분되는 것이다. 따라서 1차적 경험을 전 반
성적 경험, 혹은 외적 경험이라고 한다면, 2차적 경험은 반성적 경험,
혹은 내적 경험이라고 할 수 있다.

여기서 듀이는 1차적 경험과 2차적 경험을 밀접하게 연결하는 방법을 '경험적 방법'이라 부르고, 1차적 경험에서 격리되거나 이탈된 채, 2차적 경험에 매달려 탐구하는 방법을 '비경험적 방법'이라고 칭하였다. 그리하여 철학을 탐구하는 데 있어서 이 경험적 방법을 사용하는 것이 진리에 도달하는 올바른 길이며, 비경험적 방법은 그릇된 길이라고 간주하고 있다(*EN*: 1장).

어떤 면에서는, 심오한 학문의 세계를 다루는 과학과 철학은 모두 탐구 대상에 있어서 고도로 정제된 2차적인 경험 세계에 관련된 내용을 다룰 수밖에 없을 것이다. 그러나 듀이는 2차적 경험 내용을 취급하는 전제에는 현저한 차이가 있다고 보았다.

> 비록 과학의 일반성, 즉 개인적이고 구체적인 상황에서 멀리 떨어져 있는 성질로 인해서 과학이 약간의 전문성이나 거리감을 갖는다 하더라도, 이러한 특성은 순전히 사변적인 이론이 가진 그런 것과는 완전히 다른 것이다. 후자의 경우는 실제 사태와 영구적으로 분리되어 있는 것이지만, 전자의 경우는 나중에 가서 구체적인 행위에 더욱 폭넓고 더 자유롭게 적용될 수 있도록 일시적으로 떨어져 있는 것에 불과한 것이다. … 진실로 과학적인 이론은 현상 내부로 들어가서 그것이 확장되고 새로운 가능성을 열어주는 방향으로 인도하는 역할을 하게 된다 (*DE*: 236).

자연 과학에서는 탐구 방법으로서 경험적 방법을 사용하는 것이 이미 정착되어 상식화되어 있다. 말하자면, 그들은 언제나 탐구 재료를 1차적인 경험에서 끌어올 뿐만 아니라, 2차적으로 탐구한 결과에 대해서 그 타당성을 검증하기 위해서 다시 1차적 경험으로 되돌아와서 검토하는 것이 당연한 일로 되어 있다. 자연 과학도 탐구 과정에서는 대부분 2차적 경험 내용을 다루는 것이 사실이다. 그러나 거기서 2차적 경험을 다루는 것은 1차적 경험을 더욱 정교하게 이해하고 설명하기 위해서이지, 1차적 경험과 괴리된 2차적 경험을 탐구하기 위해서는 아니라고 할 수 있다. 그러므로 결국 그들의 탐구는 1차적 경험계에서 시작되어 1차적 경험계에서 끝맺는다고 할 수 있다. 그래서 자연과학을 경험 과학이라고 부르는 것이다.

듀이는 이러한 방법은 자연과학의 독점물이 아니라 철학에도 적용되어야 한다고 생각하였다. 자연과학의 방법론으로 정착된 경험적 방법을 철학에도 보편적으로 적용해야 한다는 것이다. 그는 "과학적 지식을 활용하여 인간의 일에 그 기능을 발휘하도록 하는 것을 꺼리는 것은 그 자체가 귀족주의적 문화를 재생하는 것이라"(*DE*: 237)고 비난한다. 결국, 철학에서도 지식을 위한 지식을 탐구할 것이 아니라, 우리의 일상적인 경험 세계에서 출발하고 또 거기서 최종적으로 검증받아야 한다는 것이다.

그러나 철학, 특히 관념론적 철학에서는 비경험적 방법을 고집하고, 처음부터 끝까지 사유나 관념 따위의 2차적 경험, 즉 반성적 경험에만 매달림으로써, 많은 교양인에게 외면당하고 있다고 진단하였다. 그들은 "철학에 있어서 반성의 대상들이 … 그 자체가 '실재적'이며 가장 참된 것으로 받아들이고 있다"(*EN*: 17)는 것이다. 관념론적 철학자들은 이데아, 실체, 물 자체, 신, 이성 따위의 2차적 경험 대상을 다루면서도, 그러한 2차적인 대상의 토대가 된 1차적 경험으로 되돌아와서 다시 확인하려 하지 않는다는 것이다.

　예를 들어, 대표적인 합리론자인 Descartes 철학을 보면 그런 면모가 확연히 드러난다. 그는 cogito(思惟)를 철학의 제1원리로 내세워 본유관념을 믿었다는 점에서, 그는 출발부터 2차적 경험에서 시작한 셈이며, 또 그러한 사유를 통해서 나오는 논증적 지식은 의심의 여지가 없는 확고부동한 진리라 하여 1차적 경험에서는 검증하려고 생각하지도 않았던 셈이다. 사실상 그러한 관념이나 지식은 일종의 상상이나 공상에 불과한 것으로 평가할 여지가 있다. 우리가 반성을 통해서 '날개 달린 말'이나 '반인반마'와 같은 동물을 얼마든지 상상해낼 수 있지만, 실제로는 존재하지 않는 것과 같은 이치에서다.

　철학에서 2차적 경험 그 자체의 탐구에만 매달림으로써 발생하는 문제점은 3중적이라고 듀이는 파악하고 있다(*EN*: 17). 그것은 첫째, 실증이라는 것이 없으며, 또한 검증하고 점검해 보려는 노력조차 하지 않는다는 것이고, 둘째, 더욱 문제가 되는 것으로 거기서는 일상생활에서 경험되는 사물들의 의미가 확장되고 풍부해지지 않는다는 것이며, 셋째, 이에 따라서 철학의 내용 자체에도 영향을 끼치게 되는 악순환이 되풀이된다는 것이다. 따라서 듀이는 1차적 경험계에서 검증되지 않은 철학 내용은 순전히 '추상적인 것'으로서 독단에 불과한 것이라고 강조한다(*EN*: 17). 결국, 반성적 경험에만 매달리는 철학은 우리를 일상적인 경험계에서 멀어지게 하고 그럼으로써 사람들에게 외면받게 된다는 것이다.

　그렇지만 그가 내세운 경험적 방법을 철학에 적용하면 위의 세 가지 문제점은 모두 극복될 것이며, 철학은 우리의 일상생활과 소원한 관계에 있지 않고 친밀한 관계에서, 삶의 문제를 해결하는 데에 직접 도움을 주고 생활에 더 풍부한 의미를 줄 수 있다는 것이다. 철학을 경험적 방법으로 접근한다면, 아는 자와 알려지는 자, 정신과 물질, 내적 경험과 외적 세계와 같은 이분법적 사고는 해체될 것이며, 그러한 사고는 반성의 산물일 뿐이지, 실제적 세계에서는 하나로 통합되는 것임을 깨닫게 될 것으로 생각하였다(Robert E. Dewey, 1977: 33).

요컨대, 듀이는 경험을 사실적 세계에 대해서 감관으로 습득하는 1차적 경험과 그것을 수단으로 반성적 사고를 함으로써 형성되는 2차적 경험으로 구분하고, 그들을 밀접하게 관련시키는 것을 경험적 방법이라고 정의하였다. 그리고 그는 자연과학에서 사용하고 있는 이 경험적 방법을 철학 탐구의 방법론으로 사용해야 한다고 주장하였다. 철학은 생활 세계의 1차적 경험에서 시작해서 반성을 통한 2차적 경험 과정을 거치면서 그 의미를 확장하고, 반성의 과정을 마친 2차적 경험은 또다시 직접적이고 감각적인 1차적 경험에서 검증해 보는 종합적인 순환 과정을 거쳐야만 참된 지식이 될 수 있다는 논리다. 철학의 탐구 방법에 대한 이러한 신념은 그의 경험이론의 중요한 기반이 된 것으로 평가된다.

그런데 그가 실증적 혹은 실험적 방법을 철학의 탐구 방법으로 도입하고자 했다는 것은 어떤 면에서는 모순처럼 보일 수도 있다. 왜냐 하면 실증 과학은 시공을 초월한 객관적 진리를 추구하는 반면에, 실용주의는 불변의 실재나 절대적 진리를 부정하고 상황 변화에 따른 효율성을 강조하는 상대성을 기조로 하고 있으므로 그 둘이 상반된 것으로 해석할 수 있기 때문이다. 그러나 듀이가 높이 평가하는 것은 과학의 탐구 결과보다는 과학의 탐구 절차, 즉 실험적 방법이라는 점을 주지할 필요가 있다. 말하자면 그는 과학이 발견해 내는 탐구 결과에 대해서는 절대적 진리가 아니라 '잠정적 사실'로 간주하였지만, 그들의 탐구 방법, 즉 실험적 방법에는 중요한 가치를 부여하여 그것을 철학의 방법론으로

이용하고자 한 것이다. 따라서 그가 과학에 중요한 의미를 부여한 것은
바로 그 '탐구 방법' 때문이라고 할 수 있다.

3. 직접경험과 간접경험

　일반적으로 직접경험이라고 하면 자신이 몸소 겪는 경험을 가리키며,
간접경험은 남을 통해서 습득하는 경험을 가리키는 것으로 이해하고
있다. 듀이는 이와 비슷한 맥락에서 경험을 직접경험과 간접경험으로
구별하고 있다. 그리고 이것을 교육과 관련시키면서 이 두 가지 경험
방식에 담긴 의의와 간접경험 방식의 위험성을 지적하고 있다. 이것은
경험 방법의 측면에서 구별되는 것으로, 학습자가 가치 있는 경험을 습
득하는 방법론, 즉 교육적 경험 여부를 판단하는 방법을 설명하는 과정
에서 나온 것이다.

　직접경험(direct experience)이란 '매개되지 않는'(immediate) 경험, 즉
어떤 사태에 직접 참여하여 얻게 되는 생생한 경험을 의미한다. 이것은
'체험'(體驗)이라는 말과 거의 비슷한 것이다. 더 구체적으로 표현하면, 본
인이 사물과의 상호작용 장면에 몸소 참여함으로써, 실감(realizing sense)
이 나도록 직통으로 느끼는 경험이고, 세련되게 표현하면 '절실한 현실
감'(mental realization), '절감'(appreciation)이 포함되는 생생한 경험을 말
하는 것이다(DE: 240-241). 직접경험은 이런 측면에서는 '실제 경험'이
라고 표현할 수도 있을 것이다. 이후의 표기에서는 문맥에 따라서 직접
경험을 '실제 경험'으로 바꾸어 표기하기도 할 것이다.

　그 반면에 간접경험(indirect experience)이란 인간과 사물 사이에 매개

해주는 기호, 언어, 문자 등의 상징 매체를 통해서 이루어지는, 소위 '매개되는'(mediated) 경험을 의미하는 것이다. 그러므로 "일체의 언어와 일체의 상징은 간접경험의 도구"(*DE*: 240)가 된다.[3]

직접경험은 시간과 공간의 제약으로 말미암아 그 범위가 상당히 제한될 수밖에 없을 것이다. 이에 비하여 간접경험은 언어라는 매체를 통해서 이루어지므로, 시간과 장소의 제약을 받지 않고 얼마든지 그 범위를 확장하고 풍부히 할 수 있는 것이다. 그런 이유로 우리 경험의 많은 부분은 이 간접적인 것으로 이루어진다. "우리는 상징적 혹은 간접적 경험을 효과적으로 하기 위해서 문자에 의존하고 있다"(*DE*: 241).

인류의 역사에서 언어와 문자의 역할은 놀라운 것이었다. 사실상 야만인과 문명인의 차이는 이 상징 매체의 발명 여부에 있다고 해도 과언이 아닐 것이다. 이것의 발명과 발달이 없었다면 현재의 인간은 짐승과 별로 다를 바가 없었을지도 모른다. 인류는 이 상징 매체 덕분에 과거의 경험과 타인의 경험이 나 자신의 경험이 되고, 각 개인의 경험이 전체 경험으로 통합되고, 그럼으로써 모든 경험이 다음 세대로 전수되고 누적되면서 오늘날의 문명을 이룰 수 있었다. 개인이든 인류든 경험을

---

3) 앞에서 다룬 1·2차 경험과 직접·간접경험 사이의 차이가 무엇인가에 대한 의문이 제기될 수 있을 것이다. 이들은 둘 다 경험의 내용과 방법에 따라 구분되는 것으로 유사점이 많긴 하지만 동일한 것은 아니다. 전술한 바와 같이 1차적 경험과 2차적 경험은 사실적 세계에 관한 경험이냐, 관념 세계에 관한 경험이냐, 혹은 감관을 사용하는 것이냐, 반성적 사유를 통한 것이냐에 따라 구별된다. 그에 비해서 직접경험과 간접경험은 온몸으로 겪는 체험이냐, 아니면 상징 매체를 통한 학습이냐에 따른 구분이다. 이들의 차이는 그 구별 목적을 생각하면 더욱 분명해진다. 1·2차 경험은 경험적 방법을 설명하기 위해서 나온 것이고, 직접·간접경험은 교육에서 직접경험의 중요성을 부각하고 간접경험의 위험성을 지적하기 위해서 나온 것이다.

성장시키는 데 있어서 이 상징 매체는 참으로 대단한 역할을 해왔다고
할 수 있다.

상징 매체는 의사소통의 수단으로서 사회 구성원들이 상호작용할 수
있는 중요한 도구가 되기도 한다. 우리는 일상생활에서 흔히 언어나
기호, 상징, 추상과 같은 매개물에 의존하여 서로의 의사를 소통한다.
일상의 생활에서는 그러한 매체가 특정 대상을 지칭하든, 어떤 구체적
사태를 나타내든, 의식이나 마음이 곧바로 그것이 표상하는 실제 대상
이나 사태로 달려간다. 이런 경우는 친숙한 자료와의 의미 관련이 밀접
하기 때문에, 마음이 그 기호에 멈추어서 그 의미를 알아내려고 애를
쓸 필요가 없다. "그들 기호는 오직 사물과 행위를 대신하기 위해서 의
도된 것"(DE: 230)이기 때문이다.

그런데 단순한 생활 세계가 아닌 체계적인 이론이나 학문에서는 이
기호나 상징이 단순한 표상 이상의 용도로 사용되는 경우가 많다. 듀이
는 과학 교과의 가치를 설명하면서 이 문제를 생생하게 예시하고 있다.

> 과학의 용어법은 경험의 실제적인 용도에서 사물을 직접 지칭하는
> 것이 아니라, 인지 체계에 들어와 있는 대상을 대신한다. 그러한 용어들
> 도 물론 궁극적으로는 우리가 상식적으로 알고 있는 사물들을 지시하겠
> 지만, 직접 관련성 면에서는 일상의 맥락 속의 사물을 표시하는 것이
> 아니라, 과학적 탐구에 맞도록 변형된 것이다. 물리학에 나오는 원자,
> 분자, 화학 공식, 수학 명제 같은 것들은 모두가 우선 지적인 가치를
> 갖는 것으로, 경험적 가치는 오직 간접적으로만 존재한다. 그런 기호들
> 이 과학을 수행하는 데 필요한 도구가 되고 있다(DE: 230).

이뿐만 아니라 "기하학에 나오는 원이나 정사각형 같은 것도 우리가 익숙하게 알고 있는 원이나 정사각형과는 차이를 보인다. 그리하여 우리가 수학으로 깊이 들어갈수록 그것은 일상의 경험적 사물로부터 멀어지게 된다"(*DE*: 230)고 할 수 있다.

이러한 상징물의 사용은 차원 높은 이론이나 학문 발전을 위해서는 필요 불가결한 일일 것이다. 우리는 대개 학문이 갖추어야 할 중요한 조건으로 '객관성'이나 '보편타당성'을 꼽는다. 그런데 사실 이런 활동은 일반화나 추상 활동이 없이는 이루어질 수가 없다. 개인은 누구나 직접 경험을 통하여 실제적이고 구체적인 경험들을 갖게 되지만, 추상이나 상징을 통해서 객관화시키는 작업을 하지 않는다면 그것은 어디까지나 개인적인 경험으로 그치고 만다. 그런데 여기서 다른 사람들의 보편적인 경험을 고려하여 타인들도 납득할 수 있는 사회화된 언어나 논리로 나타내게 되면, 그것은 개인의 특수한 경험에서 탈피하여 모든 사람이 공유할 수 있는 의미를 갖게 된다. 그것이 체계화된 것이 다름 아닌 '이론'이고 '학문'이 되는 셈이다. "추상, 일반화, 명확한 공식화와 같은 논리적 특성은 모두 이러한 기능과 관련되어 있다"(*DE*: 238-239). 그럼으로써 과학이나 학문은 사회 진보를 이루는 중요한 수단이 된다.

체계화된 이론에서 사용되는 "용어와 명제는 추상된 내용을 기록하고 정착시켜서 전달하는 역할을 한다. [하지만] 그것도 특수한 경험에서 떨어져 나온 의미라고 하여 허공에 매달려 있을 수는 없다. 그것이 어딘가 발붙일 곳이 있어야 한다. 명칭(names)이라는 것이 바로 추상적인 의미가 머무를 장소와 몸체를 제공하게 된다"(*DE*: 235). "이러한 과학적 어휘는 … 경험된 사물의 의미를 상징으로 표현함으로써, 과학을 공부하는 사람은 누구나 [시간과 공간을 초월하여] 알 수 있도록 고안된 것이다"(*DE*: 235).

그러나 경험 전달의 편의를 위해서 고안된 이러한 상징화는 교육적인 면에서는 매우 중대한 문제를 야기할 수 있다. 일상생활을 통해서 풍부한 경험을 가진 사람의 경우에는 상징 매체가 편리한 수단이 되겠지만, 실생활의 경험이 부족한 사람이 1차적으로 상징 매체를 통해서 정보를 받아들일 경우는 들어오는 정보가 왜곡되거나 활력을 잃게 됨으로써 경험 성장에 심각한 문제를 일으킬 수 있다는 것이다. 듀이는 새로운 경험의 초기 단계에서 추상이나 상징으로 시작하는 일은 큰 위험이 따른다는 점을 지적한다. 이러한 상징 매체를 통해서 간접적으로 경험하는 경우에 전제하는 것은, 우리의 감관이 그러한 매체와 마주친다 해도 우리의 의식이 그것을 뛰어넘어 그것이 지칭하는 것에까지 달려간다는 것이다. 그런데 문제는 직접경험이 없거나 부족한 상태에서 새로운 이론 학습으로 들어가게 되면, 상징 매체가 진정한 의미에서 사물을 대신하지 못하는 것이고, 그럼으로써 공허하고 무의미한 것이 되기 쉽다는 점에 있다(*DE*: 241-242). 다시 말해서, 상징화된 언어 매체에 매달리게 되면, 그 상징을 뛰어넘어서 현재의 생생한 경험 속으로 들어오지 못하고, 언어 매체 그 자체가 경험의 목적이 됨으로써, 그 상징의 세계 속에만 머물게 되고, 결국 그것은 무기력한 경험이 될 수밖에 없다는 것이다. 듀이가 경고하고 있는 것은, 간접경험이라는 것은 이러한 위험을 잉태하고 있으며, 그 때문에 그것이 직접경험과 관련되지 않으면 유의미한 경험이 될 수 없다는 것이다.

그렇다면 이들 두 경험이 갖는 두드러진 특징이 무엇이기에 직접경험이 우선되어야 한다는 것인가? 간접경험과 직접경험의 차이는 "그림에 대한 전문적 설명서를 읽는 것과 그것을 직접 보는 것의 차이, … 빛에 관한 수학적 공식을 배우는 것과 안개 낀 풍경에서 기묘하게 반짝이는 빛을 보고 배우는 것 사이의 차이"(*DE*: 241) 또는 "전쟁에 관한 이야기를 듣거나 읽는 것과 전쟁에 직접 참가하여 그 위험과 고난을 함께 하는 것"(*DE*: 240) 사이의 차이라 하겠다.

그는 간접경험은 많은 양의 지식을 손쉬운 방법으로 습득할 수 있는 장점을 지닌 반면에, 그것만으로 의식 내재화되는 내용은 무기력하다는 약점을 지닌 것으로 보고 있다. 다르게 말하면 그렇게 형성되는 정보는 다른 경험에 전이되고 확산되는 힘이 부족하다는 것이다. 이에 비해서 직접경험은 훨씬 더 많은 시간과 노력을 투자해야 한다는 약점을 가진 반면에, 우리 생명체의 각 기관이 총동원되어 발생하는 활기차고 역동적인 경험으로서, 후속 경험으로의 전이도(轉移度)와 확산력이 탁월하다는 장점을 갖는다고 본 셈이다. 그것은 '百聞而 不如一見'이라는 속담과 통하는 것으로서, 여러 차례의 간접경험보다는 직접 한번 체험해 보는 것이 더 낫다는 것이다. 우리는 일상생활에서 '내가 해봐서 아는데….'라고 하면 더 설득력이 있는 것으로 여기는 것은 이 때문일 것이다.

여기서 한 가지 주목할 사항은 '직접경험'도 '경험' 개념과 마찬가지로 단순히 시행착오적 경험과는 다르다는 점이다. 2장에서도 거론하였듯이, 듀이는 자신이 사용하는 '경험'(experience) 개념은, 전통적으로 조잡하고 비합리적이며 시행착오적 의미를 가진 '그냥 해보는'(empirical)이라는 뜻이 아니라, 과학에서 하는 것처럼 여러 가지 실험을 거치는 합리적인 과정을 의미하는 '실험적'(experimental)이라는 말에 가깝다고 말한다(*DE*: 233). 이것은 경험 일반을 두고 하는 말이긴 하지만 사실은 직접경험에 더 많은 비중을 둔 진술로 보아야 할 것이다. 그는 직접경험을 통해서 갖게 되는 "생생한 현실감이라는 것은 상징적 경험과 구별되는 것일 뿐이지, 지성이나 이해력과 별개의 것은 아니라"(*DE*: 244)고 말한다. 결국 지성이나 이해력, 상상력은 간접경험에서보다도 오히려 직접경험을 하는 가운데서 더 활발히 작동한다고 본 것이다.

　요약하면, 듀이는 경험을 습득하는 방법이 매개되지 않는 것이냐, 매개되는 것이냐에 따라 직접경험과 간접경험으로 구분하고 있다. 후자의 방법이 문명사회의 지적 발달을 위해 없어서는 안 될 중요한 요소이지만, 거기에만 의존하여 습득하는 지식은 무기력하여 경험 성장에 많은 위험성이 있다는 것이다. 그래서 직접경험의 중요성을 부각시키려고 노력한 것이다. 무엇보다도 이 두 가지 경험 사이에는 그 질적 가치에 있어서 차이가 있다고 보았던 셈이다. 그것으로 말미암아 형성되는 경험 내용의 질, 즉 '경험의 생생함과 확실성의 정도'에 차이가 있다고 본 것이다. 이러한 사고는 교육방법에 있어서 관심과 흥미를 중시하는 그의 경험 중심 교육론의 중요한 기반이 되었다.

4. 개인경험과 공동경험

　듀이의 경험 개념은 또한 '경험 주체'에 따라 크게 두 가지로 구분할 수 있을 것이다. 즉, 그 주체가 개인일 때는 경험은 개인의 생활과 그 결과로 형성되는 지식과 인격 등을 뜻하는 것이지만, 그 주체가 사회일 때는 경험은 지역 사회, 국가, 세계에서 일어나는 인류 전체의 활동과 그 결과로 발생하는 역사, 과학, 문화를 의미하기도 한다. 전자는 '개인경험'이라고 할 수 있고, 후자는 '공동경험'이라고 할 수 있다.

'개인'이란 말이 단독자가 아니라 공동생활의 영향 아래서 인간 본성을 깨우고 형성하게 되는 특유의 반응·습관·성향·역량 등 수많은 다양성을 포괄하는 용어인 것처럼, '사회'라는 말도 그러하다. 사회라는 말은 한 단어이지만 무한하게 많은 것을 나타낸다. 이것은 사람들이 공동생활을 하며 경험을 나누고 공동의 이익과 목적을 형성하는 여러 가지 방식을 모두 포함한다. 말하자면, 거리의 갱단들·도둑무리·부족 집단·사회적 당파·상거래 조합·주식회사들·지역공동체·국제 동맹 등이 모두 포함되는 것이다(*RP*: 194).

개인의 측면에서 볼 때 경험은 그 사람의 모든 활동 과정과 그 결과로 의식 내재화되는 내용 모두를 가리키는 것이다. 그러나 개인의 생명에는 한계가 있어 그 삶을 영속할 수는 없다. 하지만 우리 인간의 세계는 개인이 가졌던 경험이 그의 생물학적인 종말과 함께 끝나버리는 것이 아니다. 한 인간의 삶은 자신이 원하든 원치 않든, 작든 크든, 긍정적으로든 부정적으로든, 어떤 형태로든지 타인의 삶이나 사회의 존재 양식에 영향을 끼치게 되어, 개인의 경험은 그 영향을 통해서 사회에 보전되는 것이다. 그것은 동시대 사람들의 만남과 대화를 통해서 이루어지기도 하며, 후세대 사람들에게 교육적 영향력을 행사함으로써 이루어지기도 한다. 이것을 사회적 측면으로 바꾸어 보면, 개인은 사라져 갈지라도 공동경험은 끊임없이 유지되고, 또한 앞 세대의 경험은 다음 세대에 의해서 조금씩 변해간다고 할 수 있다. 그럼으로써 이 공동체의 문화는 계속 발달해 가는 것이다. 세상에서 일어나는 모든 것이 개인에게는 개인적 경험이 되고, 사회 공동체에는 공동경험이 되는 것이다.

원시 사회에서나 현대 사회에서나 새로 태어나는 개인은 언어·관념 · 신념 · 행동 규범 · 사회 제도에 익숙하지 않아 미숙할 수밖에 없다. 따라서 개인에게는 인류가 쌓아온 공동경험을 익히는 것이 삶의 필연적인 요소가 되고, 사회적으로도 미숙한 개인을 공동경험에 입문시켜 거기에 익숙하게 하는 것이 사회의 존속과 성장을 위해서 꼭 필요한 과업이 된 것이다.

"생물학적인 생명이 이어지는 것과 꼭 마찬가지로, 사회는 [공동경험을] 전수하는 과정을 거치면서 유지된다. 이 전수는 연장자가 연소자에게 행동하고 사고하고 느끼는 습성을 전달함으로써 이루어진다. 집단생활에서 사라져가는 사회 구성원들이 거기에 입문하는 사람들에게, 인간의 다양한 이상 · 희망 · 기대 · 표준 · 견해에 관한 것들을, 소통을 통하여 이렇게 전달해 주는 과정이 없다면, 사회적인 생활은 존속할 수 없을 것이다"(*DE*: 6).

"동물 사육과 식물 재배, 도구와 연장, 제품, 장식, 예술 작품 등, 모든 인간의 노력은 원래 인간의 활동에 전혀 무관하거나 방해가 되었던 자연조건을 이로운 조건으로 변화시킨 것들이다. … 오늘날 아이들은 이전의 인류 업적을 딛고 서 있는 셈이다"(*DE*: 42).

그에게서 "삶(life)은 풍속, 제도, 신념, 승리와 패배, 오락과 일 등을 모두 포함"하기 때문에, "삶이라는 낱말은 경험의 전 영역, 즉 개인적인 것과 인류적인 것을 나타내는 것"으로서의 의미를 갖는다(*DE*: 5). 따라서 듀이는 공동경험도 자기를 갱신하고 경험을 재구성하고 계속적인 성장을 해나간다고 간주하고 있는 셈이다.

지질학적인 기록에서 보여주는 것처럼, 개인들은 물론이고 종족들이 죽어 없어진다 해도, 이 삶의 과정은 점점 더 복잡한 형태를 띠고 이어진다. 어떤 종족이 소멸하게 되면, 그들이 극복하지 못한 장애를 딛고 그것을 활용하는 데 더 잘 적응된 새로운 형태의 종족이 생겨난다. [따라서] 삶의 계속성이란 생명체의 필요에 따라 환경을 끊임없이 재조정해 나가는 것을 의미한다(*DE*: 4-5).

그런데 공동경험이 존재하고 성장해 나가는 데 있어 가장 중요한 방법은 넓은 의미에서의 (의사)소통(communication)이라고 할 수 있다. 사회 집단을 구성하는 최소 단위로서의 개인은 처음에는 언어나 신념이나 관념이나 사회적 규범을 모르는 채 미성숙하고 무력하게 태어나지만, 사회에 참여하여 공동의 경험과 마주쳐 교섭함으로써, 점차 사회 문화에 익숙해지게 된다. 그리하여 "자기 집단의 생활경험을 운반하는 개별 단위인 개인은 세월이 흐르면 사라지지만, 그래도 그 집단의 삶은 계속된다"(*DE*: 5).

사회는 전수와 소통에 의해서(*by*) 존속할 뿐만 아니라, 정확히 말하면, 전수와 소통 속에서(*in*) 존속한다고 할 수 있다. 공동(common), 공동체 (community), 소통(communication)이라는 단어들 사이에는 단순히 문자 상의 연관성 이상의 것이 있다. 사람들은 무엇인가 공동으로 가진 것이 있기에 공동체 내에서 살아가는 것이며, 소통은 그 무엇인가를 공동으로 소유하는 방법이 된다. 사람들이 공동체를 이루기 위해서 공동으로 가져야 하는 것은 목적, 신념, 포부, 지식 등에 대한 공통된 이해, 즉 사회학자들이 말하는 동일한 마음가짐이다. 이러한 공통 요소는 벽돌을 나르듯이 한 사람이 다른 사람에게 물리적으로 건네줄 수 있는 것이 아니고, 몇 사람이 파이를 나누듯이 그렇게 나누어 가질 수 있는 것도 아니다. 소통은 공동의 이해에 참여하게 함으로써, 기대와 요구 사항에

대하여 반응하는 방식처럼, 사람마다 유사한 정서적·지적 성향을 갖게
해준다(*DE*: 7).

우리 사회에 흔히 있는 것처럼, 자신의 지위나 수완이나 힘을 이용하
여 원하는 바를 달성하는 경우에는 진정한 의미의 '사회 공동체'는 이루
어지기 어렵다. 왜냐하면 "명령을 주고받는 것이 행위와 결과에 변화를
가져오기는 하지만, 그것만으로는 목적을 공유하고 관심을 교환하는 데
에는 어떤 효력을 발휘하지 못하기"(*DE*: 8)때문이다. 따라서 "사회생활
이란 곧 소통과 동일한 것이고, 모든 소통과 이를 통한 진정한 사회생활
은 모두 교육적 의의가 있는 것이다. 의견을 교환하는 것은 곧 경험이
확대되고 변화된다는 것을 의미한다"(*DE*: 8).

따라서 간접경험의 매개물이며 소통의 수단이 되는 언어나 문자는
공동경험의 내용이면서 동시에 수단이 되기도 한다. "언어가 서로 알아
들을 수 있는 소리로 구성되어 있다는 사실 하나만으로도, 언어의 의미는
공유 경험의 연결성에 따라 좌우된다는 것을 알 수 있다"(*DE*: 19). 우리
는 언어로 인해서 시대를 넘어 과거의 인류 경험을 공유할 수 있으며,
현재의 경험을 폭넓고 풍부하게 할 수 있다. 그로 인해서 우리는 부호와
상상을 통해서 상황을 예측할 수 있는 것이다. 언어는 무수한 방식으로 의
미를 함축하여 사회적 성과를 기록하고 사회적 흐름을 전망한다(*DE*: 43).

그런 의미에서 공동경험은 문화와 역사의 총체로서의 의미를 갖는다
고 할 수 있다. 예를 들어, 우리나라가 1950년대의 6·25 전쟁과 1980년
대의 민주화 과정을 경험한 사실을 생각해 보자. 개인으로 보면 이것을
직접 경험한 사람도 있고, 언어나 언론 매체를 통해서 간접적으로 경험
하는 사람도 있을 것이다. 그러나 그것은 우리 민족의 공동경험 형태로

이미 우리의 생활 문화 속에 침투해 들어와, 개인과 집단 모두의 삶에 알게 모르게 영향을 주는 것이다. 따라서 우리의 현재와 미래의 삶은 그것을 경험하지 않은 상태와는 달라질 수밖에 없다. 지난날의 경험을 공유함으로써 현재의 나와 우리의 삶에 어떤 형태로든 영향을 주게 되는 것이다. 또 세계는 1, 2차 세계대전을 경험하였고, 수렵 사회와 농경 사회와 산업 사회를 거쳐 정보 사회에 이르렀다. 이러한 인류의 역사도 공동경험으로서, 오늘날 우리의 삶에 여러 가지 형태로 영향을 주는 것이다.

그러나 여기서 경험 주체를 중심으로 보면 인류의 역사 · 문화 · 지식과 같은 과거의 자료들이 모두 같은 것은 아니라고 할 수 있다. 공동경험으로서의 인류의 집적된 문화유산은 경험 주체에 따라 그 의미가 다르다는 것이다. 공동경험은 개인경험에 비해서 그 변화의 정도가 느리고 비교적 장기적인 성질을 띤다는 측면에서, 개인이 일생을 통해서 '경험하는 내용'은, 사회를 중심으로 보면 대개 '경험한 내용'이라고 할 수 있다.

그러나 공동경험도 장기적으로 보면 이미 경험하여 정지되는 것이 아니라 계속 변화하는 것이다. "경험의 재구성은 개인적인 것과 동시에 사회적인 것"(*DE*: 84-85)이기도 하기 때문이다. 이처럼 공동의 경험 성장이 보장되는 사회를 듀이는 '진보적 사회'라고 칭한다. "진보적 사회에서는 기존의 습관을 재생하는 것이 아니라, 젊은이들에게 더 나은 습관이 형성되도록 함으로써, 미래의 성인 사회를 그들의 힘으로 개선할 수 있는 그러한 현재 경험을 형성하려고 애쓴다"(*DE*: 85)는 것이다.

요약하면, 경험은 개인이 주체가 되는 경우와 사회가 주체가 되는 경우로 구분할 수 있다. 여기서 우리가 가진 인류의 역사와 문화는 유사이래 과거 선조들의 개별 경험들이 누적된 결과물로서 공동경험이 된다. 그리고 각 개인은 직접·간접으로 집단의 공동생활에 참여함으로써, 특정한 경험을 공유하게 된다. 개인은 사회의 공동경험을 의식 내재화함으로써 그것을 개인경험으로 전환하고, 또 그것을 다른 사람이나 새로운 세대에 전달함으로써 다시 공동경험으로 변모하게 되는 것이다.

　이번 장에서는 듀이가 사용하는 경험 개념에 담긴 의미와 양태를 몇 가지 범주로 나누어서 검토하였다. 그에게 있어 경험은 우선 인간 활동의 모든 과정과 그로 인해서 얻게 되는 결과의 총체를 의미하는 것이다. 그리고 그것은 1차적 경험과 2차적 경험을 결합하는 학문 탐구 방법으로서의 경험적 방법을 의미하기도 하는 것이었다. 또 경험은 그것을 습득하는 방법, 즉 상징 매체의 개입 여부에 따라 직접경험과 간접경험으로 구분되기도 하고, 경험 주체에 따라 개인적 경험도 있고 사회적 양태를 띤 공동경험도 있는 것으로 파악되었다.

제4장　# 경험의 구조

　이 장에서는 듀이의 경험 철학에 담겨 있는 경험 현상의 심층 구조를 분석하여 필자의 입장에서 재구성해 보고자 한다. 경험이 어떻게 형성되며, 어떤 원리에 의해 성장하는가에 대한 구조를 면밀하게 파악하는 것은 교육적으로도 중요한 과제라 할 것이다. 이 영역은 사실 듀이의 경험이론을 이해하는 데 필요한 가장 기본적이고 핵심적인 내용에 해당한다.

　그의 이론에 편재되어 나타나는 이 경험의 구조는 경험의 성립과 성장 과정을 보여주는 것으로서, 그의 경험이론을 전개하는 데 있어 중요한 토대가 되고 있을 뿐만 아니라, 그의 사상의 중추가 되는 통합적 사고가 가장 극명하게 표현된 것이라고 할 수 있다. 따라서 이것은 우리의 삶과 앎의 방식을 이해하는 한 방안이 될 것이며, 그의 다양한 교육이론에 정당성을 부여하는 기준이기도 하고, 교육적 경험과 비교육적 경험으로 구분되는 경험의 가치를 판가름하는 기준을 제공하기도 한다.

　그는 경험은 유기체와 환경 사이의 상호작용, 그리고 선행 경험과 후속 경험의 연속에 의하여 이루어지며, 이 두 가지 원리에 의하여 계속해서 성장하는 것으로 보고 있다. 이 일련의 과정은 평면이나 수직의 차원을 넘어서 하나의 입체적 구조를 이루고 있다. 먼저 횡적 차원을, 다음으로 종적 차원을 살펴보고, 그것이 통합되는 원리를 고찰하기로 한다.

1. 상호작용의 원리

듀이는 "경험이란 언제나 개인과 그 당시 그의 환경을 구성하는 요소들 사이에 일어나는 거래 작용[또는 교변 작용, transaction]으로 말미암아 성립된다"(*EE*: 25)고 말한다. 상호작용의 원리(principle of interaction)란 이와 같이 생활에 있어서 경험 주체인 유기체와 경험 객체인 환경이 서로 주고받는(give and take) 작용을 함으로써 경험이 이루어진다는 것을 의미한다. 경험은 언제나 그들의 관계 속에서만 이루어지므로, 인간만으로도 경험을 형성할 수 없고, 환경만으로는 더더욱 경험이 이루어질 수 없는 것이다.

이 상호작용의 원리는 경험의 본질에 대한 그의 독특한 해석을 토대로 전개된 것이다. 그는 경험이란 유기체로서의 인간이 환경에 의해서 영향을 받음으로써만 성립되는 것도 아니며, 인간이 환경에 어떤 작용을 가함으로써만 성립되는 것도 아니라고 생각했다. 경험은 충동과 욕구를 가진 인간이 환경에 가하는 작용(作用, action)과, 그 결과 환경의 반작용(反作用, reaction)으로 인한 영향 받음이 결합함으로써, 다시 말해 능동적 요소(active element)와 수동적 요소(passive element)가 결합함으로써 성립된다고 보는 것이다.

경험이라는 것은 그 속에 능동적 요소와 수동적 요소가 특수하게 결
합되어 있다는 점을 주목해야만 그 본질을 이해할 수가 있다. 능동적
측면에서 볼 때 경험은 해보는 것(*trying*)을 말한다. 이 말의 의미는 실험
이라는 용어와 연관시켜 보면 분명해진다. 수동적 측면에서 볼 때 경험
은 겪는 것(*undergoing*)을 말한다(*DE*: 146).

우리는 어떤 것을 경험할 때, 그 대상에 대해서 분명히 무엇인가를
행함으로써 어떤 조작을 가하게 되고, 그다음에는 반대로 그것이 우리
에게 무엇인가 영향을 줌으로써 그 결과를 받게 된다는 것이다. 단순히
해보는 활동도 어떤 변화를 유발하긴 하지만, 그 변화는 그것으로부터
되돌아오는 결과와 관련되지 않으면 무의미한 생리적 변화일 뿐이지
경험이 되지는 못한다. 듀이는 이것을 경험의 특수한 결합 양식이라고
보고, 불에 대한 경험을 사례로 들어 설명한다.

즉, "한 아이가 불 속에 손가락을 집어넣을 경우, 그가 불 속에 손가락
을 집어넣는 것 자체만으로는 경험이 될 수 없고, 그 동작의 결과로서
그가 겪게 되는 고통과 연결될 때 비로소 경험이 성립한다. [그 아이에
게는] 그때부터 불 속에 손가락을 집어넣는 것은 화상을 의미하게 된다.
화상을 입는다는 것이 어떤 행위의 결과로 지각되지 않는다면 그것은
나무토막이 타는 것과 같이 단지 물리적 변화에 불과하다"(*DE*: 146).

여기서 '손가락을 집어넣는 행위'는 능동적 요소이며, 그 결과 '화상이
라는 고통을 겪는 것'은 수동적 요소를 가리키는 것으로, 경험이란 반드
시 이 두 가지 요소가 결합(combination)되고, 그들의 관련성이 의식 내
재화될 때에만 성립된다는 것이다. 말하자면, 우리가 사물에 어떤 운동
에너지를 가하여 거기에 변화를 일으키는 일과, 반대로 사물이 반응하

여 우리에게 변화를 주는 일이 결합해야만 경험이 형성된다는 것이다. 어떤 면에서는 당연한 이치인데, 이 연결됨의 중요성은 *Reconstruction in Philosophy*(1920)에서 더욱 자세하게 거론되어 있다.

> 경험이란 무엇보다 먼저 행하는 것(doing)에 관한 일이다. … 유기체는 그것이 간단하든 복잡하든 간에 그 자신의 구조에 따라 주변 환경에 작용해간다. 그 결과 환경에 발생한 변화는 다시 유기체와 그 활동에 반작용하게 된다. 생명체는 그 자신의 행동에 대한 결과를 겪고 당하는 것이다. 행하는 것(doing)과 당하는 것(suffering) 사이의 이런 밀접한 관계로 말미암아 소위 경험이라는 것이 형성된다. 연결되지 않는 행함이나 연결되지 않는 당함이란 둘 다 경험이 되지 못한다(*RP*: 129).

듀이는 경험의 성과와 가치를 재는 척도는 이 능동과 수동의 연결 방식과 그 확실성 정도에 있다고 보고 있다. '경험으로 배운다'는 것은 우리가 사물에 대해서 행하는 일과 그 결과 사물에 의해 받는 기쁨과 고통 등의 어떤 인상과 연결한다는 뜻이다. 이러한 상태에서 '행하는 것'은 '시도해 보는 것'으로서 실험을 하는 것이요, '겪는 것'은 '배우는 것', 즉 사물들 사이의 인과 관계를 알게 된다는 것이다(*DE*: 147).

한편, 이것을 조금 다른 차원에서 보면, 이 관계의 유의미성은 경험 과정에서 사고나 반성이 작용할 때 발생할 수 있다. 사고(思考)는 행하는 것과 그 결과 사이를 정확하게, 신중하게 연결하는 매체로서의 역할을 한다. 주먹구구식의 시행착오적 경험과 정확하고 엄밀한 과학적 경험의 차이는 바로 사고가 얼마나 활발하게, 많이 개입되느냐에 달려 있다(*DE*: 151-152, 158). 그러므로 경험의 가치는 사고가 개입되어 이루어지는 관련성의 깊이와 넓이에 의해서 결정된다고 볼 수 있다.

경험의 이러한 특성을 설명하면서, 듀이는 경험의 원리와 교육에 관련된 두 가지 중요한 결론에 도달한다. 그것은 "(1) 경험이란 일차적으로 [생활 세계에서 일어나는] 능동과 수동에 관한 사항이지, 처음부터 인지적인 것은 아니다. (2) 경험의 가치를 재는 척도는 경험이 이끌어가는 관계성이나 연속성의 지각 여부에 있다"(*DE*: 147)는 것이다. 이 말을 다시 해석하면, 첫째는 우리가 대상과의 관계에서 에너지를 주고받는 가운데 경험이 성립되는 것이므로, 그것은 일차적으로 생활에 관한 것이고 인식의 문제는 부수적이라는 것이다. 둘째는 상호작용 과정에서 사고나 지성 작용의 개입 정도에 따라 능동-수동 관계의 확실성에 차이가 나고, 그러한 차이는 경험의 계속적 성장 여부를 가름하는 것이 되므로, 그 관계성의 확실성 여부가 곧 경험의 가치를 평가하는 기준이 된다는 뜻이 된다.

듀이는 식물이건 동물이건 자연계의 어떤 생명체도 상호작용하거나 상호 의존하지 않고 사는 것은 없다고 믿고, 이것을 조개의 생활에 적용하여 설명한다. "한 마리의 조개조차도 환경에 작용을 가하여 어느 정도까지는 그것을 변화시킨다. 또한 재료를 골라서 어떤 것은 먹이로 어떤 것은 보호 껍질로 이용한다. 환경에 무엇을 가하기도 하고 받기도 하는 것이다"(*RP*: 128). 이것은 하나의 사례일 뿐, "생명체치고 순전히 환경에 순응만 하는 것은 존재하지 않는다. ⋯ 자기 생존에 관심을 가지는 한, 환경 매체의 어떤 요소에 변형을 가하기도 한다"(*RP*: 128). 이 상호작용의 원리는 자연계의 모든 생명체의 존재 방식을 설명하는 데까지 확대 적용될 수 있다. 환경이 없는 생명체는 상상할 수가 없는 것이므로, 종래의 철학에서처럼 환경을 제외한 채로 생명체에게 독립적 실체성을 부여하는 것은 그 출발점부터 잘못된 것이라고 보는 셈이다. 모든 생명체는 원초적으로 환경과의 상호작용을 통해서만 존재할 수 있다는 것이다.

그리고 생활 형태가 고등한 존재일수록 그것이 생활 매체에 가하는 개조는 더욱 중요해진다고 보고, 그는 야만인과 문명인의 차이를 예증하여 설명한다. 야만인은 자연물을 있는 그대로 사용하고 거기에 적응하지만, 문명인은 그것들을 생활에 알맞도록 변형하고 개량한다는 것이다(*RP*: 128).

이러한 진술에서 보면, 그는 인간까지도 하나의 고등 생물로 간주하고 있음을 알 수 있다. 사실 자연계의 동물에게는 생존이 무엇보다 우선되는 과제다. 동물의 생존에는 이것저것이 분화되지 않고 다만 생존이 있을 뿐이다. 인간은 문명 발달과 더불어 하는 일이 분화되고, 학문과 사유의 발달로 영역의 분화가 가속화되어, 오늘날에는 원래의 분기점을 망각한 채 각각의 자기 영역에만 매달려 살아가고 있다. 그런데 듀이는 우리에게 줄곧 발달 이전의 상태, 분화 이전의 상태, 즉 삶의 원형이 시작된 원점을 잊어서는 안 된다는 메시지를 던져주고 있다. 그것은 개척 시대라는 그 당시의 시대 상황과도 무관하지 않은 것으로 보인다. 새로운 신세계에서 광활한 대자연에 적응해야 했던 그들의 입장을 상상해보면 인간을 하나의 고등 동물로 생각하는 것은 자연스러운 일이라 할 수 있다.

그러나 우리는 일반적으로 인간 이외의 생물이 상호 작용한다고 해서 그것을 '경험'이라고는 말하지 않는다. 경험이란 인간이 행하고 겪는 과정에서 형성되는 것으로서, 인간에게만 붙이는 용어인 것이다. 따라서 경험을 논하기 위해서는 고등 생물체로서의 인간과 경험 객체로서의

환경과의 관계에 한정해서 살펴봐야 하는 셈이다.[1]

경험이 성립되기 위해서는 두 가지 조건, 즉 행위자로서의 인간과 거기에 대응하는 반응자로서의 환경이 있어야 하므로, 이 두 가지 조건을 더 자세히 살펴볼 필요가 있다.

듀이는 인간이 본래부터 타고난 원초적인 생명력이 나타나는 동태를 '충동'(衝動, impulse)이라고 표현한다. 이것은 인간이 근원적으로 가진 능동성을 나타내는 용어이며, 경험 성립의 일차적 조건인 능동성을 대표적으로 보여주는 것이기도 하다. 그가 본능(本能, instinct)이라는 말보다 충동이라는 용어를 더 선호한 이유는 전통적으로 사용되어온 본능의 개념은 변치 않고 '고정된 것'이라는 의미를 포함하고 있는 반면에, 충동이라는 말은 더 본원적이고 미 제약적이며 더 많은 발전 가능성을 함의하고 있으므로, 그 어휘에 대한 감각이나 의미에 있어서 훨씬 생생한 느낌을 줄 수 있다고 생각했기 때문이다(*HNC*: 7, 8장).

그에게서 충동은 인간의 가장 원초적인 생명력에서 나오는 '동력'이며, '생동 에너지'가 분출하는 모양새를 의미한다. 그것은 두려움, 사랑, 분노 등으로 나타나는 감정적인 것으로서, 자연 발생적이고 생물학적인 성질을 띠고 있지만, 경험으로 현실화될 수 있는 인간의 강한 잠재력이라고 보고 있다. "충동은 현존하는 사회적 역량을 개인의 능력으로 전환

---

1) 아동의 인지발달 이론에 공헌이 큰 J. Piaget(1896~1980)는 유기체가 환경과 상호작용하는 과정을 '동화'와 '조절'이라는 인지 기능으로 설명함으로써, 학습은 아동의 능동적 구성을 통한 인지 구조의 계열적 통합으로 일어난다는 점을 밝혔다. 이에 대해서 R. Kohlberg는 Piaget의 공헌은 듀이에 의해 형성된 포괄적인 아동 중심 이론을 명료화시킨 점에 있다고 지적하였다(E. Weber, *Ideas Influencing Early Childhood Education: A Theoretical Analysis* (New York and London: Teachers College, Columbia Univ., 1984): 184. 김규수, 1996: 30에서 재인용).

하는 작인(作因)이며, 그것을 재조직하여 성장하게 하는 수단"(*HNC*: 68)
인 것이다. 말하자면, 충동은 특정한 형태를 갖추지는 않았지만 어떤
에너지로 가득 찬, 어디로든 발산하고 작동하려는 속성을 가진 것이다.
따라서 그것은 무의미한 환경을 유의미한 경험으로 전환할 수 있는 경
험 성립의 출발점인 동시에, 경험 성장의 중요한 원동력이라고 생각한
것이다. 그 특성에 대한 좀 더 자세한 설명을 보자.

> 이 원초적인 충동은 그 자체로는 선도 악도 아니라는 것은 말할 필요
> 도 없다. 그것은 적용되는 대상에 따라 이렇게도 저렇게도 되는 것이다.
> 따라서 이러한 본능을 무시하고 억압하는 것과, 너무 일찍 발휘되게 하
> 여 다른 특성이 나오지 못하게 하는 것은 당연히 피해야 할 그릇된 일이
> 라는 것은 의심의 여지가 없다. 그렇지만 여기서 유념해야 할 것은 [루
> 소가 주장한 바와 같이] 이 본능이 혼자서 '제 스스로 발달'(spontaneous
> development)[2)]되도록 내버려 둘 것이 아니라, 그것을 적절히 조성해갈
> 환경을 제공해 주어야 한다는 것이다(*DE*: 121).

충동은 행동을 유발하는 작인이긴 하지만, 원래 발산적이며, 변덕스
럽게 우리를 끌고 다니는 성질이 있어, 환경 요인에 의해서 통제되지
않으면 맹목적일 수밖에 없다(*HNC*: 175). 그것은 환경에 의해서 영향을
받아 그것과 결합될 때 비로소 경험이 될 수 있다. 따라서 충동은 그

---

2) 이 대목은 Rousseau의 주장을 듀이가 인용한 것이다. Rousseau는 '합자연의 교육'
이라는 소위, '소극 교육론'을 내세웠다. 듀이는 이와 같이 아동은 모든 잠재력을
생득적으로 타고나므로, 성인이 적극적인 교육적 노력을 기울이지 않아도, 때와 계
기가 마련되면 자연성(the nature)이 저절로 발현된다는 루소의 생각에 문제가 있
다고 지적하고 있다.

자체의 성질만으로는 무의미하며 환경적 요소, 특히 인간에게 있어서는 사회적 환경과 마주칠 경우에 그 실제적인 힘이 발휘될 수 있는 것이다.

또한 충동은 가소성이 높아서 지성에 의해 올바르게 조절되면 창의성의 기반이 되고, 낡은 습관을 타파하고 새로운 습관을 형성하는 원동력이 될 수 있지만, 그렇지 않으면 바람직하지 않은 일탈 행동으로 진행될 수도 있다(*HNC*: 8장). 말하자면, 충동은 환경 변인에 대해서 지성이 어떻게 얼마만큼 작용하느냐에 따라서 다양한 형태로 나타날 수 있다는 것이다. 예컨대, 상황 변화에 따라 그것은 탐구욕, 표현욕, 지식욕 등의 형태로 나타날 수도 있고, 경쟁심이나 투쟁심, 혹은 파괴욕이나 반항심과 같은 양태로 나타날 수도 있다는 것이다.

따라서 듀이에게는 종래의 철학에서 주장했던 본유 관념이니 생득적 지식이니 하는 선험적 경험이란 결코 인정될 수 없다. 경험의 기원은 인간이 세상 밖으로 던져짐으로써 환경과 상호작용하는 순간부터 생겨난다고 보는 셈이다.[3]

이제 경험 성립의 두 번째 조건으로서 환경(environment)에 대해서 검토해 봐야 한다. 그는 "우리는 태어나서부터 죽을 때까지 사람과 사물들의 세계 속에서 살게 된다. … 경험이란 진공 속에서 일어나는 것이 아니다. … 경험을 유발하는 원천은 개인 외부에 있다"(*EE*: 22)고 하여,

---

3) 듀이가 인간의 본유 관념을 부정하고, 인간이 환경과 마주침으로써 경험이 기원한다고 보는 관점은 근세의 경험론자 Locke의 논점과 비슷한 맥락을 갖는다. 하지만 전술하였듯이 로크는 인간의 원초적 본질을 백지와 같다 하여, 환경이 주도하기를 기다리는 '수동적 특성'으로 간주했던 반면에, 듀이는 인간의 원초적 본질을 '충동'이라고 함으로써, 환경에 작용을 가하는 '능동적 특성'으로 본다는 점에서는 커다란 차이가 있다고 할 수 있다.

경험 성립에 있어서 환경의 중요성을 강조하고 있다.

듀이는 인간과 상호작용하는 객관적 조건을 '사물'(things)이나 '대상' (object)이라는 말로 표현하기도 하지만, 종합적·포괄적 의미를 가진 '환경'(environment)이라는 용어를 사용하는 경우가 많다. '건전한 신체 에 건전한 정신'이라는 문구는 '건전한 환경에 건전한 인간'으로 확장되 어야 한다는 주장(Winn, 1959: 31)에서 알 수 있듯이, 듀이에게서 환경은 단순히 인간 외부에 존재하는 '물' 자체 이상의 의미를 지닌다.

환경은 경험의 장(場)인 동시에, "생명체 고유의(characteristic) 행동을 촉진하거나 저지하고, 자극하거나 억제하는 모든 조건"(DE: 15)으로서, 유기체의 활동을 받아 반작용함으로써 어떤 형태로든 그것에 변화를 가하는 역할을 하는 것이다. 유사한 표현들을 나열하면, 그것은 "경험을 불러일으키는 데 있어서 개인의 필요, 욕망, 목적, 능력과 더불어 상호 작용하게 되는 모든 조건"(EE: 25)이며, "생명체 고유의 활동을 수행하는 데에 관련된 모든 조건의 총체"(DE: 26)를 의미한다.[4]

그렇다면 그는 환경이라는 말을 상당히 포괄적이고 다양한 의미로 사용하고 있어 좀 더 구체적으로 검토할 필요가 있다. 듀이에게서 환경 은 크게 두 가지 측면을 갖고 있다. 생명체가 살아가는 데에 직접·간접

---

4) 듀이에게서 '환경'은 유기체에게 직접적으로든 간접적으로든, 그리고 의식적으로든 무의식적으로든 영향을 주기도 하고 받기도 하는 모든 외부 세계를 가리키는 말이 다. 그것은 물리적일 수도 있고 심리적일 수도 있고, 유형의 것일 수도 있고 무형의 것일 수도 있다. 또한 이것은 때로는 구체적 대상과 동일시되기도 한다. 유기체의 활동을 촉진하기도 하고, 저지·억제하기도 하는 외부 세계를 의미한다. 그에 비해 서 '대상'이라는 말은 물리적이든 심리적이든 유기체와 직접적, 의식적으로 상호작 용하는 존재, 즉 의식의 지향권 내에 있는 구체적 환경을 말한다. 따라서 대상은 선택적이고 극히 제한적이라 할 수 있다.

으로 관련된 모든 주변 여건을 환경이라고 한다면, 그것은 가까이서 직접 영향을 주는 것으로는 현재의 상호작용 장면에서 경험 주체의 상대역으로서의 직접적인 대상을 나타내는 말이다. 예를 들어, 아이들이 가지고 노는 장난감, 대화할 때의 상대방과 화제, 또는 읽고 있는 책, 실험 중의 실험 재료 등이 모두 환경의 구성 요소가 될 수 있다.

환경이라는 말에는 그와는 다른 의미도 있다. 경험 사태를 둘러싸고 있지만 현재의 경험 활동에서는 좀 떨어져서 간접적으로 영향을 미치는 여러 가지 외부 조건도 환경이 된다. 그러한 환경은 현재는 우리 의식의 직접적인 영향권에서 벗어나 있지만, 언제든지 경험 사태 속으로 들어올 수 있다는 의미에서 경험 가능태, 즉 잠재적 경험 대상이라 할 수 있다. 예컨대, 눈앞에서는 떨어져 있지만 언제든지 영향을 줄 수 있는 다른 지역이나 다른 나라, 심지어 우주까지 포함될 수 있다. 학생의 학업에 영향을 미치는 요인으로는, 현재 교류하는 선생님이나 학습 내용뿐만 아니라 미래의 잠재적 경쟁자로서의 동시대 사람들과 사회적 여건까지도 포함될 수 있다.[5]

한편, 그에게서 경험은 실제 생활에서 단절되거나 분리될 수 없지만, 경험의 구조를 세밀하게 파악하기 위해서, 편의상 '하나의 경험 현상'을 분리해서 살펴볼 필요가 있다. 하나의 경험을 상정하려면, 상호작용 장

---

5) 그에게서 환경 개념이 이렇게 포괄성을 갖는 것은, 경험을 인지적 측면에 한정하지 않고 삶의 전반적인 영역으로 확장하여 생각했기 때문이며, 그의 통합적 사고를 고려해 볼 때, 경험의 과정은 어떤 특정 대상과의 단편적이며 독립적인 상호작용이라기보다는 항시 다른 여러 여건과 관련을 맺고 있음을 염두에 두었기 때문일 것이다. 또 경험은 '과거-현재-미래'가 서로 맞물려 있다는 생각과도 깊은 관련이 있는 것으로 이해해야 할 것이다.

면에서 경험 주체의 상대역으로서의 환경은 구체적인 사물이나 대상을 뜻하는 좁은 의미로 한정하는 것이 좋을 것이다.

　생활 속에서 우리는 언제나 다양한 환경에 처해 살아가고 있지만 주변에 있는 환경 모두가 우리의 경험계에 직접 영향을 주는 것은 아니다. 뒤집어 말하면 우리의 의식은 우리를 둘러싸고 있는 모든 환경에 반응하는 것이 아니라 선택적으로 반응하게 된다. 가시권 내에서 발생하는 모든 사태도 우리의 충동이나 의식이 그것을 향해 발동할 때, 다시 말해 관심사에 따라 주의력이나 정신 에너지가 그것을 지향하여 능동적인 작용을 가하게 될 때 비로소 그 사태는 우리에게 의미를 지니게 된다. 예컨대, 우리는 번잡한 지하철 안에서도 다른 환경 요소에 아랑곳하지 않고, 책을 읽고 특정한 사람과 대화를 할 수 있다. 그것은 경험이 그 주체에 의해 선택적으로 이루어진다는 걸 말해준다.

　듀이는 인간의 내부적 조건과 환경이라는 외부적 조건이 상호작용하는 바로 그 사태나 장면을 특별히 '상황'(situation)이라 하여, 넓은 의미의 환경과는 구별하고 있다. "모든 정상적인 경험은 이 두 가지 조건의 상호작용이다. 이 둘이 합쳐지거나 상호작용함으로써 그들은 우리가 소위 말하는 상황을 형성한다"(*EE*: 24). 경험은 반드시 상호작용을 통해서만 가능한 것이므로, 우리 주변에 있는 환경적 요인이 아무리 복잡하고 다양하더라도, 의식의 지향권에서 벗어난 것, 즉 인간의 내부적 조건과 상호작용하지 않는 것이라면, 즉 어떠한 '상호작용 상황'을 형성하지 않는 것이라면, 그 환경은 적어도 현재의 자신에게는 직접적인 영향을 주지 못한다.

　하지만 경험 상황을 구성하는 대상은 가시권 내의 사물, 즉 물리적 환경만을 의미하는 것은 아니다. 시간과 공간의 제한을 받지 않는 정신적 대상까지 포함된다(*DE*: 15). 자신과 연계되어 활동에 영향을 주고받는, 의식의 지향권 안에 들어오는 유형·무형의 환경 모두가 상황을 이루는 대상이 된다.

모든 환경이 우리의 경험 내용이 될 수 있는 것은 아니고, 우리가 그 사물에 가하는 능동성과 영향을 받는 수동성이 서로 마주치는 경우에만, 즉 이 두 요소가 서로 결합되는 상황이 형성되는 경우에만 경험은 성립되는 것이다. 우리가 세상에서 다양한 관심을 가지고 산다는 것은 곧, 연속되는 일련의 상황 속에서 산다는 것을 의미한다고 말할 수 있다.

그것은 지금 나에게 영향을 주고받는 현재 사태로서, 일상생활의 장에서는 인간의 희·노·애·락·애·오·욕을 드러내는 모든 장면이 될 것이고, 예술품을 감상하는 장이라면 미술이나 음악에 몰입하여 감상하는 장면이 될 것이고, 그것이 해결해야 할 과제일 때는 문제 해결을 위해서 온갖 역량을 발휘하는 사태가 될 것이고, 학습이 이루어지는 교실 장면이라면 학습자가 교재나 교사와 상호작용하는 장면이 되는 것이다. 또한 이것은 다른 말로 하면 문제 상황이라고 표현할 수도 있다. 그렇게 되면 상호작용을 통한 경험 과정은 문제 해결의 과정이며, 우리가 가진 기존의 경험은 도구나 수단으로서의 역할을 하는 셈이다.

어떤 의미에서 보면, 경험의 총체는 조금씩 변한다 하더라도 그 자아나 의식의 주체는 어디서나 동일한 존재라 할 수 있다. 그 반면에 환경은 변화무쌍하다. 듀이는 충동을 가진 경험 주체로서의 인간이 상호작용하는 양태를 구체적으로 드러내기 위해 환경을 다양하게 거론하고 있지만, 그 범주는 크게 자연 환경과 사회 환경으로 구분할 수 있다. 물론 교육적 측면에서는 계획적으로 만들어진 환경인 학교 환경을 들 수 있겠지만, 교육과 관련된 문제는 5장 이후에서 다루고자 한다.

첫째로, 인간은 자연 환경과의 관계에서 생존해 나간다. 인간의 삶에 직접·간접으로 영향을 미치는 자연 환경은 돌·강·산에서부터 지구·우주에 이르기까지 광범위하다. 우리는 공기가 없이는 잠시도 생존할 수 없고, 인간과 땅이 상호 작용해야만 걸음걸이도 가능하듯이, 인간은 원래 자연에 던져져서 그것과 숙명적으로 관계해야 하는 존재다.

원래 자연은 그 자체의 원리에 의해서 조화롭게 영위되고 있었다. 인간도 줄곧 그 자연의 일부로서 존재해 왔다. 그러므로 인간이 해야 할 우선적인 과제는 그 존재 이유를 밝히는 일보다는, 어떻게 하면 자연과 조화를 이루며 존재해 나가느냐 하는 것이었다. 따라서 듀이가 보기에는 인간에게는 존재 자체에 관한 물음에 앞서서, 우선 존재 현상을 가능하게 하는 방법에 대한 해답을 구하는 것이 더 절실한 문제라고 생각되었던 것 같다.

2장에서 고찰했다시피, 근세의 인식론은 인간의 마음과 자연을 각각 완전한 실체로서 동떨어진 것으로 보는, 고대에서부터 이어진 전통적인 시각에서 크게 벗어나지 못하였다. 그러나 듀이는 인간과 자연은 상호 의존적인 것으로 보고 있다. 자연에 대한 인간의 의식은 단순한 바라봄이 아니고, 나와 그것과의 관계에서의 바라봄이다. "인간이 자신의 일을 의도적으로 통제해 나가는 힘은 자연 에너지를 활용해 나가는 능력에 달려 있지만, 이 능력은 거꾸로 자연의 변화 과정에 대한 통찰에서 나오는 것이다"(*DE*: 236).

듀이는 변화하는 자연 속에서 인간이 안전을 추구하는 방법은 두 가지가 있다고 말한다. 하나는 자연을 신격화해서 복종·순응하는 방법이고, 또 하나는 기술(arts)을 발달시켜서 자연을 이용하는 방법이다(Dewey, 1929: 3). 그런데 인간의 지성이 발달함에 따라 자연을 있는 그대로 두지 않고 그것을 변형하여 생활에 유익하도록 이용하게 되었고, 현대에는 과학의 발달로 인해서 인간과 자연의 결합 가능성이 더 높아졌다. 우리의 경험은 자연 속에 파고들어 그 깊이와 넓이를 확장해 나가고, 또 그것이 추론이나 반성을 산출해 내도록 한다는 것이다. 듀이는 이러한 취지에서 과학의 발달은 인간이 자연 속에 파고들어 경험을 확장해온 증거라고 간주하고 있다(EN: 13).

  전통적인 철학에서는 자연을 경험의 원인이라거나, 경험에 초월해 있다거나, 혹은 나란히 있다 해도 경험의 외부에 있다고 생각했지만, 듀이는 이 양자가 훨씬 역동적으로 관련된 것으로 본 셈이다. 그러므로 자연과 상호작용함으로써 경험이 성립되는 양태를 〈(인간 ⇄ 자연) ⇒ 경험〉의 관계로 표시할 수 있을 것이다. 결국, 인간은 필연적으로 자연 환경 속에서 그것과 더불어 살아가면서, 그 속에 포함된 여러 가지 대상들과 상호작용함으로써 성장해가는 것이므로, 크게 보면 이러한 자연 환경은 우리에게 교육적 영향력을 행사하는 것으로 보는 셈이다.

  둘째로, 인간은 또한 숙명적으로 사회(society)라는 환경과 상호작용하면서 영위하게 된다. 그에게서 사회라는 용어는 가정 · 지역 사회 · 국가 · 세계 등의 구체적 대상을 지칭하기도 하지만, 그 속에서 이루어지는 사람들의 삶의 양식과 문화까지 포함하는 개념이다. 그것은 사람들이 공동생활을 하며 경험을 나누고 공동 이익과 목적을 형성하는 여러 가지 방식을 포함한다(RP: 194). 말하자면, 사회는 개별 단위의 물리적 집합체가 아니라, 서로가 연합되고 결합된 유기적 공동체라는 것이다.

  듀이의 사회 이론에서 연합(association)의 개념은 중요한 의미를 지닌다. 그는 이에 대해 다음과 같은 의미를 부여하고 있다. "연합이란 연결이나 결합의 의미로서, 모든 존재의 '법칙'이다. 독립적으로 발생하는 것처럼 보이는 행위도 사실은 함께 얽혀 있는 활동이다. 완전히 고립된 행위란 있을 수 없다. 인간의 모든 활동은 [알게 모르게] 다른 활동과 어우러져 있다. '어우러져 있다'(along with)는 것은 각각의 행동이 다른 사람과의 관계로 인해서 수정된다는 것을 의미한다"(Dewey, 1927: 250). 이와 같이 그는 '연합'을 서로 얽혀 있는 상태로 간주하고 있다.

사회생활을 영위하는 인간은 서로 영향을 주고받는 것이므로 자신의 삶에서 타인의 활동을 고려하지 않을 수 없는 일이다. "활동이 타인과 결합되어 있는 인간은 누구나 사회적 환경을 가지고 있다. 자신이 하는 모든 일은 다른 사람들의 기대나 요구, 수용과 비난에 좌우된다"(DE: 15-16). 인간은 사회 속에서 자신을 유지하는 동시에, 사회는 개개인에 의해서 형성되고 유지되기 때문에, 개인과 사회는 유기적인 통합체를 이루고 있다. "아동에게서 사회적 요소를 제거한다면, 거기에는 어떤 추상체만 남게 되고, 사회에서 개인적 요소를 제거한다면, 거기에는 생기 없는 불활성 덩어리만 남게 된다"(MPC: 86). 즉, 사회 없는 개인도 개인 없는 사회도 있을 수가 없는 것이다.[6]

그러므로 사회가 개인의 행복을 위한 수단으로 존재한다는 개인주의 이론도, 또한 사회가 개인에 우선한다고 하여 개인이 사회 전체의 목적에 봉사해야 한다는 전체주의 이론도 듀이에게는 인정될 수가 없다. 개인과 개인, 개인과 사회, 사회와 사회가 오직 상호작용함으로써 조화

6) 듀이가 사회 구성원들 사이의 필연적인 공생 관계, 개인과 사회의 밀접한 관련성을 강조한 것은 사실이지만, 그의 사회 이론은 '사회 유기체설'과는 다른 것이다. 사회 유기체설은 사회를 하나의 생명체로 간주하여 개인은 사회의 한 신체 기관, 혹은 그 생명체에 부속된 작은 부품이므로 전체에 봉사하는 것이 임무라고 보는 전체주의 입장에서 나온 이론이기 때문이다.

로운 관계를 유지할 때만, 행복한 개인도 건전한 사회도 기대할 수 있다
는 것이다. 그가 민주주의 정신을 신봉하는 이유가 바로 여기에 있다.

　서로 다른 다양한 의견과 주장을 자유롭게 제시하고 충분한 토론을
거쳐서 다수가 동의하는 가장 적합한 공통분모를 찾아내는 상호작용
과정은 민주주의의 핵심 원리라 할 수 있다. 그에게 있어 민주주의는
정치 형태뿐만 아니라, 공동체와 개인의 생활 양식을 의미하기도 한다
(金柄吉, 1986: 18-35). 인간은 다양한 방식으로 연합하고 서로 교섭하면
서 살아간다. 훌륭한 사회란 이러한 연합 관계가 다양하며, 공동체 의식
으로 결속되어 있으면서, 상호작용이 자유로울 수 있도록 개방되어 있
는 사회라고 할 수 있다. 이러한 사회가 바로 우리가 지향하는 민주적
사회라는 것이다. 듀이가 민주주의를 신봉하게 된 가장 큰 이유는 그것
이 개인과 사회의 성장을 가장 효과적으로 실현할 수 있는 사회 제도라
고 보았기 때문일 것이다.

　이 민주적 공동 사회를 구성하고 유지하는 중요한 매개체는 소통
(communication)이다. 사회 내에서 서로가 상호작용하는 사회의 각 구성
원은 소통을 통해서 경험을 공유하고, 그리하여 공동경험이 성장하게
된다. "타인과의 일상적인 소통은 이런 발전을 가져오는 가장 편리한
방법이다. 그것은 집단이나 심지어 인류 전체의 경험에서 나온 총체적
결과물을 개인의 당면한 경험에 연결하기 때문이다"(DE: 225). 소통을
통해서 사회에 참여하는 정도에 따라 개개인의 경험이나 교육의 결과가
달라진다고 보는 것이다. 소통은 곧 개개인이 사회 속에서 생활하면서
상호작용해 나가는 방식인 셈이다. 요컨대, 개인은 사회 속에 사는 한,
어떤 방식으로든지 사회에 참여하지 않을 수 없는 일이고, 이때 사회적
환경은 의식적으로든 무의식적으로든 개개인에게 교육적인 영향력을

행사한다는 것이다.

이제까지 자연 환경과 사회 환경에서 인간이 상호작용하는 실태를
살펴보았다. 이렇게 성립되는 상호작용은 경험 내용의 양적·질적 변화
를 초래하게 된다. 여기서 주목할 사항은, 듀이는 주체와 객체, 인간과
환경, 행위와 대상이 배타적이고 이질적으로 분리되어 있지 않고, 이들
두 가지 요소가 통일된 전체 속에서 서로가 서로에게 어떤 작용을 함으
로써 경험이 이루어진다고 본다는 점이다.[7] 소통을 통해서 서로가 서로
에게 영향을 주기도 받기도 한다. 그리고 인간의 내부 조건과 환경이라
는 외부 조건 사이에 갭(gap)이 적을수록, 즉 혼연일체가 되는 결합성이
강할수록 더 활발한 상호작용이 일어나고, 그럼으로써 더욱 생생하고
확실한 경험이 된다는 것이다.

이러한 논리는 환경이라는 객관적 조건과 유기체의 내부적 조건에
동등한 역할과 권리를 부여한다는 것을 의미한다. 이런 시각은 오늘날
의 관점에서 보면 어떤 면에서는 당연한 것으로 간주할 수도 있다. 하지
만 듀이의 이러한 논점을 근세의 경험론과 현대의 실존 철학의 시각과
비교해 보면 매우 흥미로운 사실을 발견할 수 있다.

---

7) 듀이가 경험의 본질을 능동과 수동의 결합, 유기체와 환경 간의 유기적 통일체로
보는 관점은 2장 1절에서 다룬 통합적 사고와 연장선에서 이해할 수 있다. 이 점에
있어서는 Johns Hopkins대학에서부터 스승이었던 Hegel 학파의 철학자 G. S.
Morris 교수의 영향이 큰 것으로 알려져 있다. Morris는 실체적(neumemenal) 세계
와 현상적(phenomenal) 세계를 구별한 Kant의 입장과, 인식에 있어서 수동적 주체
와 객관적 대상을 구별한 경험주의자들의 이원론적 사고를 비판하였다. 그는 표상
들이 개별적으로 수용된다는 생각에 반대하면서, 인간의 경험을 하나의 유기적 통
합체로 보고자 했다. Morris는 인식의 주체와 객체는 기계적으로 관련을 맺는 것이
아니라는 것이다(李敦熙, 1982: 108-109).

2장에서 살펴본 바와 같이 근세의 경험론자들은 경험이 지식의 기원이라 하여 경험을 인식의 측면에만 제한하고, 그것은 순전히 감각기관의 수동적인(passive) 흡수로 형성되는 것으로 봄으로써 환경이 주도성을 가지는 것으로 보았던 셈이다. 이것은 우선 인간 존재를 수동적으로 간주한다는 점이 문제가 된다. 그리고 이것은 본질적으로는 인간 일반을 대상으로 하고 있지만, 상대적으로 성인보다는 덜 성숙한 아동기의 인간을 설명하는 데에 더 설득력이 있다고 할 수 있다.

이에 반해서 현대의 실존 철학에서는 인식의 문제가 아닌 인간 삶(life)의 문제에 관심의 초점을 맞추고, 주체성이 진리라고 하면서 의식의 지향성을 강조하고 있다. 경험의 능동성(activity)을 강조함으로써 인간 주도성을 주창한 것으로 볼 수 있다.[8] 이것은 우선 근세의 경험론과는 반대로 인간의 능동성만을 강조한다는 면에서 결함이 있다. 그리고 이 역시 본질적으로는 인간 일반을 대상으로 한 것이지만, 아동보다는 상대적으로 성숙한 성인을 설명하는 데에 더 설득력이 있다고 할 수 있다.

이들 이론에 비하여 듀이의 경험이론에서는 능동과 수동의 결합을

---

8) 듀이의 철학과 실존 철학의 이와 같은 차이점에 대해서는, L. F. Troutner도 지적한 바 있다. 그는 듀이와 실존 철학자 Heidegger를 비교하면서, 듀이는 인간을 '대상을 지향하는 주관적 존재'로만 보지 않고, 유기체와 환경의 상호작용 과정으로 본다는 점에서 Heidegger와 다르다고 지적한다(Troutner, 1972: 214-220, 1974: 23-29). 실존주의와 실용주의는 근래에 나타난 동시대 철학이지만, 유기체의 능동성에 대한 듀이의 견해는 실존 철학과는 그 사상적 뿌리가 다르다. 인간의 주도성을 중시하는 실존 철학의 입장은 현상학의 '지향성' 개념에 토대를 두고 있다. 그러나 듀이의 경우는 Darwin, Hegel, James 등의 영향을 받았다는 점에서 그 가닥이 다르다고 할 수 있다.

내세움으로써, 유기체와 환경이 유기적 통합체를 이루고 있어, 그 주도성이 유기체나 환경 한쪽에만 주어지지 않고 양자 모두에 주어지고 있다. 이것은 아동과 성인을 모두 포함한 인간 일반의 삶과 앎의 문제에 공통으로 적용되는 설명 원리가 된다. 물론 듀이의 견해에도 결함과 비판의 여지가 없는 것은 아니지만 이런 점에서는 그의 탁월한 통찰력의 일면을 엿볼 수 있다.

지금까지 고찰한 상호작용의 원리란 인간의 내면과 외부 환경이 에너지를 주고받는 작용에 관한 것이다. 이것은 경험 행위의 공간적 차원을 설명하는 원리라 할 수 있다. 듀이는 경험이 성립되고 성장하려면, 이 공간적 차원 이외에도, 인간 내면의 시간적 차원에서 경험과 경험이 연결되어야만 가능하다고 생각하였다. 이것을 연속의 원리라고 한다.

2. 연속의 원리

연속의 원리(principle of continuity)[9]는 앞에서 고찰한 상호작용의 원리와 더불어, 그의 통합 사상을 표현하는 양대 축이 된다. 상호작용의 원리를 '공간적 통합 원리'라고 한다면, 이것은 '시간적 통합 원리'라 할 수 있다. 경험 주체와 바깥세상과의 관련성이 상호작용의 원리라면, 의

---

9) 듀이 철학의 중요한 기반을 이루는 하나가 'continuity' 개념이다. 그것은 앞-뒤가 단절되지 않고 계속 이어진다는 것을 의미하는 것으로, '계속성' 혹은 '연속성' 혹은 '지속성' 등으로 번역될 수 있다. 그러나 경험의 원리로서 'principle of continuity'라고 할 때는, 앞에 나온 '상호작용의 원리'와 병렬 관계를 고려하여, '연속의 원리'로 번역 표기하는 것이 '계속성의 원리, 연속성의 원리, 지속성의 원리'보다 더 적절할 것으로 본다.

식의 내부 경험들의 연계성은 연속의 원리라고 말할 수 있다.

  듀이는 계속성 혹은 연속성의 개념을 경험의 원리에 적용함으로써 인간의 경험을 절묘하게 드러내고 있다. 경험의 공간적·시간적 연장 개념은 그의 철학 전반에 편재되어 있다. 그의 모든 통합의 근원이 여기서 나온다고 해도 과언이 아닐 것이다. 그러나 여기서는 경험의 구조 파악이 목적이므로 경험이 이루어지는 현상에만 초점을 맞추어 살펴보고자 한다. 경험 연속의 원리에 대해서 듀이는 다음과 같이 정의하고 있다.

  경험에서 연속의 원리란 모든 경험은 앞에서 이루어진 경험에서 무엇인가를 받아 가지는 동시에, 뒤따르는 경험의 질을 어떤 방식으로든지 변형시킨다는 것을 의미한다(EE: 19).

  생존한다는 것은 행위들이 서로 관련되는 연속성으로 인해서 선행하는 행위들이 나중의 행위가 일어나는 조건을 준비하는 데 효력을 발휘한다는 것을 의미한다. 물론 무생물에게 일어나는 사태에도 어떤 인과관계의 고리는 있다. 그러나 생명체에게는 그 연결고리가 누적되는 연속성이라는 특성을 갖고 있다. 그런 것이 없는 삶은 곧 종말을 의미한다(Dewey, 1929: 179).

  인간이란 공간적 환경에서 잠시도 벗어날 수 없는 존재이므로 외부 세계와 상호작용하는 과정은 평생 계속된다고 할 수 있다. 이것은 시간적 차원에서 보면, 곧 인간의 삶은 잠시도 정지하지 않고 끊임없이 갱신(renewal)해 나가는 과정이라는 뜻이 된다. 경험도 이와 같은 과정을 밟는다. "자기 혼자 스스로 살다가 죽는 사람이 없듯이, 경험도 저 홀로 존재하다가 소멸하는 것은 없다. 모든 경험은 자신의 바램이나 의사와

는 관계없이 후속하는 경험 속에 존속한다"(*EE*: 13). 말하자면, 생명이
계속되는 한 그 주체가 원하든 원치 않든 경험은 계속해서 갱신을 거듭
해 나간다는 것이다. 듀이는 경험 속에 어떤 자체 조직(organization)의
원리가 작동하는 것으로 생각하였다.

> 경험은 그 내부에 자체적으로 연결하고 조직하는 원리들을 가지고
> 있다. 이러한 원리는 인지적인 것이 아니라 생동적이고 현실적이라는
> 이유로 가치가 떨어지는 것은 아니다. 심지어 하등 동물의 생활에도
> 어느 정도의 조직은 필수적이다. [예컨대] 아메바도 그 활동에서 어떤
> 시간적인 계속성을 갖지 않을 수 없으며, 공간적으로는 환경에 대한
> 약간의 적응이 필요한 것이다. 그의 생활과 경험이 [감각적 경험론의
> 주장처럼] 일시적이고 원자적이고 독립적인 감각작용으로 구성될 수는
> 없다. 그 자신의 활동은 자신이 처해 있는 [현재의] 환경에도 관련되어
> 있고, 지난 과거와 다가올 미래의 일과도 관련되어 있다. 생명에 내재한
> 이러한 조직은 [Kant주의자들의 주장처럼] 초자연적이고 초경험적인
> 종합을 필요로 하는 것은 아니다. 이것은 경험 내의 하나의 조직 요인인
> 지성이 열심히 진화하는 데 필요한 토대와 재료를 제공해준다(*RP*: 132).

말하자면, 경험은 그 자체의 자생력이 있어서 스스로 후속 경험을 이
끌어간다는 것이다. 이것은 곧 생명체 내에서 일어나는 선행 경험과
후속 경험이 서로 연결된다는 것을 의미한다.

이 장 마지막 부분에 실은 그림에도 나타나 있지만, 연속의 원리는
인생 전체에서 초년기의 중요성을 단적으로 보여준다. 한번 경험하는
것은 그것이 바람직한 것이든 그렇지 않던, 긍정적인 방향으로든 부정
적인 방향으로든 후속 경험에 녹아들어 그 양과 질에 영향을 주면서

이후의 경험을 변형시킬 것이다. 다시 말하면, 우리가 겪게 되는 모든 경험은 원하든 원치 않든 후속 경험에 융합되어 상호작용의 양태를 바꾸고 어떤 형태로든 그 성질을 바꾸게 된다는 뜻이다. 그 과정은 죽을 때까지 계속될 것이다. 그런데 초년기에 경험한 내용과 죽기 하루 전에 경험한 내용을 비교하여 생각해보자. 후자의 영향력은 하루에 불과하지만 전자의 영향력은 평생을 걸쳐 작용하게 된다. 그것도 단순히 양적으로, 일회성으로 영향을 주는 것이 아니라, 후속 경험을 질적으로 변형시키고, 개별 경험이 A-B-C-D-···로 이어지면서 누적적이고 증폭적으로 영향을 주게 된다. 그렇다면 사람의 일생을 놓고 볼 때, 초년기의 경험일수록 말년의 경험보다는 비교할 수 없을 정도로 중요한 의미를 갖는다고 할 수 있는 것이다.

　이러한 원리는 비단 개인경험에만 한정된 것이 아니고, 공동경험에도 마찬가지로 적용된다. 예컨대, 한국의 근대사에서 일어난 비극적인 사건은 조국의 분단일 것이다. 그런데 일제 강점기 직후의 분단은 '국토의 분단'에 불과하지만, 6·25 한국 전쟁은 '민족의 분단'을 가져왔다고 말한다. 이 전쟁은 그 이전에 비해 한국인들의 삶에 헤아릴 수 없는 무수한 변화를 가져왔다. 아마도 이러한 변화는 한민족의 역사가 끝날 때까지 영향을 줄 것이다. 큰 그림에서 보면, 인간 개개인은 끊임없이 새로 태어나고 사라져 갈지라도 문화·역사와 같은 사회적 경험은 잠시도 멈추지 않고 계속되는 것이다. 이러한 연속성으로 인해서 개인은 공동의 문화에서 자료를 취하지만, 다시 인류의 공동경험에 일조함으로써 개인경험은 역사성을 갖게 되는 셈이다.

　이 경험 연속의 원리는 그의 사상에 등장하는 습관, 기억력, 도구주의 등의 개념과 관련해서 보면 더 구체적으로 드러난다. 이러한 개념들은 이 경험 연속의 원리에 그 토대를 두고 있기 때문이다.

먼저 연속의 원리가 습관(habit)의 개념과 어떻게 관련되는지를 검토해 보기로 하자. 습관에 대한 듀이의 의미부여는 연속의 원리가 반영된 대표적인 것으로 판단되기 때문이다. '습관'이라고 하면 보통 '그 사람은 술을 마시면 싸움을 거는 버릇이 있어', '제 버릇 개 주랴'라고 말할 때와 같이 '어떤 행위를 반복함으로써 굳어진 성질이나 행동' 또는 '고착됨으로써 무의식중에 나타나는 고치기 어려운 행동' 정도로 생각하는 경향이 있다. 듀이의 표현을 빌리면, 일상적으로 "습관은 사람을 사로잡고 있는 어떤 것, 이성적 판단으로는 책망하면서도 쉽게 떨쳐내지 못하는 어떤 것"(*DE*: 53)으로 간주하고 있다. 이러한 습관 개념에는 '고착되고 기계적이다'라는 의미와 '바람직하지 못하다'라는 의미가 동시에 담겨 있다. 그러나 습관을 '어떤 자극-반응의 계열이 여러 차례 반복된 결과로 생긴 자극-반응의 자동적 연합'이라고 정의하거나, 혹은 '어떤 자극에 대해 특정 반응을 반복함으로써, 동일한 자극이 주어질 때 행동이나 의식의 형태에 동일한 반응을 나타내는 경향성'이라고 풀이하면, 습관이 그리 단순한 개념이 아님을 짐작할 수 있다. 듀이는 습관의 개념에는 경험 연속의 원리가 내재해 있다고 보고 있다.

> 습관을 생물학적으로 해석할 경우에, 연속의 원리는 근본적으로 습관의 실상에 기초를 두고 있다. 습관의 기본적인 특성은 [과거에] 실행하고 겪었던 모든 경험이 [현재] 행하고 겪는 그 사람을 변형시키며, 또한 이 변형된 것은 우리가 원하든 원치 않든 후속되는 경험의 질에 영향을 미치는 것이다(*EE*: 18).

이것은 '세살 버릇이 여든까지 간다'는 우리 속담과도 통하는 것으로, 시간적으로 앞서 형성된 습관은 세월이 흘러도 완전히 소멸하지 않고, 그 사람에게 어떤 형태로든 계속 영향을 미친다는 것을 의미한다.

그런데 듀이는 습관에 대해서 일반적인 개념보다 훨씬 심층적인 의미를 부여하고 있다. 그는 습관을 능숙한 일 처리나 효과적인 행동 기술이라는 측면과 지적·정의적인 성향이라는 측면까지 모두 포함하는 개념으로 보고자 하였다.

습관은 우선 "능숙한 처리 방식, 효율적인 행위 양식"(*DE*: 51)이라는 의미를 담고 있다. 말하자면, 겉으로 볼 때 습관은 행동을 편리하고 경제적이고 효율적으로 하도록 해주는 역할을 한다는 것이다. 다르게 말하면 "습관은 행동 기관을 조절하여 환경을 능동적으로 통제하는 장치"(*DE*: 51)라 할 수 있다.

예를 들어, 걷기·말하기·피아노 연주와 같은 일상적인 작업이나, 조각가·외과 의사·다리 건설자의 일과 같은 전문적인 기술을 생각해 보자. 이들은 신체의 어느 부위를 거침없고 능숙하고 정확하게 움직여 사물을 마음대로 다루는 것처럼 보인다. 그런데 여기서 중요한 것은 환경이나 사물을 경제적이고 효율적으로 다룬다는 점에 있다(*DE*: 51). 그래서 "습관은 환경을 통제하여 그것을 인간의 목적에 맞도록 활용하는 힘을 준다"(*DE*: 57)고 할 수 있다. 듀이는 인간이 의도대로 사물을 요령 있게 통제하는 능력이 습관 덕분이라고 보고 있다. 인간이 일을 능숙하게 처리하고 사물을 효과적으로 다루고 경제적으로 행동하는 능력을 '습관'이라는 용어로 풀어내고 있다.

한편, 습관은 또 다른 중요한 측면을 가진 것으로 보고 있다. 습관을 "지적·정의적으로 형성된 성향"(*DE*: 52)까지 포함하는 개념으로 확대

하여 의미부여하고 있다. "습관은 태도의 구조, 즉 감정적 태도와 지적
태도를 포함하며, 우리가 실생활에서 부딪치는 모든 상황에 대응해서
반응하는 기본적인 감수성과 방식까지 포함하고 있다"(EE: 18-19)는 것
이다. 그 의미는 '경향성'이라는 개념에서 더 확연히 드러난다.

> 습관은 어떤 것이든지 어떤 경향성(inclination), 즉 그것을 행사할 적
> 에 그에 관련된 여러 조건 중에서 적극적으로 선호하고 선택하는 특성
> 이 있다. … 습관은 가만히 기다리지 않는다. 그것을 발휘할 기회가
> 부당하게 저지되면, 그 표출 경향성으로 말미암아 불편한 심기와 갈망
> 하는 모습을 드러낸다(DE: 53).

듀이는 어떤 작업을 하는 데는 신체 구조의 숙련이나 효과적인 행동
기술만 작용하는 것이 아니라고 본다. "습관이 있는 곳에는 언제나 이미
구비한 자료와 준비가 있어서, 그에 따라 행동이 나온다. [신체 동작이
나오기에 앞서] 그 습관이 행사될 때 일어날 상황에 대한 확고한 이해
방식이 있다.[10] 사고와 관찰과 반성의 형식은 숙련과 욕망의 형태를 띠
고 습관으로 들어온다"(DE: 53).

비숙련 형태의 노동에서는 내면에 깃든 고도의 습관이 비교적 덜 필
요하다고 말할 수 있지만, "연장을 다루거나, 그림을 그리거나, 실험을

---

10) 이것은 자동차를 운전하는 경우를 생각해 보면 쉽게 이해할 수 있을 것이다. 운전
기술이 몸에 배이면, 우리는 신체 부분이 기구들을 기계적으로 작동하는 것처럼
생각할 수 있지만, 따져 보면 손과 발이 저절로 작동하는 것은 아니다. 평소에 여
러 가지 교통 법규를 숙지하고 있어야 하고, 다양한 도로 사정이나 움직이는 물체
에 대처할 다양한 준비와 대비책이 있어야만 제대로 운전할 수 있는 것이다.

수행하는 [것과 같은 고도의 숙련이 요구되는] 곳에서는, [행동 기술로서의 습관에] 못지않게 판단과 추리의 습관이 필요하다"(*DE*: 53)고 말한다. 듀이는 습관의 개념을 이처럼 확장함으로써 기술자나 예술가나 의사와 같은 고도의 전문적인 일도 결국 습관에 의존하는 것이라고 간주하는 것이다.

따라서 듀이가 내세운 습관의 개념은 우리가 일반적으로 생각하는 '고착된 행동 방식'이라는 의미보다는 훨씬 더 깊은 뜻을 내포하고 있음을 알 수 있다. "그것은 태도의 구조, 즉 감정적 태도와 지적 태도를 포함하며, 우리가 실생활에서 부딪치는 모든 상황에 대응해서 반응하는 기본적인 감수성과 방식까지도 포함하는 것이다"(*EE*: 18-19). 따라서 우리가 흔히 말하는 '고착된(*fixed*) 습관'은 습관의 한 부분에 지나지 않는다고 할 수 있다. 그것을 수식어가 붙지 않는 원래의 '습관' 의미와 동의어로 간주하는 것은 오류라고 보는 것이다. 그것은 정착된 습관으로서, 어찌 생각하면 어떤 특정 자극에 대해 즉각적인 반응을 나타낼 수 있는, 혹은 어떤 문제에 대해 즉시 대응할 수 있는, 즉 필요할 때는 언제든지 사용할 수 있는 그런 편리한 능력이라고 생각할 수도 있다. 그러나 그것은 "신선감이나 개방성이나 창의력이 없는 판에 박은 방식"(*DE*: 53)이라는 점에 문제가 있다. 고착된 습관을 갖는다는 것은 "우리가 뭔가를 마음대로 지배하는 것이 아니라, 사물이 우리를 지배하는 상태"(*DE*: 53)가 된다는 것을 의미한다. 이와 같은 진부한 습관은 "지성이 개입되지 않는 습관"이요, "사고가 없는 습관"(*DE*: 54)으로서 우리를 노예 상태로 전락시키는 것이다. 이것은 '기계적으로 행동하려는 경향성'이라는 의미로서, 진정한 습관과 구별하여 '타성'(惰性, routine habits)이라고 규정하고 있다. 이것은 성장이 정체된다는 것을 의미한다.

그러나 모든 습관은 관성(慣性), 또는 주착성(住着性)을 갖고 있다는 측면에서, 시간이 지나면서 계속 노력하지 않으면 타성으로 변할 가능성을 다분히 가졌다고 할 수 있다. 습관이 타성으로 전락하지 않게 하는 것은 끊임없이 작용하는 충동(impulse)과 지성(intelligence) 덕분이다.[11]

한편, 습관은 인간이 환경과 상호작용 과정을 통해서 형성된 것이므로, 후천적으로 획득된 것이지 생득적인 것은 아니라고 할 수 있다. "습관은 과거의 경험을 통해 형성된 능력이며 기술(art)"(HNC: 48)이기 때문이다. 그것은 인간이 변화하는 외부 세력에 대해서 손쉽게 대처하려는 욕구로 인해서 형성된 것으로 볼 수 있다. 그렇지만 습관은 경향성과 조작성을 동시에 갖고 있으므로, 후속되는 경험 활동에 영향을 끼치게 되는 것이다. "습관이라는 매체는 우리의 지각과 사상에 들어오는 모든 소재를 여과하는 역할을 하기"(HNC: 26) 때문이다.

'습관은 제2의 천성'이라는 격언도 있듯이, 듀이는 이러한 맥락에서 습관은 자아(self)를 형성하기도 하며, 어떤 의미에서는 의지(will)라고 볼 수도 있다고 생각하였다(HNC: 21). 습관의 이러한 특징은 그것이 후속되는 경험에 적극적인 역할을 한다는 것을 보여주는 것이다. 결국 경험은 그 속에 과거의 것을 지속하려는 습관이 있는 까닭에, 일회성으로 끝나는 것이 아니라 연속을 거듭한다고 말할 수 있을 것이다.

경험 연속의 원리는 그의 이론에 나타나는 기억력(memory)의 개념과도 깊은 관계가 있다. 그는 이렇게 말한다. "사람은 과거의 경험을 보존

---

11) 듀이는 *Human Nature and Conduct*의 1, 2, 3부에서 인간의 본성을 '충동'과 '지성'과 '습관'의 세 가지 요인의 결합으로 보고자 하였다. 여기서 습관이 지속 경향성을 가졌음에도 불구하고 고착되지 않는 것은 끊임없이 충동으로 자극받고 지성으로 조절되기 때문이라고 설명한다.

한다는 것 때문에 하등 동물과 다르다. 과거에 일어났던 일이 기억 속에서 되살아난다. 지난날에 겪었던 생각들이 현재 일어나는 비슷한 일 주위를 구름처럼 맴돈다. 하등 동물에게는 경험이 일어나는 대로 사라지고, 새로 행하고 겪는 일은 별도로 발생한다. 그러나 인간은 각각의 일들이 전에 있었던 일의 반향과 회고로 가득한 세계, 즉 개별적 사건에서 다른 일을 상기시켜 주는 역할을 하는 세계에서 살아간다"(*RP*: 80).

인간은 뛰어난 기억력을 지닌 덕분에 다른 생물들과 구별되며, 그들이 가질 수 없는 문화생활을 향유할 수 있다. 개별 경험들은 고립되고 특수한 것일지라도, 기억력으로 인해서 이러한 분리된 사건들이 보존되고 축적되는 것이다. 이 기억력으로 말미암아 각 경험들은 일회성으로 끝나지 않고 전체 속에서 조화롭게 결합되어, 일반화된 심상(picture)을 형성한다. 그리고 "과거라는 것은 저절로 되살아나는 것이 아니고 그것이 현재에 뭔가 도움이 되기 때문에 회상된다. 따라서 기억이 발생하는 원초적 성질은 지적이라기보다는 오히려 정서적이며 실제적인 것"(*RP*: 80)이라고 해석한다. 기억은 과거에 관한 것이지만 듀이는 그것의 현재 활동성에 주목하고 있다.

한편, 경험 연속의 원리는 도구주의의 이념과도 밀접하게 관계된다. 도구주의 개념은 그의 철학 전반에 깊이 투영되어 있는 것으로, 우리에게 경험되는 모든 내용이 새로운 경험 사태에서 문제 해결의 도구와 수단이 된다는 의미를 담고 있다. 이것은 특히 지식(knowledge)의 개념과 밀접하게 관련되어 전개된다.

듀이에게 있어 지식이란 능동적인 활동 과정에서 얻어진 최종 산물, 다시 말해서 탐구와 문제 해결을 통해서 얻은 결과라고 할 수 있다. 그러나 실용주의자들의 공통된 주장이 그렇듯이, 그는 경험 내용이나 지식의 최종 가치를 지식 그 자체에 두지 않고 그 기능성에 두고 있다. "지식의 기능은 어떤 경험이 다른 경험에 자유로이 활용될 수 있도록 하는 데에 있다"(*DE*: 349)고 말한다. 말하자면, 지식이란 그다음 지식 획득 과정, 즉 후속되는 경험 활동에 하나의 도구로 활용될 수 있기 때문에 의미가 있다는 것이다.

물론 습관도 후속되는 경험에 활용되는 것이긴 하지만, 그것은 과거의 것을 유지하려는 속성을 지녔기 때문에, 미래의 변화를 능동적으로 예견하는 기능은 부족하다고 할 수 있다. 그에 비해서 지식은 더욱 '자유롭게' 활용할 수 있다는 점에서 습관과는 차이가 있다.

이와 같이 듀이는 인간이 습관, 기억력, 지식 따위를 갖고 있는 까닭에, 경험은 어떤 것이든 '과거 → 현재 → 미래'로 연속되는 것이라고 보고 있다. 그러나 경험이 아무리 연속적으로 이루어지는 것이라 해도, 시간적 측면에서 나누면 '과거 – 현재 – 미래'라는 세 가지 국면으로 구분할 수 있다. 그의 경험 연속의 원리에서도 이 세 국면의 시간 개념 자체가 무시되는 것은 아니다. 그러므로 '과거 – 현재 – 미래'로 연속되는 경험 과정을 각각 구분하여 규명한 정기영의 분석은 주목을 끈다. 그의 정리에 따르면, 과거는 선행 지식 영역으로 경험의 '기성적 분야'이고, 그 실현 매체는 '기억 능력'이다. 현재는 공간과 연결된 현실적 전개 영역으로 경험의 '활동적 분야'이고, 그 실현 매체는 '행동'이다. 또 미래는 끝없이 펼쳐진 미지의 영역으로 경험의 '가능성 분야'이고, 그 실현 매체는 '유추'라는 것이다(鄭基泳, 1984: 150-151). 그러나 관념상으로는 이러한 구분이 가능하지만, 실제 삶에서는 경험이 과거·현재·미래로 분절되는 것은 아니다. 듀이에게서 경험은 연속의 원리를 토대로 하고 있어 중단되지 않고 역동적으로 변화하는 동적 성질을 띠고 있기 때문이다.

앞의 두 절에서 듀이 사상에서 경험은 인간과 환경이 상호작용하고, 선행 경험과 후속 경험이 연속됨으로써 이루어진다는 논리를 고찰하였다. 인간과 환경이 상호작용하는 상황(situation)은 공간적으로는 조수·해·달까지 포함될 수 있으며, 시간적으로는 역사적 지식과 관련되어 과거 – 현재 – 미래의 연속으로 이루어지는 무한한 신축성을 가진 것이다(Russell, 1939: 139).

개별 경험은 상호작용을 통해서 이루어지지만, "이리하여 얻게 된 새로운 사실과 관념은 또 새로운 문제가 제시되는 후속 경험의 기반이 된다. 이러한 과정은 연속되는 나선형을 이룬다"(*EE*: 53). 경험은 계속 이어지는 나선 모양을 띠면서 양적·질적 변화를 거듭하게 된다. 따라서 이 상호작용과 연속의 원리는 독립하여 따로따로 작용하는 것은 아니다. 그들은 경험의 횡적·종적 측면으로서, 서로 분리될 수 없는 교차적 관계를 갖고 결합되어 있다(*EE*: 25). 이 양대 원리는 하나의 통일된 전체로서 씨줄과 날줄로서 엮어지는 입체적인 모양을 이루게 된다. 그러므로 경험은 단순히 '과거 → 현재 → 미래'로 이어지기만 하는 것이 아니라, 그 과정에서 발전하고 성장하게 된다.

3. 경험의 성장

앞 절에서 고찰한 경험의 두 가지 원리에 의해서 경험은 가만히 정지해 있지 않고 양적·질적으로 끊임없이 변화한다는 것을 알 수 있다. 그런데 '새로운 활동을 통해서 경험이 계속 변한다'는 것은 후속 경험이 선행 경험을 제거하고 그 자리를 대신 차지한다거나, 또는 물건이 차곡 차곡 쌓이듯이 물리적으로 변한다는 것을 뜻하는 것은 아니다. 그것은 의식 내부에서 경험이 양적으로도 늘어나고 질적으로도 변한다는 것을 의미한다. 그것은 곧 경험이 계속 재구성된다는 것이고, 다르게 말하면 경험이 계속 성장한다는 것을 뜻한다. 그러면 '경험이 성장한다'는 말을 무슨 뜻일까? 듀이는 성장(growth)이라는 용어를 매우 포괄적이고 중요한 의미로 사용하고 있다. 이 절에서는 경험의 구조와 관련하여 '성장의 통합적 의미'를 고찰하고자 한다.

살아있는 생명체로서의 인간은 자신이 겪은 선행 경험을 근거로 해서 잠시도 쉬지 않고 주변의 여러 환경과 상호작용하게 되고, 그럼으로써 자신을 변화시키고 갱신해 나간다. 앞서 다룬 것처럼 Darwin의 생물학과 Hegel의 변증법적 사상에서 중요한 영향을 받은 듀이는 원래 끊임없이 변화하며 생존해가는 인간 존재의 탐구에 관심을 가졌다. 그는 인간의 생존 과정에서 필연적으로 수반되는 것은 성장·발달[12]이라는 것을 파악하게 되었고, 그것을 교육과 관련시킴으로써 '성장'이라는 용어를 그의 이론의 중요 개념으로 채택한 것으로 보인다. 따지고 보면 상호작용이나 연속성의 개념도 그렇지만, 특히 성장의 개념에는 인간을 자연계의 일부로 보려는 생물학적 관점이 짙게 반영되어 있다.

성장의 통합적 의미를 파악하려면 먼저 성장이 이루어지기 위한 필요조건부터 검토해야 할 것이다. 그는 성장의 기본적인 조건으로서 미성숙(immaturity)을 들고 있다(DE: 4장 1절). 그 자신도 부언하고 있듯이, 성장의 조건이 미성숙이라고 말하는 것은, 인간이 발달하기 위해서는

---

12) 듀이는 성장(growth)과 발달(development)의 개념을 특별히 구분하지 않고 거의 동의어로 사용하고 있다.

발달되지 않은 면이 있어야 한다는 뜻으로, 논리상으로 보면 당연한 말처럼 보일 수도 있다. 이것은 '외아들 길동이 아버지의 아들은 길동이다'라는 말처럼 자명한 논리이기 때문이다. 그러나 듀이는 '미성숙'이라는 용어를 일반적으로 사용하는 표면적·소극적인 의미로 보지 않고, 거기에 심층적·적극적인 의미를 부여하고 있다.

일반적으로 우리가 '아동은 미성숙을 특징으로 한다'고 말할 때, 그것은 성인의 성숙 정도와 비교하여, 무엇인가 '미숙하고 모자란다'는 상대적 결핍 상태를 나타내는 경향이 있다. 하지만 거기에는 더욱 생동적인 의미가 있다는 것이다. 그는 "미성숙(immaturity)이라는 말에서 '미(未, im-)'라는 접두어는 단순히 없다거나 결핍되어 있다는 뜻이 아니라, 더 적극적인 의미가 있다"(*DE*: 46)고 말한다. 즉, "[성인과의] 상대적인 관점이 아니라 절대적 관점에서 보면, [아동의] 미성숙은 어떤 적극적인 세력이나 능력, 또는 성장하는 힘을 의미하는 것"(*DE*: 47)으로 보아야 한다는 것이다.

미성숙은 이중성을 갖고 있어서, 소극적인 의미에서는 단순한 결핍의 상태로 간주할 수도 있지만, 교육적인 관점에서 보면 무한한 잠재 가능성을 함축하는 적극적 의미로 해석해야 한다는 것이다. "우리가 미성숙을 성장 가능성을 의미한다고 보면, 미성숙이라는 말은 나중에 나타날 수도 있는 능력이 현재는 부재함을 뜻하는 것이 아니라, 적극적으로 현존하는 어떤 힘, 즉 [현재] 발달할 능력[이 있음]을 의미한다"(*DE*: 46). 이것은 텅 빈 그릇과 같은 무생물의 경우라면 몰라도, 생명체로서의 인간, 더구나 아동의 경우에는 현재의 부재는 그냥 빈 상태가 아니라, '성장 잠재력'을 가진 것으로 보아야 한다는 것이다. 이와 같이 듀이는 인간을 무한한 잠재력을 가진 '가능태'로 보고 있다.

인간의 생득적 특성에 대한 그의 입장은 경험론자 Locke와 실존 철학
자 Sartre의 관점이 동시에 접목된 성질을 띠고 있다. 듀이에게서 경험
은 인간이 환경과 상호작용함으로써 성립되는 것이므로, 결국 그는 경
험이 환경에 노출되는 순간부터 발생하는 것으로 보았던 셈이다. 그렇
다면 그것은 인간이 태어날 당시에는 백지(tabula rasa)와 같다고 생각했
던 Locke의 입장과 유사한 것으로 간주할 수 있다. 그러나 인간을 백지
에 비유한 것에 담긴 중요한 의미는 경험 주체를 수동적으로 보고 있다
는 짐이다. 이 점을 주목하면 미성숙성을 적극적인 성질로 보고자 했던
듀이의 관점은, 오히려 인간의 존재 방식을 무엇이든 할 수 있는 가능태
로서의 무(無)라고 규정하는 Sartre의 입장[13]에 더 가깝다고 볼 수 있다.
요컨대 아동의 미성숙성을 바라보는 듀이의 시각은 백지라는 무경험적
속성과, 어떤 것이든 될 수 있다는 적극적 무의 속성을 동시에 포함하는
한 다발의 성장 가능성을 의미하는 것이라고 할 수 있겠다.

듀이는 잠재 가능성에 대한 이러한 적극적인 측면을 충분히 고려할
적에, 미성숙성의 두 가지 중요한 특징인 의존성(dependence)과 가소성
(plasticity)을 제대로 이해할 수 있다고 말한다.

의존성(依存性)이라고 하면 사람들은 대개 수동적·소극적 특징을 가

---

13) 실존 철학자 Sartre는 인간이 자유로운 존재임을 설명하기 위해서, 對自存在로서의
인간의 존재 방식을 無라고 규정한다. 여기서 말하는 無란 진공 상태처럼 아무것
도 없다는 의미의 空無(nicht)가 아니라, 특정한 무엇으로 규정할 수 없다는 의미
에서, 뒤집어서 말하면 무엇이든 될 수 있는 가능태로서의 無(Nicht)를 의미하는
것이다. 인간의 본질을 설명하면서 Sartre는 '인간 일반'을 대상으로 하고, 듀이는
이 대목에서 주로 '아동'을 대상으로 해서 설명한다는 점에서는 차이가 있다. 그리
고 여기서 Sartre의 관점을 거론하는 것은 듀이가 그의 영향을 받았다는 의미가
아니라, 단지 아이디어 면에서 비교해 볼 수 있다는 취지에서다.

진 것으로 간주하고 있지만, 듀이는 성장이라는 견지에서 볼 때 아동의
의존성은 오히려 적극적인 능력으로 보아야 한다고 주장한다(*DE*: 47-
48). 아동의 의존성이 순전히 무력한 상태나 기생적인 상태라면, 성장이
란 일어날 수 없다는 것이다. 거기에는 무엇인가 적극적·생산적인 요
소가 있기 때문에 성장이 발생할 수 있다는 것이다. 사실 신체적으로
인간은 생후 얼마 동안은 무기력하기 짝이 없어서 성인에게 의존하지
않을 수 없다. 출생 초기에 물리적 환경에 적응하여 살아가는 능력은
오히려 다른 동물이 훨씬 우수하다고 봐야 할 것이다.

　신체적으로는 무력함에도 불구하고 그것을 성장의 동력으로 볼 수
있는 구체적인 특징으로 그는 사회성 또는 사교성(social gifts)을 들고
있다. "아동은 타고난 메커니즘과 충동으로 말미암아 [성인으로 하여
금] 사회적 반응을 유도해 내는 경향이 있다"(*DE*: 48). 아이들은 어른들
의 주의력을 끌어 보호하고 돕고 싶은 욕구를 일으키는 놀라운 재능을
갖고 태어난다는 것이다. 따라서 물리적·신체적 측면이 아닌 "사회적
측면에서 보면, [아동이 가진] 의존성은 나약함이라기보다는 오히려 강
점으로 작용한다"(*DE*: 49)고 해석한다. 따라서 의존성은 오히려 성장의
원동력이 된다고 보는 것이다.

　아동의 미성숙성에 관련된 또 다른 특징은 가소성(可塑性)이다. 이것은
"미성숙한 생명체가 성장하는 데에 필요한 특별한 적응 능력"(*DE*: 49)을
의미하는 것으로, 듀이는 이것을 성장에 필요한 중요한 요인이라고 보
고 있다. 그러나 듀이는 "생명체의 가소성은 외부 압력에 따라서 그 형
태가 마음대로 변형되는 [물질의 가소성, 예컨대] 가루 반죽이나 밀초의
가소성과는 근본적으로 다른 것이다. … 그것은 오히려 사람이 자신의
본래 기질은 간직한 채로, 변화하는 외부 환경에 따라 행동을 바꾸는

융통성(pliable elasticity)에 가까운 것"(*DE*: 49)이라고 간주한다.

> 가소성은 본질적으로 경험을 통해서 배우는 능력, 즉 하나의 경험을
> 통해서 나중의 문제 사태에 대처하는 데 유용한 것을 보유하는 능력이
> 다. 이것은 선행 경험의 결과에 비추어서 행위를 수정하는 힘, [한마디
> 로 말해서, 문제 사태에] 대처하는 능력을 발달시키는 힘을 의미한다
> (*DE*: 49).

가소성은 유연성, 적응력, 신축성, 융통성 등과 동의어로서, '탄력적인
변화 가능성'을 의미하는 말이다. 인간의 가소성은 환경의 조건에 적합
한 다양하고 융통성 있는 대처 능력을 말하는 것으로, 인간은 이것을
가진 덕분에 무한한 성장 가능성이 있다는 것이다.

듀이는 미성숙의 특징에 해당하는 의존성과 유연한 대응력으로서의
가소성이 인간의 삶에서 차지하는 중요성은 소위 '연장된 유아기'라는
개념에서 단적으로 나타난다고 지적한다(*DE*: 50). 이것은 성인과 아동
모두에게 중요한 의미가 있다고 생각하였다. 사회가 발달하고 생활이
점점 더 복잡해짐에 따라, 인간은 성인으로서의 생활을 해나갈 능력을
갖추기 위해서 오랜 유아기, 현대적 용어로 말하면 '역할 보류기'가 필요
하게 되었다. 이 의존 상태의 연장은 다르게 보면 가소성의 신장, 즉
생활에서 마주치는 사태에 대한 다양하고 새로운 통제력을 습득할 가능
성의 확장을 의미한다는 것이다. 사회 진보의 계속적인 추진력은 바로
여기서 나온다고 말할 수 있다.

결국 인간은 성장의 잠재력으로서의 미성숙성을 가진 까닭에 끊임없
이 성장할 수 있는 셈이다. 듀이 사상에서 성장의 개념도 다양한 해석을

낳게 하는 복합적 의미를 담고 있다. 그에게서 성장의 개념은 마치 어느 시기에 완료되는 '신장의 발달'이나 '대학 졸업'과 같은 최종적으로 도달하는 어떤 특정 목표 개념은 아니다. 성장은 "어느 순간에 완성되는 것이 아니라, 미래로의 끊임없는 전진"(DE: 61)이며, "행위가 다음의 결과를 향해서 누적되어 나가는 운동 과정"(DE: 46)이다. 다시 말해, 그것은 어느 단계에서 완성되거나 종결되는 정적(靜的)인 개념이 아니라, 경험 주체의 생명이 다할 때까지 그 생명 활동의 계속적인 변화와 필연적으로 함께 하는 유동적 개념이다.

그는 "아동이든 성인이든 정상적인 사람이라면 누구나 성장해 간다. 아동과 어른의 차이는 성장하고 성장 안 하고의 차이가 아니라, 각기 다른 조건에 맞추어서 성장의 양태를 달리한다는 점에 있다"(DE: 55). 즉, "삶은 발달이요, 발달하고 성장하는 것은 곧 삶"(DE: 54)이므로, 아동이든 성인이든 인간의 삶은 본질적으로 성장을 그 특징으로 한다는 것이다.

그는 성장 개념에 이런 의미를 부여함으로써 "인간에 대한 [종래의] 정적 · 기술적 · 심리적 관점에서, 성장과 경험을 강조하는 역동적인 관점으로 근본적인 이동을 시도했다"[14]고 할 수 있다. 정적인 개념이 아닌 동적인 성질을 가진 성장 개념을 도입한 것은 그가 활동하던 당시 미국의 시대 상황, 즉 새로운 산업 사회가 도래하는 변혁의 시대상과도 무관하지 않을 것이다. 어쨌든 그것은 끊임없이 변화하는 세계를 살아가는

---

14) W. J. Herrala, "An Evaluation of Concept of Growth in the Writings of Abraham Maslow, Carl Rogers, and John Dewey", (Wayne State Univ., Unpublished Doctoral Dissertation, 1980): 14. (박영환, 1985: 43에서 재인용).

인간 일반에 대한 설명 원리로서 설득력을 가지며, 특히 숨가쁘게 변화하는 현대 사회에 능동적으로 대처해 나가야 하는 현대인에게는 많은 시사점을 준다.

　Platon과 Aristoteles를 중심으로 한 고대 희랍철학에서는 인간이 경험계와는 독립된 항구 불변하고 절대적인 실재를 찾으려 했던 반면에, 듀이는 실재를 변화무쌍한 바로 그 현실계에서 구하려고 하였다. 따라서 그의 입장에서는 항구 불변의 궁극적 실재를 탐구하는 일은 무의미한[15] 노력으로 보일 수밖에 없었을 것이다. 그래서 절대불변의 실재를 추구하는 절대주의와 구별하여, 그의 철학을 상대주의로 분류한다.

　전술한 바와 같이, 그의 성장 개념은 거시적으로 보면 계속적 성질을 갖는다. 즉, '인간은 성장한다(grow)' 또는 '인간의 경험은 성장한다'고 말할 때, 그것은 인간의 전체적 삶의 과정이 경험의 과정이요, 또한 성장의 과정이기도 하다는 것을 의미하는 셈이다. 하지만 그 개념을 더 분명하게 파악하기 위해서는 '하나의 경험 현상'을 단편으로 분리해서 드러내 볼 필요가 있다. 3장 1절에서 거론한 바와 같이 '하나의 경험 현상'에서 보면 경험은 언제나 과정적 측면과 결과적 측면을 가지고 있다. 경험의 활동적인 면은 전자에 해당하고, 그 결과로서 남는 내용은 후자에 해당한다.

　상호작용을 통해서 발생하는 경험의 결과는 하나의 '성장'을 특징으로 한다고 봐야 할 것이다. '나는 세계 여행을 통해서 내적 성장을 이루었다'라고 말할 때, 이때의 '성장'은 '경험 과정을 통해서 경험 주체에게

---

15) 여기서 '무의미하다'고 말하는 것은 궁극적인 실재에 대한 주장은 참으로든 거짓으로든 판명되기 어렵다는 의미에서다.

발생하는 모종의 변화', 즉 경험 활동을 통해서 그 결과로 남는 것이다. 따라서 그가 명사로서의 '성장'(growth) 개념을 사용할 때는 주로 경험의 결과적 측면, 즉 의식 내재화된 결과로서의 경험을 염두에 둔 것으로 봐야 할 것이다.

듀이의 성장론을 거론할 때, 연구자들은 그가 말하는 성장은 도대체 '무엇의 성장인가?'에 대한 의문을 제기해 왔다. 이것은 '성장의 내용이 무엇이냐?'와 동일한 질문이다. 이 질문에 대하여 가장 포괄적으로 답한 다면 '경험'의 성장이라고 해야 할 것이다. 여기서 말하는 경험은 결국 결과로서의 경험을 가리킨다. 그러면 그 답변은 결국 경험 내용의 문제로 귀착된다. 따라서 앞의 의문을 달리 표현하면 '경험 활동을 통해서 도대체 어떠한 경험 내용을 갖게 되는가?'라는 질문과 같다.

듀이 사상에서 경험 내용에 포함되는 관념들은 많겠지만, 주로 다음과 같은 것들이 포함될 것이다. 지적 능력 면에서는 '지식이나 지력'이 되고, 기능적 측면을 부각하면 '기술'(skill)이 되고, 사람의 됨됨이를 나타내는 '인격'(personality)이 될 수도 있고, 자신의 본성이나 성향을 나타내는 '자아'(self)가 될 수도 있고, 정의적인 측면에 초점을 두면 정서(emotion)나 감수성이 되고, 생활 현장을 문제 상황으로 간주할 때는 '문제 해결력'이 되고, 윤리적 기준에서 보면 '도덕성'이 되고, 심미적인 측면에서 보면 '예술성'이 되고, 사회 · 역사적 관점으로 확대하면 '문화'가 되기도 할 것이다.

그런데 듀이가 대표적인 경험 내용으로 직접 내세우는 것은 '습관'(habit)이다. 성장이 나타나는 현재 양태를 종합적으로 표현하여 습관이라고 한다(*DE*: 4장 2절). 인간이 다양한 활동을 통해서 얻는 것이 '습관'이라고 말하면, 얼른 동의하기 어렵고 뭔가 불충분하게 여겨질 것이다. 듀이는 그것이 습관 개념에 대한 우리의 선입견 때문이라고 보고 있다. 그는 습관 속에 담겨 있는 중요한 의미들을 광범위하게 들추어냄으로써, 그것이 성장의 내용이며 성장이 표출되는 양태가 된다는 것을 보여주고 있다.

앞 절에서 보았듯이, 듀이에게서 습관은 행동의 습관뿐만 아니라, 사고의 습관까지 포함하는 포괄적인 의미를 갖는다. 습관은 때로는 고착된 행동 양식인 타성의 형태를 띠기도 하지만, 언제든지 표출할 준비 태세를 갖추고 있다는 의미에서 적극적인 잠재력이 되기도 한다. 그것은 고도로 발달된 전문가의 기술을 포함해서, 지적·정의적, 심지어 도덕적 측면에까지 확장해서 이해해야 한다고 주장한다(*DE*: 52-53). 결국 그에게서 습관은 '인간 발달의 종합적인 결과물'로서의 의미를 갖는다고 할 수 있다.[16)]

듀이는 경험은 인지적 문제이기 이전에, 일차적으로 능동과 수동의 삶(life)의 문제라고 강조하였다(*DE*: 147). 그러면 지적 성장 이외에 삶의 문제에 관련된 성장이란 구체적으로 무엇을 말하는가? 그는 다만 '삶의 문제'라고 했을 뿐, 그것이 무엇을 가리키는지 더 구체적으로 언급하지는 않는다. 그 이유는 인간의 삶을 자연계에서 생존해 나가는 다른 생명

---

16) 듀이 저작물에 등장하는 주요 단어에 대한 그의 의미부여는 독자들을 혼란스럽게 만들곤 한다. '습관'에 관한 의미부여는 그 대표적인 사례라 할 수 있다. '듀이의 문체론'에 대한 연구가 있을 정도로, 그의 글은 복잡하고 난해한 면이 있다. 수많은 콤마가 뒤섞인 장문과 사전에도 나오지 않는 특수한 단어 구사, 보편적인 어법과는 다른 특수한 의미부여 등은 우리를 당혹스럽게 한다. 그런 점에서는 특정 용어에 대한 의미부여가 지나쳐서 학문에 혼선을 준다든지, 용어들의 차이점보다는 공통점을 극대화함으로써 결국은 삼각형과 사각형이 같은 것처럼 설명하는 방식 등에는 분명 문제가 있어 보인다.

체의 생존 방식과 같은 맥락에서 생각했기 때문일 것이다. Darwin처럼 인간의 삶의 방식을 1차적으로 생물학적 관점에서 본다면 생존한다는 것이 최우선적인 과제가 된다는 점에서 그런 입장을 이해할 수 있을 것이다. 그러나 인간은 자연적 존재일 뿐만 아니라 사회적 존재이기도 하며, 그 또한 그 점을 중시하고 있다. 인간은 다른 동물과는 달리 사회라는 가공된 환경에서 살아가는 존재임을 고려하면, '삶의 문제'라는 말로는 충분하지 않다. 거기에는 더 구체적인 내용이 포함되어야 한다. 삶의 문제에는 현실 생활 속에서 부딪히는 숱한 문제들, 즉 정의적 측면, 도덕적 측면, 신체와 기술적 측면 등의 복합적인 문제들이 포함될 것이다.

한편, 성장의 개념은 양적·질적 측면을 동시에 포함하는 것이다. 말하자면, 성장을 내용 면에서 보면 지적인 문제든 생활적인 문제든 양적 측면과 질적 측면을 동시에 포함하고 있는 것이다.[17) 우리가 흔히 '앎'에 대해서도 '정보'나 '지식'이라는 양적 특성과 '지혜'라고 하는 질적 특성을 구분하는 것처럼, 성장의 개념도 관념적으로는 양적 측면과 질적 측면으로 구분할 수 있다. 양적 측면은 경험의 결과가 비교적 겉으로 잘 드러나며 측정 가능한 부분이고, 질적 측면은 경험의 결과에 어떤 변화가 생겼지만 당장은 겉으로 드러나지 않는 부분이라고 할 수 있다.

이것은 크게 보면 지적·기술적인 성장은 양적 경험에 관련되고, 정의적·도덕적 성장은 질적 경험에 관련된다고 할 수도 있고, 작게 보면

---

17) 성장이란 경험의 성장이므로, 경험이라는 용어가 신체나 물질과 같은 외적 변화가 아니라 내적 변화에 해당한다는 점에서, 성장 개념도 그 자체가 질적 성질에 해당한다고 간주할 수도 있다. 그러나 여기서 '내적'이라는 말은 '질적'이라는 말과 동일한 것이 아니라는 점에서 이러한 구분이 가능한 것이다.

그 각각에도 양적·질적 측면이 모두 포함되어 있다고 볼 수 있을 것이다.

예를 들어, '지적인 성장'의 경우를 생각해 보자. '『論語』를 배워서 그 내용을 모두 습득하게 되었다'고 할 때 그것은 지식의 발달이며, 양적인 성장이라 할 수 있겠고, '『論語』의 더 깊은 이해를 통해서 인간의 본질을 이해하고 인간의 도리를 깨우치게 되었다'고 한다면 그것은 지혜나 지성의 발달이나 질적인 성장이 이루어졌다고 할 수 있을 것이다.

그런데 개념의 정교화를 위해 관념적으로 구분할 수는 있겠지만, 성장하는 경험 내용의 내밀한 부분을 파고들어 보면, 실제로 이 두 측면이 엄격하게 구분되는 것은 아니다. 기존의 경험에 새로운 경험이 추가된다는 것은 물건을 쌓듯이 누적되는 것이 아니다. 새로운 경험이 발생하면 거기에 사고가 개입하여 작동함으로써, 기존의 경험에 화학적인 반응을 일으키면서 기존 경험을 여러 가지 방식으로 변형하게 된다. 때로는 기존 경험의 일부를 수정하기도 하고 때로는 대체하기도 하며, 때로는 강화하기도 하고 약화하기도 한다. 대개는 그러한 변형이 작은 부분에서 일어나지만, 때로는 큰 줄기를 통째로 뒤흔들어 바꾸기도 한다. 듀이는 이러한 전체 과정을 '성장'으로 보는 것이다.

지금까지 1, 2, 3절을 통해서 듀이의 경험이론에 담긴 심층 구조를 파악하기 위해서, 상호작용의 원리와 연속의 원리, 그리고 경험의 성장에 대해서 고찰하였다. 인간의 경험 활동은 실제로는 의식이 있는 한 잠시도 단절됨이 없이 계속되는 것이지만, 경험의 과정과 구조를 분명히 드러내기 위해서, 편의상 각각의 경험 활동을 단편적으로 구분하여 고찰하였다. 경험의 구조를 다룬 본 장의 내용을 요약하고자 한다. 이것은 곧 이 장의 마지막에 집약적으로 표시된 그림에 대한 해설이 될 것이다.

듀이에 따르면, 갓 태어난 인간은 본유 관념 등의 생득적 경험이 없는 상태지만, 아무것도 없는 백지 상태와는 달리, 외부 환경에 작용하려는 생명의 원동력이라 할 수 있는 '충동'을 갖고 있다. 선도 악도 아닌 이러한 발산적 에너지는 인간을 에워싼 자연적 · 사회적 환경에서, 의식의 지향권 내에 들어오는 유형 · 무형의 대상을 만나면서 '상호작용'을 하게 된다. 그 구체적 상호작용 장면을 '상황'이라고 하였다. 상호작용이란 일방적으로 주거나 받는 것이 아니고, 인간이 대상에 작용을 가하고 그로 인해 반작용을 받는 능동-수동의 결합 관계를 말한다. 이로 말미암아 경험이 발생하며, 이러한 과정이 반복될수록 점차 신체 · 감각적 능력과 지성 · 사고가 발달하면서 '총체적 경험'으로 연합되고 융합된다.

한편, 상호 거래 작용의 과정을 거치면서 형성된 경험은, 소멸하거나 숨어 있는 것이 아니고, 경험 주체의 의사나 바람과는 무관하게 새로운 경험 상황에서 긍정적으로든 부정적으로든 영향력을 발휘하게 된다. 이것을 '연속의 원리'라고 하였다. 선행 경험이 후속 경험에 계속해서 영향을 줌으로써 인간의 경험은 끊임없는 갱신과 재구성의 과정을 거치게 된다. 이 원리는 기술이나 지적 · 정의적 성향으로서의 습관 개념, 과거의 경험을 보존하는 인간 능력으로서의 기억력, 앞선 경험은 삶의 문제 사태를 해결하는 수단이 된다는 도구주의 이념 등에 깊이 녹아들어 있다.

따라서 상호작용의 원리는 공간적 통합을 가능하게 하고, 연속의 원리는 시간적 통합을 가능하게 한다고 말할 수 있다. 선행 경험을 활용하여, 마주치는 환경과 상호작용함으로써 성립되는 각각의 경험은 마치 눈덩이를 굴리는 것과 같이 계속되는 연합과 조절의 과정을 거치면서 축적되고 통합되어 간다. 이로 인해서 경험에는 양적ㆍ질적 변화가 일어나게 되는데, 이것을 '성장'이라고 한다. 말하자면, 하나의 단위로서의 개별적인 경험들은 일회성의 고립된 사건으로 끝나는 것이 아니라, 삶의 포괄적인 자아실현을 위해서 끊임없이 성장해 나간다는 것이다.

그리고 이러한 경험의 구조와 성장 과정은 개인의 경험뿐만 아니라 인류 문화의 총체라고 할 수 있는 공동경험을 설명하는 방식에도 그대로 적용될 수 있다. 개인의 경우는 생명이 다할 때까지, 사회의 경우에는 인류가 멸망할 때까지 이러한 과정은 계속되는 셈이다.

듀이는 "이 두 가지 원리는 경험의 종이며 횡이다" 그리고 "그들은 서로 교차되어 결합한다"고 말한다(*EE*: 25). 다시 말해, 인간의 경험은 연속이라는 시간적 차원과 상호작용이라는 공간적 차원을 양대 축으로 하는 일종의 함수 관계를 이루면서 성립되고 성장하게 된다는 것이다. 이 일련의 과정은 평면이나 수직의 차원을 넘어서 하나의 입체적인 구조를 갖춘 것으로, 이를 종합하면 다음의 그림으로 나타낼 수 있을 것이다.

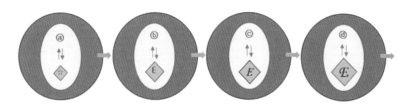

※ 부호 설명

◆ : 경험의 주체 ┌ 개인으로서의 인간(human being)
　　　　　　　　│ (☆ : 충동(impulse))
　　　　　　　　└ 공동체로서의 사회(society)

ⓐ, ⓑ, ⓒ, ⓓ : 경험의 재료(subject matter or materials of experience)

E　 : 경험의 내용(content of experience)

⇕　 : 상호작용(interaction)의 원리

⇒　 : 연속(continuity)의 원리

◯　 : 상황(situation)

⬤　 : 환경(environment)

◆ → ◆ → ◆ : 경험 주체의 성장(growth)

E → E → $Æ$: 경험의 양적(quantitative)·질적(qualitative) 변화

[그림] 경험의 구조도

제5장 **경험과 교육**

1부에 해당하는 2, 3, 4장을 통해서 듀이의 경험교육론의 철학적 기반이 되는 경험이론을 분석·고찰하였다. 그에게서 경험은 교육과 너무나 밀접한 관계에 있으므로 그의 경험이론을 다루면서도 각 내용에 관련된 교육이론이 부분적으로는 언급되었다. 2부에 해당하는 5, 6, 7, 8장에서는 그의 경험 사상이 교육이론에 어떻게 투영되어 있는지를 종합적으로 검토하고자 한다.

듀이는 스스로 그 당시의 진보주의 교육[1]에서는 경험 철학에 입각한 교육철학의 수립이 필요하다는 것을 염두에 두어야 한다고 역설하고, "새 교육철학은 경험적·실험적 철학의 어떤 성질에 위임되어 있다"(*EE*: 11)고까지 강조하였다. 그에게서 교육문제는 경험 사상과 문자 그대로 뗄 수 없는 관계에 있다는 것을 말하는 것이다.

---

1) 그가 진보주의 교육을 지칭한 것은 그것이 그 당시 교육운동으로 대두되어 자신이 생각한 바와 다르게 진행되는 것에 문제가 있다고 생각했기 때문이다. 하지만 따지고 보면 이것은 진보주의 교육만을 일컫는 것이라기보다는 교육 일반을 대상으로 말한 것으로 이해해야 할 것이다.

그는 "교육은 경험 속에서(within), 경험에 의해서(by), 경험을 위해서(for) 이루어지는 발전"(*EE*: 13)이라고도 하고, 또한 민주주의에 관한 링컨의 말을 빌어서 "경험의(of), 경험에 의한(by), 경험을 위한(for) 교육철학"(*EE*: 14)이라고 선언한다. 그 자신은 of, by, for라는 용어들이 어떤 명백한 의미를 지닌 것은 아니라고 부언하고 있지만, 연구자의 생각으로는 이 두 문구가 그의 사상에서 경험과 교육의 관계를 상당히 집약적으로 표현한 것으로 파악된다.[2] 따라서 경험이론에 토대를 둔 그의 교육론은 선반적으로 이들 명제를 기준으로 고찰하고자 한다.

5장에서는 우선 '경험 속에서(within) 이루어지는 교육'의 문구와 관련된 '경험과 교육의 관계'를 개념적으로 정리하고, 6장에서는 앞에 열거한 순서와 관계없이 그의 경험교육론을 파악하는 데 있어 빼놓을 수 없는 '학습자 중심 교육'의 진정한 의미를 분석하고자 한다. 7장에서는 '경험을 위해서(for) 이루어지는 교육'의 문구와 관련된 '경험 성장으로서의 교육', 즉 그의 교육목적론을 다루고자 한다. 그리고 '경험에 의한(by), 경험의(of) 교육'이라는 문구는 교육방법과 교육내용을 지칭하는

---

2) 듀이가 'of, by, for'라는 말에 어떤 명백한 의미가 있는 것은 아니라고 말한 이유는 역시 자신의 통합적 사고와 깊은 관련이 있다고 봐야 할 것이다. 말하자면 그 말은 그것들이 각각 분리된 것으로 간주할 수 있음을 우려하여 첨가한 것으로 짐작된다는 것이다. 그는 교육을 "경험의 계속적인 재구성"(*MPC*: 91)으로 보았으므로, 그의 거듭되는 주장처럼 실제적인 경험을 중시하는 교육과정에서는 교육목적, 교육내용, 교육방법이 서로 밀접한 고리로 맞물려 있어, 결코 따로 분리될 수 없다는 것이 논리적 타당성을 갖는다고 할 수 있다. 그런데 교육 실제에서는 그렇다 하더라도, 우리가 그의 교육론을 명확하게 이해하기 위해 분석을 해야 할 경우는 사정이 다르다. 본 글에서처럼 구분해서 논하는 것은 그것들이 교육 실제에서 분리된다는 취지가 아니고, 오히려 통합 사상에 대한 체계적인 이해를 위한 이론적 구분이라는 점에서, 그의 의도나 사고에 위배된 것은 아니라고 할 수 있다.

것으로 간주할 수 있겠으나, 듀이의 교육론에서 이들은 밀착되어 있어 구분하여 논하는 것이 부적절해 보인다. 오히려 혼선을 초래할 수 있을 것으로 우려되어 8장에서 함께 묶어 거론할 것이다.

경험에 토대를 둔 그의 교육이론을 고찰하기에 앞서, 이 장에서는 경험과 교육의 개념 관계를 규명하고자 한다. 앞 장까지 우리는 사람의 삶이 경험의 과정이라는 논지를 검토하였는데, 이 경험 개념은 교육과 깊은 관계를 갖고 있음을 짐작할 수 있을 것이다. 듀이는 우리의 사회적 삶은 경험 과정이기도 하지만, 또 교육적 과정이기도 한 것으로 보고 있다(*DE*: 1장 2절). 그렇다면 '도대체 경험과 교육은 동일한 개념이란 말인가? 차이가 있다면 무슨 차이가 있는가?' 하는 의문을 제기할 수 있다. 사실 듀이 사상에서는 경우에 따라 경험이 교육이 되고, 교육이 경험이 되기도 한다. 경험과 교육이 유사한 의미로 사용되는 경우가 많아,[3] 이 두 개념의 관계에 대한 논란은 자주 제기되었다.[4] 하지만 이 문제에 대한 시원한 해답을 주는 연구를 찾기가 쉽지 않다.

먼저, 그의 교육 개념을 그 범위에 초점을 두어 살펴보고, 다음으로 교육적 경험의 개념을 고찰하여 경험들이 그 가치에서 차이가 있음을

---

3) 듀이는 후기 저작 *Experience and Education*(1938)에서는 경험을 가치면에서 차이가 있다 하여 교육 개념과 구분하려고 노력하고 있지만, *Democracy and Education*(1916) 등의 초·중기 저작에서는 오히려 이들 두 개념을 동일시하는 경우가 많아, 이들 개념에 대해서 구별할 필요를 별로 느끼지 않았던 것으로 판단된다.

4) '경험'과 '교육' 개념에 대한 논란의 대표적인 사례는 D. Vandenberg(1980)가 "Education or Experience?"(*Educational Theory*, Vol. 30, No. 3)라고 문제를 제기하고, 그에 대해서 J. J. Chambliss(1982)가 "John Dewey's Conception of Educative Experience: A Response to Donald Vandenberg's 'Education or Experience?'"(*Educational Theory*, Vol. 32, No. 2)라고 응수한 논문 공방을 들 수 있다. 후자는 '교육적 경험' 개념을 들어 그 둘의 개념이 다르다는 것을 보여주고자 하였다.

밝히고, 끝으로 이들 관계를 나타내는 압축 문구를 풀이함으로써, 경험
과 교육의 관계를 정리하게 될 것이다. 우선 경험과 교육의 관계에 대한
많은 표현 가운데서 가장 함축적인 메시지를 담은 명제 하나를 던져두
고 들어가고자 한다. 경험과 교육의 관계에 대한 그의 수많은 표현 가운
데서 대표적인 정의는 아마 다음 문구일 것이다.

> 교육은 경험의 의미를 확장하고 후속 경험의 방향을 지도하는 역량
> 을 키우는 경험의 재구성·재조직이다(*DE*: 82).

이 명제의 의미를 파악하는 것은 경험과 교육 개념의 관계를 이해하
는 핵심적 과제라는 점에서, 어떤 의미에서는 이 장의 전개가 이 명제의
진의를 파악하는 것에 관계된다고 말해도 될 것이다.

1. 교육의 개념

듀이는 교육에 대한 광범위한 이론을 제시했던 만큼, 교육 개념도 매
우 포괄적으로 사용하고 있다. 그 내용을 파악하는 것도 다양한 각도에
서 접근할 수 있을 것이다. 이 절에서는 우선 '교육 개념의 범위'에 중점
을 두어, 그가 교육에 대해서 어떠한 의미를 부여하고 있는지를 고찰하
고자 한다.

일반적으로 교육의 유형을 형식적 교육과 비형식적 교육, 그리고 의
도적 교육과 무의도적 교육으로 나눈다.[5] 이 중 '비형식적인 것'과 '무의
도적인 것'을 교육의 개념에 포함시킬 수 있느냐 없느냐 하는 문제는

교육 개념을 정의하는 데 있어서 상당한 논쟁거리가 된다. 듀이의 교육
개념의 범위를 파악하는 데는 이 일반적인 분류 기준을 적용하여 검토
하는 것이 더욱 필요해 보인다.

듀이의 교육에 대한 가장 포괄적인 개념은 그의 교육이론의 초석이라
할 수 있는 "My Pedagogic Creed"(1897)의 첫 단락에 집약되어 있다.

> 모든 교육은 개인이 그 종족의 사회적 의식에 참여함으로써 이루어
> 진다. 이 과정은 거의 태어날 때부터 무의식적으로 시작되는 것으로서,
> 이를 통해서 인간은 계속해서 자신의 능력을 키우고, 의식에 스며들고,
> 습관을 형성하고, 사고력을 훈련하며, 감정과 정서를 불러일으키게 된
> 다. 인간은 이 무의식적 교육을 통해서 인류가 지금까지 모아 놓은 지
> 적 · 도덕적 자원을 점차적으로 공유하게 된다. 그리하여 그는 문명이
> 라는 축적된 유산의 상속자가 된다(*MPC*: 84).

교육에 대한 이 포괄적인 의미부여는 그의 교육이론 전반에 걸쳐 나
타나지만, 특히 *Democracy and Education*(1916)의 1, 2, 3장에는 그것
을 '무의도적 교육', '무의식적 교육', '우연적 교육', '간접적 교육' 등으로
표현하면서 집중적으로 거론되어 있다.

---

5) 이 네 가지 형태의 교육은 다음과 같이 정의할 수 있다. 형식적 교육은 학생 · 교육
   자 · 교재라는 세 가지 형식을 제대로 갖춘 교육으로, 학령기에 있는 학생을 제도권
   안의 학교에서 가르치는 정규교육은 대표적인 형식 교육이라 할 수 있다. 비형식적
   교육은 그런 형식을 제대로 갖추지 않은 것으로, 학교교육 이외의 교육은 대부분
   여기에 포함된다. 그리고 의도적 교육이란 그 속에 교육자와 학습자의 관계를 전제
   로 하여 교육자가 학습자를 계획적으로 변화시키고자 하는 것을 말하며, 무의도적
   교육이란 그러한 관계를 전제하지 않고 생활 과정에서 배우는 경우를 말한다.

우선 생물학적으로 볼 때, 우리의 삶은 환경에 어떤 작용을 가함으로써 그것을 자신에게 알맞게 조정하면서 계속해서 자기를 갱신해 나가는 과정이라고 말한다(DE: 4). 하지만 개개인의 생명은 한계가 있어 무한정 자기 갱신을 계속할 수는 없다. 그렇지만 개인의 경험은 또 다른 새로운 생명체에게 전수됨으로써 계속 존속하게 된다. 결국 사회적으로 보면, 개인은 사라져 갈지라도 공동경험은 끊임없이 자기 갱신 과정을 거듭하게 되고, 그럼으로써 이 공동체의 문화는 계속 발전해간다고 하겠다.

잠재적 교육과정이라 할 수 있는 "더 깊고 긴밀한 성향을 형성하는 교육적 역할은, 특별한 의도 없이도, 젊은이가 자신이 속한 다양한 집단의 활동에 점차적으로 참여함으로써 이루어진다"(DE: 26). 말하자면, 개인은 공동경험의 마당인 사회에 참여함으로써 알게 모르게 그 사회의 공동경험을 공유하게 되는데, 이 과정에서 사회 환경은 교육적 영향력을 행사하게 된다는 것이다. 듀이는 이렇게 개인이 사회에 입문하는 과정은 교육적 의의를 갖는 것이고, 이것은 교육의 본래적 존재 이유라고 보고 있다. 따라서 "아주 넓은 의미에서 보면, 교육은 삶의 사회적 연속성을 유지하는 수단"(DE: 5)이 되는 것이다.

그는 우리가 환경으로부터 무의식적으로 영향을 받는 대표적인 사례로서 사회생활의 필요에 의해 습득되는 '언어 습관, 특히 모국어', 사회적 모방으로 형성되는 '예절이나 태도', 그리고 가치 판단에 심층 기준이 되는 '취향과 심미적 감상력' 등을 들고 있다(DE: 21-22). 우리의 의식적 사고의 토대가 되는 습관적인 생각들은 사회 환경에서 무의도적으로 경험되는 것이지만, 그것은 분명 교육적 의의를 갖는다는 것이다.

또한 그는 아동이 태어나면서부터 천부적으로 갖고 있는 충동은 사회

적 삶의 모습에 부합하지 않으므로 안내와 지도를 받을 필요가 있다고
보고 있다. 이에 대하여 사회는 그들에게 외적·직접적인 방법이 아니
라, 지적·정서적인 방법으로 자극을 줌으로써, 그들에게 일련의 질서
잡힌 통제를 간접적으로 가하게 되는데, 그것이 사회의 교육적 영향력
이라고 생각하고 있다(*DE*: 44-45). 이상과 같은 가장 기본적이며 일반
적인 교육의 과정은 '사회 참여를 통한 사회화 과정'이라고 해도 될 것
이다.

넓게 보면 교육은 인간의 역사와 더불어 시작되어 인간의 생활이 있
는 곳에서는 어디서나 필연적으로 있었다고 할 수 있다. 삶의 필연적
요소로 간주하는 이러한 활동은 본질적인 차원의 교육 개념이기는 하지
만, 교육 형태에 대한 오늘날의 기준을 적용하면 비형식적 교육의 범주
에 넣을 수 있다. 이러한 "학교 밖의 활동은 이해력을 증진하고 지적
성향을 효과적으로 형성하는 일을 사려 깊이 조정하지 않은 조건에서
일어난다"(*DE*: 283). 하지만 자연적·사회적 환경 속에서 이런 방식으
로 체득되는 경험 내용은 오히려 학교에서 학습하는 내용보다 훨씬 더
광범위하고, 개인의 생활에 더 중요한 영향력을 행사한다고 할 수 있다.

그렇다고 해서 듀이가 현실적으로 엄연히 존재하는 학교교육(schooling)
의 가치를 망각하거나 도외시한 것은 아니다. 야만의 세계가 아닌 문명
화된 현대 사회에서, 폭넓은 생활을 통한 비형식적 교육과는 다른 형태
의 학교교육이 필요하다는 것은 당연한 일이다. "단순히 생존이 아닌
사회생활을 제대로 하면서 다른 사람과 생활하는 가운데서 누구나 갖게
되는 교육과, 젊은이를 의도적으로 교육하는 것 사이에는 뚜렷한 차이
가 있다. 전자의 경우는 교육이 부수적으로 일어나는 것으로서 자연적
이면서도 중요한 것이기는 하지만, 명백하게 교육을 목적으로 하여 단

체를 구성하는 것은 아니다"(*DE*: 9).

"단순한 신체적 성장이나 생명 유지에 필요한 수단을 익히는 것만으로는 집단의 삶을 재생산하기에 충분하지 않다. 따라서 의도적이고 사려 깊은 노력을 기울일 필요가 있다"(*DE*: 6). 평생교육의 차원에서 볼 때, 교육은 한 인간의 전 생애에 걸쳐서 다양한 환경에서 계속되는 것이고, 사회생활을 통한 학습도 중요한 것이다. 그러나 사회와 문명이 발전과 더불어 지식과 정보의 양이 늘어남으로써 그런 방식의 교육으로는 수요를 감당할 수 없게 되었다. "사회가 보다 복잡해짐에 따라, 미성숙한 사람의 능력을 기르는 일을 전문적으로 담당할 특별한 사회 환경을 만들 필요가 생기게 되었다"(*DE*: 26-27)는 것이다.

생활 세계에서 일어나는 비형식적 교육에 비해서, 형식적 교육기관인 "학교는 사회 구성원의 지적·도덕적 성향에 영향을 주려는 명백한 목적을 가지고 구성된 환경"(*DE*: 23)이라 할 수 있다. 따라서 거기서 수행하는 "의도적 교육은 … 특별히 선택된 환경을 제공하는 것이다. 이 선택은 우리가 바라는 방향으로의 성장을 촉진하는 데 알맞은 내용과 방법이 어떤 것인가를 고려하여 이루어진다"(*DE*: 43)고 지적하고 있다.

학교교육은 좁은 의미의 교육으로서, 듀이는 이것을 형식적 교육, 정규교육, 제도적 교육, 의식적 교육, 의도적 교육, 유목적적 교육, 직접교육 등의 이름으로 바꾸어 표현하고 있다. 그것은 아동을 우연 환경에 던져두는 것이 아니라, 교육의 과정을 더욱 유익한 방향으로 이끌어 가려는 목적을 가진 특정한 형태의 교육이라 하겠다.

그의 말대로, 학교는 원래 문명이 진보함에 따라 능력이나 관심사에 있어 아동과 어른 사이에 간격이 점차 커지게 되고, 기성의 지식이 공간적·시간적으로 멀리 떨어짐으로 인해서, 아동이 생활 속에서 모방이나 놀이를 통해서는 어른의 세계를 직접 배우는 일이 어렵게 됨으로써, 아동이 어른의 활동에 효과적으로 참여할 수 있는 능력을 사전에 키워주기 위해서 의도적으로 만들어진 기관이다(*DE*: 11). 말하자면, 인간 생활이 발달할수록 일상생활 경험을 통한 막연한 방식의 활동으로는 아동이 사회에 적응하는 데 한계가 발생함으로써, 집중적인 노력으로 간격을 메우기 위해, 전문 기관으로서의 학교가 생겼다는 것이다. 그리하여 이 문명화된 교육은 특별히 전문화된 사람들, 즉 교사들에게 위임되었다. 오늘날에는 제도화된 정규교육 없이는 복잡한 사회의 수많은 업적과 발달된 문명을 전달하는 일이 거의 불가능하게 되었다(*DE*: 11, 6).

그러나 듀이는 학교교육이 차지하는 영역이 점차 확대되고, 시간이 갈수록 그것이 형식화됨에 따라, 학교에서 배우는 내용과 사회생활에서 마주치는 실제 경험 사이에 간극이 벌어지는 위험에 처했다고 진단하였다. "형식화된 수업은 현실과 거리가 먼 죽은 교육, 부정적 의미에서 추상적이고 딱딱한 서적 중심의 교육이 되기 쉽다"(*DE*: 11)는 것이다. 따라서 오늘날 "교육철학이 안고 있는 아주 중대한 문제는 비형식적 교육과 형식적 교육, 우연적 교육과 의도적 교육 사이에 적절한 균형을 유지하는 방법을 강구하는 일"(*DE*: 12)이라고 강조하였다. 역설적이게도 학교가 생긴 것은 사회의 기성 지식과 아동 사이의 간격을 메우기 위해서인데, 이제는 거꾸로 학교에서 다루는 지식과 현실 사회의 지식 사이에 벌어진 간격 때문에 문제가 되고 있다는 것이다.

오늘날에는 인간 생활이 다양하고 복잡해짐에 따라, 다양한 형태의 교육이 공존하고 있다. 이에 따라 교육의 의미에 대한 더욱 엄밀한 정의가 필요하게 되었고, 그동안 교육이론가들은 교육 개념을 규명하려고 노력하였다. 오늘날 교육문제를 거론할 때 우리는 종종 어떤 형태의 교육을 전제하고 말하는지를 밝혀야 하는 경우가 많아졌다. 물론 그것은 분석철학의 등장과도 무관하지 않을 것이다.

듀이의 경우에는 교육이론을 논하는 상당 부분에서 교육 형태에 대한 부가 설명 없이, 어떤 경우에는 이런 형태의 교육, 어떤 경우에는 저런 형태의 교육을 염두에 두고 전개하고 있어, 그의 교육이론을 이해하는 데에 큰 장애가 되어 왔으며, 실제로 그의 교육이론에 대한 여러 가지 오해를 가져오는 요인이 되기도 하였다. 그리고 그의 이론을 교육에 적용하려고 할 때, 그 구체적인 실행 방안을 개발하는 데 어려움이 있는 것도 이와 관계가 있을 것이다.

듀이가 교육의 개념을 뒤섞어서 애매하게 사용한 경우는 곳곳에서 발견된다. 예를 들어, 앞의 논의에서 보았듯이, 그는 교육에 관련된 여러 저서에서 각각의 교육 형태에 대한 분석적 설명을 부가하지 않은 채, 형식적 교육으로서의 학교교육을 의도적 교육과 동일시하고, 비형식적 교육으로서의 생활 경험을 무의도적 교육과 동일시하면서, 이들을 모두 넓은 의미의 교육의 범주에 포함하여 거론하고 있다. 이와 같이 형식적·의도적 활동과 비형식적·무의도적 활동을 포괄적으로 거론한 것은, 어떤 의미에서는 교육에 대하여 다양한 논의를 할 수 있는 장을 마련한 것으로 평가할 수 있을 것이다. 하지만 여러 종류의 교육을 영역별로 구분하여 교육 방안을 수립하는 일을 어렵게 만들 수 있다.

그 당시는 교육 형태가 다양하지 않아 이러한 동일시가 큰 문제가 없었을 것이다. 하지만 사회교육이나 성인교육의 영역이 크게 확장되고 다양한 형태의 교육이 생겨난 오늘날의 관점에서 보면 교육 형태에 대한 이러한 동일시는 상당한 문제를 야기할 수 있다. 여기서 형식적 교육과 의도적 교육, 그리고 비형식적 교육과 무의도적 교육은 각각 상당한 공통점을 공유하고 있지만, 엄밀히 말하면 같은 것이 아니다. 말하자면, 비형식적 기관으로서의 가정에서도 의도적 교육이 있을 수 있으며, 형식적 교육기관으로서의 학교에서도 무의도적 교육이 있을 수 있기 때문이다.[6]

듀이는 교육의 본질을 근본적으로 재고하여 검토하느라 명확하게 구분하여 분석 거론하지 않음으로써, 개념상에 다소의 혼선을 초래한 것으로 해석된다. 하지만 전술한 바와 같이 그가 교육 형태의 큰 줄기에 해당하는 형식적 교육과 비형식적 교육의 형태에 대해서는 결코 그 차이를 간과하지 않았다.

여기서 한 가지 주목할 사항은, 그는 의도적인 노력과 활동을 통한 학습은 명확하게 '교육'(education)이라고 지칭하는 반면에, 사회생활을 통한 무의도적 학습은 대부분 '교육적'(educative)이라든가, 혹은 '교육이라고 할 수 있다'고 표현하고 있다는 점이다.[7] 이것은 미묘한 차이라고 간주할 수도 있겠지만 상당히 중요한 의미가 있어 보인다. 인간이 사회생활을 통해서 공동경험을 습득하는 것은 넓은 의미에서 교육의 범주에 넣을 수 있지만, 그것은 계획적으로 만들어진 학교교육과는 분명히 다르다는 점을 보여주고 있기 때문이다. 결국 그의 교육 개념이 매우 포괄

---

6) '의도적 교육'과 '의도적 교육기관'이라는 말은 문자 그대로 해석하면 분명히 같은 것이 아니다. 주지하다시피 전자는 교육자와 피교육자를 전제로 한 계획적 교육을 뜻하고, 후자는 바람직한 인간 육성을 위해 계획적으로 고안된 교육기관을 뜻하는 것이다. 그런데도 듀이는 학교교육을 '의도적 교육'이라고 간주할 때 다분히 '의도적 교육기관'의 의미로 사용한다는 점에서, 그의 포괄적 용어 사용은 문제가 있다고 할 수 있다.

7) 이러한 표현은 여러 곳에 나타나지만, 대표적으로는 *Democracy and Education* (1916): 8-10에서 발견할 수 있다.

적인 의미를 담고 있지만, 별다른 부연 설명이나 수식어 없이 바로 '교육'이라는 용어를 사용하는 경우에는, 대부분 '의도적으로 고안된 형태의 교육'을 전제한 것으로 해석된다.

듀이가 자연과 사회라는 삶의 장에서 일어나는 모든 인간 활동이 교육적 의의가 있다고 간주한 것은, 학령기의 교육뿐만 아니라 취학 전 교육과 사회교육 등을 모두 연계하여 생각했기 때문일 것이다. 하지만 이 모든 논의도 결국은 평생교육의 연장선에서 학교교육이 지향해야 할 방안을 밝히는 데 목적이 있었다고 봐야 할 것이다.

실생활을 통한 사회화 과정이 교육적 의의를 갖는다는 것은 어찌 보면 당연한 일이라고 할 수도 있다. 그런데도 듀이가 그것을 그토록 강조한 이유는, '학교교육' 하면 당연히 형식화되고 규격화된 것, 즉 틀에 박힌 교육으로 인식하는 통념에서 탈피하게 하려는 데 있었다(*DE*: 7). 학교교육을 개방적이고 신축성 있게 운영함으로써, 낭비적 요소를 줄이고 교육 효과를 높이는 데 그 목적이 있었던 것이다.

학교가 일상생활사에서 일어나는 삶의 방식과는 차이가 있다는 점에서, 듀이는 학교가 수행해야 할 두드러진 세 가지 과업이 있다고 생각하였다(*DE*: 24-25). 먼저, "학교라는 사회적 기관(organ)의 첫째 과업은 단순화된(*simplified*) 환경을 제공하는 일이다". 문명은 너무 넓고 사회의 생활사는 복잡하고 다양하여 한꺼번에 전달하는 것이 불가능하므로, 학교에서는 그것을 질서 지워서 단순한 것에서 복잡한 것으로 점진적으로 전달해야 한다는 것이다. 말하자면, 학교에서는 사회의 모든 지식과 정보를 한꺼번에 전달할 수가 없는 만큼, 잔가지는 쳐내고 굵은 가지에 해당하는 지식의 기본적인 원리를 '압축하여' 다루어야 한다는 것이다. 또한 학습의 양과 질을 아동의 발달 수준에 알맞게 조절하여 점진적으로 제시해야 한다는 것이다.

학교가 사회생활을 배아적 형태로 축소해야 하는 이유는 '미성숙자를 기성 사회에 적응시키기 위해서 경험을 압축하여 제공한다'는 학교의 존재 목적과도 관계되겠지만, 듀이는 그 근거를 더 구체적으로 설명하고 있다. 즉, "현재의 생활은 너무 복잡하여, 아동이 거기에 직접 접촉하면 혼란이나 산만에 빠지게 된다. 다시 말해서, 아동은 진행 중에 있는 수많은 활동에 매몰되어 질서 있게 반응하는 자신의 능력을 상실하거나, 다양한 활동에 자극되어 자신의 능력을 섣불리 발휘하려다가 지나치게 전문화된 길로 빠지거나 균형을 잃고 무너져버린다"(MPC: 87)는 것이다.

둘째 과업으로, "학교는 [기성 사회의 생활 환경 가운데서] 정화된 (purified) 활동 환경을 확립하는 일이다". 말하자면, 기존의 환경 중에서 무가치한 특성들은 제거하여 그것이 정신적 습관이나 후속 경험에 영향을 주지 못하도록 해야 한다는 것이다. 선악이나 진위, 미추, 옥석이 뒤섞인 사회 환경에서 무가치하거나 유해한 요소는 추려내고, 개인과 사회의 발전에 도움을 줄 수 있는 가치 있는 환경 요소들을 가려서 제공해야 한다는 것이다.

그리고 학교의 세번째 과업은 "사회 환경의 여러 요소 간에 균형 (balance)을 이루도록 하는 일이며, 개인이 태어난 사회 집단의 제약에서 벗어나, 더 넓은 환경과 생생하게 접촉할 수 있도록 배려하는 역할이다." 사회는 여러 가정과 마을과 도시와 국가들이 모이고, 각종 단체와 집단과 인종이 어우러져 있어 풍속과 전통과 희망과 종교와 정치 형태가 각기 다르다. 따라서 다양한 생활을 이해하고 폭넓은 안목을 가질 수 있는 균형 잡힌 환경을 제공함으로써, 각자가 처한 친밀하지만 편협한 생활 집단의 고립된 영향에서 탈피하도록 해야 한다는 것이다. 개인이든 사회든 다양한 사회 집단을 이해하지 못하면 내부에 분열이 일어날 수 있으므로, 학교는 공통 교과를 학습하게 하는 등의 방법을 통해서 사회의 상이한 요인들을 통합하고 조정하는 역할을 수행해야 한다는 것이다.

요컨대, 듀이에게 있어 교육의 개념은 매우 포괄적으로 사용되고 있다. 인간이 태어나 운명적으로 접하게 되는 환경에서 생활하면서, 그 환경에 적응하고 그 사회의 생활 방식을 체득해 나가는 사회화 과정도 넓은 의미에서 교육적 의의를 갖는 것이다. 하지만 사회가 복잡하게 발달할수록 그런 비형식적 학습만으로는 부족하여, 사회의 많은 지식과 정보를 미성숙자가 체계적으로 습득하도록 의도적으로 고안된 것이 학교라는 기관이다. 이에 따라 듀이는 학교의 교육 환경은 수와 양에 있어서 사회 환경을 단순화하고, 가치의 측면에서 바람직한 내용을 정화해서 제공해야 하며, 학교는 폭넓은 이해와 안목을 가질 수 있도록 균형 잡힌 환경을 제공해야 한다고 생각하였다.

결국 듀이가 교육 개념에 포괄적인 의미를 부여하고 있는 것은 학교교육을 경직된 형태에서 벗어나게 하고 융통성 있게 운영하는 방향으로 개선하려는 의도에서 전개된 것이라고 이해해야 할 것이다. 즉, 그의 포괄적인 교육 개념은 학교교육을 정상으로 바꾸어 풍요로운 교육 환경을 조성하는 데에 주요 목적이 있었던 셈이다.

그가 사용하는 교육 개념을 '배움을 목적으로 의도적인 노력을 기울이는 모든 활동'으로 범위를 축소해서 이해한다 해도, 그것이 가진 가치의 문제는 여전히 남아 있다. 그것은 '배움을 위한 의도적인 노력이나 활동은 뭐든지 가치 있는 것인가?'에 관한 문제다. 듀이는 후기 저작에 속하는 *Experience and Education*(1938)에서, 경험에는 '교육적인 것'과 '비교육적인 것'이 있다고 함으로써 이 문제에 대한 논거를 밝히고 있다.

2. 교육적 경험

듀이 사상에서 경험은 개인의 전 삶의 과정뿐만 아니라 사회의 모든 존재 양식까지 포함하는 개념이다. 하지만 그토록 다양한 의미를 가진 경험이 모두 가치 있는 것은 아니다. 경험 중에는 개인의 삶이나 사회의 존속에 도움이 되는 것도 있고, 그렇지 못한 것, 즉 무가치하거나 유해한 것도 있다. 교육이란 경험을 통해서 성립된다는 것은 분명하지만, "모든 참된 교육이 경험을 통해서 일어난다는 신념은 모든 경험이 순전히 동일하게 교육적이라는 것을 의미하는 것은 아니다"(*EE*: 11). 즉, "각각의 경험들은 그 고유한 가치에 있어서 차이가 있다"(*EE*: 18)는 것이다. 말하자면 경험을 질적 측면에서 볼 때, 교육적[8] 경험(educative experience)도 있고, 비교육적 경험(mis-educative experience)도 있다는 것이다(*EE*: 11, 20, 41). 여기서 주목할 사항은 듀이는 '교육'이라는 말에 가치적 의미를 부여하고 있다는 점이다. 다시 말해, 이 대목에서는 '교육'을 '가치어'로 간주하고 있다.

---

8) 여기 나오는 '교육적'이라는 말은, 본 장 1절에서 포괄적 의미의 교육의 개념, 즉 듀이가 '일상생활을 통한 경험과 사회화 과정'을 두고 '교육적'이라고 말할 때와는 다른 것이다. 그 경우에는 '교육에 버금간다'는 의미로 사용된 것이고, 여기서는 '가치를 전제로 한 규범적 의미'를 함의하는 말로 사용된 것이다.

  그는 "비교육적 경험이란 후속되는 경험의 성장을 저지하거나 비뚤어지게 하는 결과를 초래하는 모든 경험"이라고 정의하고, 그러한 경험들을 구체적으로 나열하고 있다(*EE*: 11-12). 예를 들어, ① 무감각을 야기하여, 즉 감수성과 감응을 결핍되게 함으로써, 장래의 풍부한 경험을 가질 가능성을 제한하는 것, ② 사람을 어떤 특정 분야의 기계적 기능에만 능숙하게 하여, 즉 어떤 홈통으로 몰아넣음으로써, 후속되는 경험의 범위를 좁게 하는 것, ③ 당장은 유쾌하더라도 경박한 태도를 형성함으로써, 미래 경험이 가져다줄 장점을 얻지 못하도록 경험의 질을 바꾸어 버리는 것, ④ 그 자체는 재미있다 해도 다른 경험들과 서로 관련되지 못하는 것, 즉 무의미한 활동에 그침으로써 경험의 누적에 도움을 주지 못하는 경험 등은 모두 비교육적이라는 것이다. "이러한 [비교육적] 습관들을 형성하게 되면 미래의 경험을 통제하는 능력을 갖지 못하는 결과를 초래한다"(*EE*: 12)고 말한다.

  이와는 반대로 교육적 경험은 후속되는 경험의 성장을 증진하고 촉진하는 것들이 될 것이고, 듀이 자신이 주장하는 모든 교육이론은 이것을 지향한다고 할 수 있다. 여기에 해당하는 것들을 그가 구체적으로 나열하지는 않았지만, 위에 나열된 비교육적 경험들과 대비하여 열거해 본다면, ① 실감 나는 활동을 통해서 감수성과 감응을 불러일으킴으로써, 장래의 풍부한 경험의 길을 열어주는 것, ② 편협한 경험이 아니라, 다양한 분야에 걸친 전체적인 안목을 갖게 함으로써, 후속 경험의 범위를 계속 확장할 수 있도록 하는 것, ③ 현재에도 즐거우면서 동시에 그것을 계속 하고 싶은 욕구를 일으켜, 미래의 경험 성장에 도움을 주는 것, ④ 일회성으로 그치지 않고 각각의 경험들이 서로 깊이 연결되도록 하여, 갈수록 경험이 누적되도록 하는 것 등이 여기에 해당할 것이다.

이렇게 경험을 교육적인 것과 비교육적인 것으로 구분하는 가장 중요한 기준은 4장에서 거론한 경험의 두 가지 원리에서 나온 것이다. "계속성과 상호작용은 서로 밀접하게 결합되어 경험의 교육적 의의와 가치를 재는 척도를 제공한다"(*EE*: 26)는 것이다. 말하자면, 학교 환경에서 '청소년이 학습 내용과 얼마나 활발하게 상호작용하는가, 그리고 새로운 학습 상황에서 선행 학습 내용을 얼마나 적극적으로 동원하여 활용하는가'의 문제가 이 두 가지 형식의 교육을 판가름하는 기준이 된다는 것이다. 이 두 가지 원리가 활발하게 작동하면 그것은 자연히 경험 성장에 도움이 되고, 계속되는 미래의 성장을 촉진하게 될 것이며, 그렇지 못하면 그것은 성장으로 이어지지 못할 뿐만 아니라 미래의 성장을 방해하게 된다는 논리다. 그러므로 경험의 가치를 재는 척도는 결국 이 두 가지 원리가 활발히 작동하느냐, 못하느냐에 달린 셈이 된다.

교육적 경험과 비교육적 경험의 차이는 경험의 방법·과정의 측면과 경험의 내용·결과의 측면 모두에 있다고 할 수 있다. 즉, 경험 과정에서는 두 가지 경험의 원리가 활발하게 작동하여, 행위와 사고가 함께 작용하고, 진정한 의미의 실험적 방법이 사용되는 학습 방법은 교육적이며, 그렇지 못한 것은 비교육적이라는 것이다. 그리고 학습 과정을 거쳐서 형성되는 내용의 측면에서는, 성장에 지속적으로 도움을 줄 지식이나 습관이나 인격 등은 교육적 의의가 있으며, 그렇지 못한 것은 비교육적이라는 말이 된다.[9]

---

9) 이것은 개인 경험을 전제로 거론한 것이다. 공동 경험 측면에서 생각해 보면, 과정 면에서는 민주적 의사소통을 통한 사회적 상호작용이 활발하게 일어나고, 새로운 시대에 요구되는 문제 해결에 앞 시대의 지혜를 적극 활용하는 것, 그리고 결과 면에서는 인류의 집적된 문화유산 가운데서 지속적인 성장을 보장해 줄 수 있는 가치

듀이는 자신이 구별한 이러한 경험의 질적 차이에 대한 인식을 토대로 전통적인 교육에 대해서 맹렬한 비난을 가하고 있다. 전통적 교육에 문제가 있다는 것은 학생들이 경험을 갖지 못해서가 아니고, 그 경험들이 대부분 결함투성이의 그릇된 종류였기 때문이라고 보고 있다(*EE*: 12). 이 대목에는 우리가 유념할 사항이 있다. 그의 교육적 경험 개념에서 주목할 내용은 학교교육 과정에서 고민해야 할 핵심 과제가 경험의 양적 문제가 아니라 질적 문제에 있다는 점이다.

전통적 교육에서는 학생들이 창의력에 대해서 무감각하게 하였고, 잘못된 학습 방식으로 인해서 배우려는 의욕을 상실하게 하였으며, 또한 기계적인 훈련으로 특수 기술을 습득함으로써, 새로운 상황에서 적절하게 판단하고 현명하게 행동하는 능력을 키워주지 못했고, 학습 과정은 너무 지루했으며, 학교에서 배운 것과 현실과의 괴리로 인해서 많은 갈등을 겪게 했으며, 서적에 대해서는 고역(苦役)거리로 여기게 하여, 순간적인 재미를 위한 읽을거리만 찾도록 하였다고 그는 지적하고 있다(*EE*: 12).

듀이가 지식 일변도의 학습보다는 실제 경험을 통한 학습을 장려하고, 아동의 흥미를 중시해야 한다고 강조하는 논리적 타당성은 바로 여기서 나온 것이다. 학교에서 배우는 내용은 당장 필요한 시험을 치고 나면 팽개치고 더 이상 그것을 성장시키려고 하지 않거나, 때로는 학습하기 이전보다 오히려 더 강한 거부감을 갖게 되는 이유가 결국 학습 방식이 비교육적이었기 때문이라고 보는 셈이다.

그의 논리에 따르면, 학교교육에서 이러한 비교육적 경험이 난무하는

있는 내용은 교육적 의의가 있으며, 그렇지 못한 것은 비교육적이라고 간주하는 셈이다.

원인은 교육과정에서 경험의 두 가지 원리가 적극적으로 작동하도록 하지 못한 데서 초래된 것이라 할 수 있다. 이러한 맥락에서 그는 "중요한 것은 바로 경험의 성질(quality)에 달려 있다"고 하고, 이 경험의 성질에는 두 가지 측면이 있다고 생각하였다(*EE*: 13). 그 첫째는 쾌·불쾌라는 직접적인 측면이고, 둘째는 그것이 후속 경험에 미치는 영향이라는 것이다. 그런데 여기서 전자는 상호작용 과정을 지켜보면 대체로 드러나는 것이므로 비교적 판단이 용이한 편이다. 그런데 후자는 연속의 원리와 관련된 것으로, 겉으로 잘 나타나지 않으므로 교육자가 더 주의 깊게 판단해야 하는 부분이 된다. 그러므로 "교육자의 임무는 학생이 그것을 싫어하지 않고 그의 활동에 열중하게 하면서도, 당장의 즐거움보다는 바람직한 장래의 경험을 증진시키는 그런 종류의 경험을 배열해 주는 것"(*EE*: 13)이라고 강조한다.

Hook이 지적한 바와 같이(Hook, 1966: 134) 듀이는 교육적 경험 여부를 판단하기 위해서는 직접성(impact)과 그 효과(effect), 즉 현재성과 미래성의 양 국면을 동시에 파악해야 한다고 생각했던 셈이다. 직접성이란 흥분과 지루함, 마음 내킴과 안 내킴, 즐거움과 고통 등, 경험의 현재성에 관련된 것이므로, 시간상 비교적 짧은 범위에 속하는 것이다. 효과란 학습자가 현행 경험에서 갖는 경험이 후속 경험에 미치는 영향 정도에 따라 평가되는 것, 즉 경험의 미래성에 관련된 것이므로, 시간상 더 긴 범위에 속하는 것이다. 그러므로 "경험에 입각한 교육의 중심 과제는 후속 경험에서 풍부하게, 창조적으로 활동하게 될 그러한 종류의 현재 경험을 선별하는 문제"(*EE*: 13)가 되는 것이다.

요컨대, 교육적 경험과 비교육적 경험의 질적 차이는 그것이 미래의 계속적인 성장을 촉진하느냐, 방해하느냐에 달려 있다는 논리다. 달리

말하면, 교육적 경험은 현재 학습 내용과 활발하게 상호작용하는 동시에, 후속되는 학습 상황에서도 새로운 내용과 활발하게 상호작용할 수 있는 것, 즉 선행 경험의 내용을 잘 활용하여 미래의 문제 사태를 잘 해결할 수 있는 경험이요, 경험 주체를 끊임없이 성장하게 할 수 있는 양질의 경험을 의미하는 것이다. 결국, 경험과 교육은 상당 부분 유사한 의미를 함의하고 있지만, 이들 두 개념을 차별화하는 가장 확실한 기준은 바로 이들의 질적 가치에 있다고 할 수 있다.

3. 경험과 교육의 관계

일상적으로 경험과 교육은 그 의미와 용도가 상당히 다르게 사용되고 있어 구태여 구별할 필요도 없을지 모른다. 경험은 주로 일상생활의 체험에 관련된 것이고, 교육은 바람직한 인간 형성을 목적으로 하는 의도적 학습을 함의하는 것으로 간주하면 특별한 문제를 일으키지 않을 수 있기 때문이다.

그러나 듀이 사상에서는 경험의 의미가 워낙 넓게 사용되고 있는 데다, 또한 개인이 자연적·사회적 환경에서 무의식적으로 습득하는 경험을 넓은 의미에서 교육적인 것으로 간주하고 있어, 이들 개념의 차이가 무엇인지를 검토하는 것은 그의 사상을 이해하는 데 꼭 필요한 일이다. 교육과 경험 개념이 일상적으로 사용되는 용례상의 차이는 접어 두고, 듀이의 논리에서 이들 개념이 가진 내용상의 차이를 검토하고자 한다.

'교육적 경험'의 개념이 전개되는 맥락에서 보면, 경험과 교육은 그 가치 면에서 분명한 차이가 있음을 알 수 있다. 그리고 이들 개념에 나타나는 다른 차이들도 여기서 파생된다고 할 수 있다. 전술한 바와 같이 듀이는 상호작용과 연속의 원리에 부합한 것, 즉 경험의 성장을 촉진하는 경험은 가치 있는 것, 즉 교육적인 것으로 보았다. 그리고 미래의 성장을 촉진할 수 있는 것은 교육적 경험이며, 성장을 왜곡·저지하는 것은 비교육적 경험으로 구별된다. 이것은 경험과 교육은 같은 것이 아님을 의미하는 것이다. 그 자신도 "경험과 교육을 그대로 동등하게 간주할 수는 없다. 왜냐하면 어떤 경험은 비교육적이기 때문이다"(*EE*: 11)라고 명시하고 있다.

　말하자면, 바람직하든 바람직하지 않은 것이든 인간에게 의식 내재화되는 모든 과정과 결과는 경험이라고 할 수 있지만, 그것을 모두 교육이라고는 말할 수 없다는 것이다. 교육은 바람직한 경험, 가치 있는 경험만을 함의한다는 뜻이다. 이 대목에서 보면 경험 개념은 분명히 가치중립적, 혹은 몰가치적 의미를 가지며, 그 반면에 교육은 형식적 교육이든 비형식적 교육이든 가치어로서의 의미를 갖는 것으로 풀이된다.

　따라서 그가 말하는 교육적 경험은 계속적인 성장을 보장하는 '바람직한 경험', '가치 있는 경험'이며, '바람직한 방향으로의 인간 변화를 가져오는 경험'을 말하는 것이다. 그러면 그것은 가치적 측면에서는, 의도성과 계획성을 전제한 가치어인 '교육' 개념과 다름없는 것으로 간주할 수 있다.

　이것을 그 범위나 범주의 측면에 적용해보면, 모든 경험이 가치 있는 것은 아니므로, 교육되는 모든 것은 경험에 포함되지만, 경험되는 모든 것이 교육에 포함되지는 않는다는 의미가 된다. 결국 교육은 경험의 부분 집합으로서의 성격을 띠게 된다. 따라서 "교육은 경험 속에서 (within) … 이루어지는 발전"(*EE*: 13)이라는 문구는 경험과 교육 사이의 범위를 나타내는 표현에 해당한다고 할 수 있다.

그렇다면 경험의 원리인 상호작용과 계속성 자체는 모든 경험이 성립되기 위한 필수 조건이긴 하지만, 이 원리의 활성과 성장의 촉진 여부는 교육적 경험의 조건이긴 해도 모든 경험의 조건은 아니라는 말이 된다. 다시 말해, 경험의 두 가지 원리가 활발하게 작동하지 않거나 성장에 도움을 주지 못하거나 방해할 수 있는 단편적·일시적 변화나 유해한 학습의 경우는, 비록 그것이 교육적인 것은 아니라 하더라도 경험에는 포함된다는 논리가 성립한다.

그런데 경험의 개념도 언제나 몰가치어로 사용되는 것은 아니다. 예컨대 "교육은 … 경험에 의해서(by), 경험을 위해서(for) 이루어지는 발전"(EE: 13)이라는 문구는 각각 교육의 방법과 목적과 관련된 것으로서, 이때 경험은 규범적 성격을 내포하는 것이므로, 가치어로 사용되고 있음을 보여주고 있다. 또한 3장 2절에서 다룬 바와 같이 그는 철학의 탐구 방법으로 1차적 경험과 2차적 방법을 관련시키는 '경험적 방법'을 사용해야 한다고 강조하였다. 이 주장에서도 '경험적'이라는 말을 가치어로 사용하고 있음을 알 수 있다.

따라서 듀이의 경험 개념은 대체로 몰가치적 의미를 갖고 있지만, 때로는 가치어로 사용되기도 한다고 말할 수 있다. 이에 반해서 교육의 개념은 대부분 가치어로 사용하고 있다고 봐야 할 것이다.

이제 이 장의 서두에서 제기한 명제, 즉 "교육은 경험의 의미를 확장하고 후속 경험의 방향을 지도하는 역량을 키우는 경험의 재구성·재조직이다"(DE: 82)라는 말의 진의를 따져볼 때가 되었다. 흔히 듀이 사상을 다룬 서적이나 논문에 기술되어 있는 것처럼, 듀이가 단순히 '교육은 경험의 재구성'이라고 주장한 것으로 서술하는 것은 문제가 있다. 그

앞에 붙어서 의미를 제한하는 수식어, 즉 '경험의 의미를 확장하고 후속 경험의 방향을 지도하는 역량을 키우는'이라는 말을 생략하면 의미가 상당히 왜곡되어 버린다. 뒤집어서 말하면, '경험의 의미를 감소시키고, 후속하는 경험의 방향을 지도하는 능력을 떨어뜨리는' 경험의 재구성은 교육 개념에서 제외되기 때문이다. 지금까지 많은 사람이 이 점을 간과함으로써, 앞의 수식어를 빼버리고 듀이에게 있어 '교육은 곧 경험의 재구성'이라는 단순 도식으로 파악함으로써 그의 교육 개념을 모호하게 만든 것으로 평가된다.

단순한 '경험의 재구성' 자체는 특별한 의도나 계획이 없이도, 다시 말해 집중적인 노력이 없이도 삶의 과정에서 저절로 일어날 수 있는 일이다. 의도성이 있는 활동과 없는 활동 사이에는 그 재구성의 정도에 큰 차이가 있는 것이다. 상식적으로 생각해도, 우리가 교육에 그 엄청난 노력을 기울이는 이유는 그 재구성되는 경험의 양과 질에 차이가 있기 때문이지 단순한 경험의 재구성을 위한 것은 아닐 것이다.

물론 앞의 수식어를 생략한 단순 정의도 앞의 1절에서 거론한 것처럼 교육 개념을 '교육적'이라고 표현된 생활 경험까지 포함하는 포괄적인 의미로 볼 경우는 큰 문제가 없다. 그러나 듀이도 강조하였듯이, 비형식적 교육과 학교교육은 엄연히 다른 것이다. 그리고 우리의 교육 현실은 학교교육이 주를 이루고 있어 '교육'이라 하면 대개 학교의 의도적 교육을 의미하는 것으로 전제하는 경향이 있다. 따라서 특별한 목적에서 만들어진 '학교교육'을 전제로 교육 개념을 논의할 적에는 이 단순 도식은 논리적으로 중요한 모순을 낳게 된다. 그렇게 되면 듀이에 대한 많은 오해가 그렇듯이, '의도적인 노력이 들어가지 않는 경험'을 교육과 동일시하는 결과를 초래하고, 그럼으로써 이 그릇된 논리를 토대로 비판을 가하는 또 다른 오류를 낳게 된다.

듀이의 교육 개념을 이해하는 데 있어 이 부분이 중요하다는 것은 그 명제에 뒤따르는 부연 설명에도 드러난다. 그는 '경험의 의미를 확장한다'(add to)는 것은 우리가 하는 활동들의 관련성을 더 잘 지각한다는 뜻이라고 말한다. 활동은 처음에는 충동적 형태로서 맹목적으로 이루어지지만, 거기에 교육적 의미가 수반될 때 비로소 그 활동들의 관계성을 파악하게 된다는 것이다. 예컨대, 불에 손을 대서 열기를 느끼는 경우에 시각과 촉각의 관계에 의해 불의 성질을 알게 되고, 그것을 의도적으로 사용하게 된다는 것이다. 그리고 '후속 경험의 방향을 지도하는 역량을 키운다'(increase)는 것은 각 활동의 관련성을 파악함으로써 무분별하게 행동하는 것이 아니라 그 행위의 결과를 예측하여 의도적으로, 목적을 가지고 행동할 수 있게 된다는 뜻이다(DE: 52-53). 따라서 교육 개념을 정의하는 데 있어, 앞의 수식어가 포함된 경험이란 다음 수식어와 같은 의미를 가진다. 그것은 교육적 경험의 개념을 포괄적으로 적용하면 '성장을 계속 촉진하는 경험'을 의미하고, 의도적 교육 개념에 한정한다 해도 '체계적이고 집중적으로 성장시키는 경험'을 의미하는 것이다.

한편, 듀이는 교육을 "경험의 계속적인 재구성"(DE: 86, MPC: 91), 또는 "경험의 끊임없는 재구성 또는 재조직"(DE: 82)이라고 표현하기도 한다. 물론 이들은 교육을 포괄적으로 나타내기 위해서 표현된 다분히 선언적인 의도가 담긴 문구이긴 하지만, 이들 명제에서도 앞에 한정하는 '계속적인'(continuous, continuing)이라는 말과 '끊임없는'(constant)이라는 수식어는 중요한 의미가 있다. 이것도 뒤집어서 말하면 '계속되지 못하고, 중간에서 중단되는' 경험은 교육 개념에서 제외된다는 뜻이 된다. 그러므로 여기서 '끊임없이 계속된다'는 말은 '계속적인 성장에 끊임없이 도움이 된다'는 의미를 축약한 것으로 해석할 수 있다. 그렇다면 결국 이들 수식어도 교육적으로 가치 있는 경험으로 한정하는 역할을 하는 셈이 되어, 그 수식어가 있고 없는 경우는 큰 차이가 있는 것이다.

이 장의 내용을 요약하면, 듀이의 교육 개념은 아주 포괄적인 의미로 사용될 경우는 우리의 생활 경험과 거의 유사한 범위를 갖기도 한다. 그러나 현실적으로 '교육'이라 하면 학교교육이 주를 이루고 있고, 교육이론을 논할 적에도 아동·학생을 대상으로 한 학교교육 문제를 다루는 것이 일반적이다. 듀이도 교육 일반론이 아닌 교육의 목적과 방법과 내용에 관련된 구체적인 내용을 거론할 적에는 주로 학교교육에 초점을 맞추고 있다. 다만 교육의 개념은 가치 있는 경험에 한정하여 사용된다는 것은 두 가지 형태 모두에 공통된 점이라 하겠다.

말하자면, 그의 포괄적인 교육이론은 학령기의 청소년을 대상으로 하여 중추적인 교육 역할을 담당하게 된 학교교육을 어떻게 하면 풍부하고 유의미하게 할 수 있는가? 어떻게 하면 그것의 낭비적 요소를 최대한 줄이고 그 효과를 극대화할 것인가? 하는 문제로 수렴되어 있다고 이해된다. 결국, 그것은 평생교육을 대전제로 하고, 그 연장선에서 학교교육이 지향해야 할 방안을 밝히는 데 목적이 있었다고 봐야 할 것이다. 이어지는 6, 7, 8장에서는 주로 그의 경험이론이 학교교육에 어떻게 반영되어 있는지를 고찰할 것이다. 먼저 듀이에게 있어 학습자 중심 교육과 흥미를 중시하는 교육에 담긴 의미부터 파악해 볼 것이다.

제6장 학습자 중심의 교육

　　듀이의 교육이론을 평가할 때 빠짐없이 따라다니는 대표적 슬로건은 '아동 중심 교육'[1] 혹은 '흥미 중심 교육'이라는 말일 것이다. 이 장에서는 그 말의 진정한 의미를 파악해 보고자 한다. 이 두 가지는 본질적으로 다른 것은 아니다. 다만, '아동'과 '흥미'라는 용어가 다른 만큼 그것의 강조점이나 논리 진행 과정에는 다소 차이가 있다. 이들 명제의 진의를 파악하게 되면, 듀이의 교육이론에서 교사의 역할이 무엇인지에 관해서도 자연스럽게 규명될 것으로 보인다.

---

1) 듀이의 교육론은 실제로 '아동'(child)을 대상으로 한 경우가 많은 것이 사실이다. 그가 의욕적으로 운영한 실험학교의 교육대상이 그들이었다는 것도 이러한 사실을 뒷받침해 준다. 그러나 그의 '아동 중심 교육'에 담긴 교육원리는 인간 일반, 혹은 적어도 중등학교 학생들에까지 적용되는 것이라는 점에서, '아동'이라는 말보다는 '학습자'라는 용어가 더 적합하리라고 생각된다. 따라서 본 장의 제목에 표기한 '학습자'라는 말은 'child-centered'에서 'child'라는 말을 좀 더 포괄적으로 표현한 것이다. '아동'이라는 말은 교육이론에서 오랫동안 사용되어왔지만, 일반적으로 초등학생 이하를 지칭하는 경향이 있어, 학습의 주체나 학생 일반을 대표하기에 미흡한 면이 있다고 생각되기 때문이다. 다만, 전개 과정에서는 문맥에 따라 '학습자'라는 말과 '아동 · 학생'이라는 말을 병행하여 사용하고자 한다.

1. '아동 중심 교육'의 진정한 의미

교육이 '아동 중심'으로 되어야 한다거나, '흥미를 중시'해야 한다는 말이 듀이에게서 처음으로 제기된 것은 아니다. 르네상스 이후 서양의 교육은 라틴어가 그 주된 내용이 되고 엄격한 훈련과 연습이 주요 학습 방법이 됨으로써, 기성 사회나 성인 혹은 교육자에 의해 선정된 내용이 아동·학생에게 일방적으로 전달되었다. 그리하여 학습자의 관심사나 흥미와 같은 것에는 관심을 두지 않고, 교육은 마땅히 언어주의, 형식주의 혹은 주지주의를 추구하는 것으로 인식되었다. 르네상스 운동은 사고의 중심이 중세의 신 중심에서 인간 중심으로 전환되는 데 결정적인 역할을 하였지만, 교육은 인간의 활동과 경험보다는 이성을 훈련하는 데 목적을 둠으로써, 교육과정에서는 성인 중심이라는 한계를 벗어나지 못했던 셈이다.

그러나 그러한 교육방식은 여러 교육이론가에게 전면적인 도전을 받게 된다. 우선 유아의 '자연적 발달에 따른 교육'을 내세운 Comenius(1592~1670)의 영향으로 아동은 성인의 축소판이 아니고 그 나름의 세계가 있다고 생각하게 되었다. 또한 아동의 생득적 잠재력을 높이 평가한 Rousseau(1712~1778), 아동의 본성에 내재한 소질을 개발해야 한다고 생각한 Pestalozzi(1746~1827), 인간의 능동적 활동과 흥미를 교육의 핵심적 방법으로 간주한 Herbart(1776~1841), 아동 내부의 통합과 조화의 원리를 교육에 구체적으로 적용하고자 한 Froebel(1782~1852) 등의 영향도 크다. 이들은 르네상스 이후에 교육계를 지배해온 지식 위주의 교육에 반발하고, 아동·학생 중심의 교육이 되어야 한다고 강하게 주장했던 대표적인 인물들이다.

그러나 20세기 듀이에 와서는, 그의 폭넓은 경험이론이 교육문제에 접목됨으로써, 모든 교육여건이 경험의 주체인 학습자를 중심으로 배열되지 않으면, 진정한 의미의 교육은 성립될 수 없다는 확신에 이르게 되었다. 성인이나 교사가 중심이 되는 주입식 교육, 주지주의·형식주의·획일적 교육으로 점철되어 온 전통적인 교육에 일대 혁명을 일으키게 되었다. 듀이는 이렇게 선언한다.

> 구교육을 요약한다면, 그것은 중력의 중심이 아동 바깥에 있다고 말할 수 있을 것이다. 그 중심이 교사나 교과서나 또 다른 어딘가에 있고, 아동 자신의 직접적인 본능과 활동에서는 제외되어 있었다는 것이다. 그런 곳에 기반을 두면, 아동의 삶에 관해서는 거론할 것이 별로 없게 된다. 아동의 공부에 대해서는 논의할 것이 많을지 모르지만, 학교는 아동이 생활하는 장소가 되지 못하는 것이다. 이제 우리 시대의 교육에 도래하고 있는 변화 [즉, 루소 이후 교육에 나타난 시각 변화]는 중력의 중심이 이동하게 된다. 그것은 코페르니쿠스가 천체의 중심을 지구에서 태양으로 이동시킨 것에 비할 만한 변화이며 혁명이다. 이렇게 되면 아동이 태양이 되고, 교육상의 여러 장치(appliances)가 그 주위를 회전하게 된다. 말하자면, 아동이 중심이 되고 교육상의 장치들은 그 주위에 배치되는 것이다(*SS*: 23).

'아동 중심(child-centered) 교육'이라는 말은 다분히 선언적 성질을 띤 것으로, 거기에 담겨 있는 가장 포괄적인 의미는 우선 '아동·학생을 위한 교육'을 뜻하는 것으로 해석할 수 있다. 경험이나 학습의 주체는 어디까지나 아동·학생이니만큼 교육자료를 포함하여 교사나 행정, 시설 등, 교육에 관련된 모든 여건이 그들을 위해서 총동원되고 그들을 중심으로 재배치되어야 한다는 것이다.

그러나 '아동 중심 교육'이라는 말은 일반적으로 상당히 여러 가지 의미로 해석할 수 있는 여지가 있다. 먼저, 이것은 '아동·학생을 존중하는 교육'을 의미하는 것으로 볼 수 있다. 이 해석은 아동·학생은 성인과 마찬가지로 인격적 존재로 존중받아야 한다는 윤리학적 의미를 나타낸 것이다. 이러한 시각은 인본주의적 교육관과 맥락을 같이 한다. 교육에 있어서 '장밋빛 장래를 담보로 하여 학생의 현재 삶을 혹사해서는 안 된다'는 취지의 주장은 여기에 해당한다. 둘째, 이것은 '아동·학생의 개인차를 고려하는 교육'이라는 말로 해석할 수 있다. 이러한 해석은 심리학적 측면에서 볼 때 학습자 개개인은 현재의 환경·경험 정도·지능이나 재능·관심사·능력·발달 정도에서 각자 다르므로, 개별화 학습을 시행해야 한다는 것을 의미한다. 그 이외에도, 이것은 또 '학습자 일반의 성장 잠재력을 높이 평가하는 교육'이라는 말로 이해할 수도 있을 것이고, '학습자의 발달 단계에 따라 학습 내용이나 방법을 달리하는 교육'이라는 발달심리학적 의미로 해석할 수도 있다. '아동 중심 교육'에 대한 이러한 다양한 이념들은 듀이의 주장이 아니더라도 오늘날 교육에서 당연히 수용하여 반영해야 할 덕목으로 거의 공론화되어 있는 내용이다. 따라서 여기서 특별히 거론할 필요가 없을 것으로 본다.

그런데 문제가 될 수 있는 또 다른 해석으로, 이것은 '아동·학생이 일방적으로 주도하는 교육'을 뜻하는 것으로 해석될 수도 있다는 점이다. 이것은 교육의 주도권이 아동·학생에게 있다는 의미로서, 듀이의 흥미론에 대한 비판처럼, 교육자는 뒷전으로 밀려나서 그들의 관심사를 뒤쫓아가는 교육으로 해석할 수가 있다. 다시 말해서, 성인이나 교사의 의사를 배제하여 그들은 '구경꾼이나 방관자'가 되고, 학습자가 제멋대로 끌어가는 형태의 '자유방임적 교육'으로 이해할 수 있다는 것이다. 사실상 교육학 관련 개론서에는 듀이의 교육이론을 진보주의 교육과 동일시하여, 이러한 의미로 이해하여 기술해놓은 경우를 종종 볼 수 있다.

그러나 결론부터 말하면, 이 마지막 해석은 듀이의 교육론을 제대로 이해하지 못한 데서 나온 오해라고 할 수 있다. 일반적으로 '… 중심'이라는 말은 '집중'이나 '고정'의 의미를 내포하는 것으로, 실천을 전제로 하는 교육이론에는 상당한 위험성을 가졌다고 할 수 있다. 말하자면, 그것은 균형이나 조화를 잃고 한쪽으로 치우친 것으로 이해할 가능성이 있는 것이다. 그러나 '아동 중심'이라는 말을 표피적으로 이해하게 되면, 듀이가 비판했던 전통적인 교육이 범한 정반대의 오류를 범할 수 있다.

진보주의가 교과 내용을 경시하고 지나치게 아동 중심 쪽으로 발전해 가자, 듀이의 사상이 진보주의 교육운동을 태동하게 했다는 이유로, 생존 당시에도 그에게 많은 비판이 쏟아졌다. 이에 대하여 그는 후기 저작 *Experience and Education*(1938)[2]에서 대부분의 지면을 할애하여 그러한 오해를 바로잡고, 자신의 진의를 분명히 알리고자 하였다.

---

2) 이 책은 그 당시 전통적 교육과 진보주의 교육 사이의 타당성 논쟁이 고조되면서 듀이 자신이 주창한 진보주의 교육에 대한 비난이 가해지자, 새 교육운동이 자신이 진정으로 의도했던 바와는 다르게 진행되고 있다고 파악하고, 자신의 견해를 분명하게 밝혀서 그에 대한 오해를 바로잡고자 저작된 것이다. 이 책의 서문에서 듀이는 교육의 문제는 어떤 특정한 주의나 이념에 치우쳐서 매달릴 것이 아니라 교육 그 자체를 중심에 두고 생각해야 한다고 강조하고, 책 전반에 걸쳐서, 특히 1장에서 균형을 염두에 두고 전통적 교육과 진보주의 교육의 장단점을 동시에 비교하면서 논의하고 있다.

그는 여기서 교육철학에서 '이것 아니면 저것'(either-or) 식의 극단적
사고의 위험성을 지적하면서, 아동의 내적 조건을 중시해야 한다는 말
은 교육의 외적 조건은 무시해도 좋다는 뜻이 아님을 분명히 밝히고
있다(*EE*: 5, 24). 전통적 교육의 중대한 과실은 외적 조건을 중시한 데서
기인한 것이 아니고, 내적 조건을 무시한 데서 기인한 것이라고 강조하
고 있다.

듀이가 교육 주체로서의 성인보다는 학습 주체로서의 아동·학생의
내적 조건을 중시하고, 이론보다는 경험·체험을 중시할 것을 강조하였
다는 평가는 부정할 수 없을 것이다. 듀이의 그러한 논리 전개 방식에
비판의 여지가 있는 것은 사실이지만, 그가 그 반대쪽의 중요성을 간과
한 것은 아니다.

초기 저작인 "My Pedagogic Creed"(1897: 84–85)에서 그는 교육과정
에서 고려해야 할 사항으로 심리학적 측면과 사회학적 측면을 들고 있
다. 전자는 아동의 내부 조건에 관한 것이고, 후자는 교육을 통해서 습
득해야 할 인류의 문화적 유산에 관한 것이라고 말한다. 그리고 교육에
서 이 두 가지 중에서 어느 한쪽으로 편중되어서는 안 되며, 유기적인
관계를 이루는 균형을 유지하여야 한다는 점을 분명히 밝히고 있다.
따라서 듀이의 교육론은, 종래의 교육이 지나치게 성인이나 이론 교과
중심, 소위 주입식 교육 일변도에 치우쳐 있었다는 점에서, 그에 대한
반동 작용으로 학습자 내부의 중요성을 각성시키는 데 치중한 것으로
이해해야 할 것이다. 그러다 보니 그동안 무시해온 반대편의 중요성을
강조하는 데 많은 노력을 기울일 수밖에 없었다는 것이다. 결국 듀이의
진정한 의도는 학습 외적 조건으로서의 성인·교재와 내적 조건으로서
의 아동·학생 사이에 균형을 잡고자 한 것이라고 봐야 할 것이다.

2, 3, 4장에서 다룬 그의 경험이론을 고려하면, 결코 한쪽으로 치우쳐 한쪽만을 강조한 것이 아님을 분명하게 알 수 있다. 대표적으로 상호작용 원리를 상기해 보자. 교육에서 상호작용이 활발하게 일어나는 상황이 조성되기 위해서는, 외부적 조건인 교재와 아동의 내적 조건이 모두 필요하고 둘 다 중요한 것이다.

그렇다면 '교육은 학습자 중심이 되어야 한다'는 말에 담긴 진의는 어떻게 해석해야 하는가? 인간이 평생을 살면서 경험을 이끌어 가는 주체는 자기 자신일 수밖에 없는 것과 마찬가지로, 교육에서도 다름 아닌 아동 · 학생이 학습의 주체요, 평생교육의 주체요, 성장의 주체라는 것은 자명한 이치다. 따라서 그 말은 '아동 · 학생을 위한 교육'이 되어야 한다는 것을 뜻하는 것으로 해석해야 할 것이다. 그렇다면 이것은 특별한 주장이 아니라 교육의 근본적인 취지를 들추어서 강조한 것에 지나지 않는다.

이 점에 대하여 '과거의 교육은 아동을 위하지 않았다는 말인가?' 하며 반문할 수도 있다. 물론 교육이 본래는 거기서 시작되었다고 할 수 있을 테지만, 듀이는 교육이 점점 집단화되고 형식화됨으로써, 실제로는 그러한 본래 취지가 변질했다고 진단한 셈이다. 즉, 공교육 제도가 정착되어 확대되어 갈수록, 교육의 목적이나 내용이 학습자의 자발성에 토대를 두지 않고, 사회의 외적 요인에 의해 부과됨으로써 심각한 부작용을 초래하고 있다고 보는 것이다.

요컨대, 듀이 교육사상에서 '아동 중심 교육'이라는 말은 '아동이 주도하는 교육'이 아니라 '아동 · 학생을 위한 교육'을 다르게 표현한 것으로 이해해야 할 것이다. 그것은 학생이 일방적으로 주도하고 교육자는 뒷전으로 밀려나 방관자가 되어야 한다는 뜻이 아님을 유념해야 한다.

이 말은 교육의 존재 목적이 '아동·학생의 경험 성장'에 있다는 원칙을
재천명한 것이며, 이를 위해서는 학습자를 중심에 두고 다른 모든 교육
장치들을 재배치해야 한다는 것을 의미하는 것이다.

2. 흥미를 계속해서 촉진하는 교육

아동·학생이 학교에서 전심전력을 다해서 학습 활동에 참여할 수
있다면 교육의 효과를 극대화할 것이라는 생각에 동감하지 않는 사람은
없을 것이다. 또 만약 그렇게 할 수 있는 교육방법이 있다면 교육활동에
적극 반영해야 할 것이라는 것도 당연한 이치일 것이다. 듀이는 나름대
로 그것이 가능하다고 생각하는 학습법으로 흥미론을 내세웠다고 할
수 있다.

일반적으로 흥미(interest)의 개념은 '그 사람은 고고학에 흥미가 있어'
라고 말할 때처럼 '자신이 종사하는 일에 대한 관심'을 뜻하기도 하고,
사업에 공동 투자한 사람은 거기에 직접 참여하지 않더라도 이익 관계
로 연루되어 관심을 갖는 경우처럼 '이해 관계'라는 의미로 사용되기도 한
다(DE: 132-133). 그러나 듀이는 흥미를 좀 더 깊은 의미에서 보아야 한
다고 생각하였다. 우선 흥미에 대한 그의 의미 부여부터 살펴보기로 하자.

듀이는 "흥미라는 것은 어떤 목적을 가진 활동을 불러일으키는 대상
과 [우리가] 일체가 되도록 하는 것"(DE: 144)이라고 말하기도 하고, "진
정한 흥미는, 행위를 통해서 자신이 어떤 대상·관념과 일체가 될 때
수반되는 것"(IE: 159)이라고 정의하기도 한다. "흥미를 가진다는 것은
조심해서 살피고 신경을 쓰고 주의를 기울인다는 것"이고, 어떤 일에

자신을 잃어버렸다는 것과 거기서 자신을 찾았다는 것을 동시에 나타내는 것으로, 그것은 모두 "자아가 대상에 몰입되는 상태"를 나타낸다는 것이다(*DE*: 133). 말하자면, 그것은 충동적 에너지나 호기심이 자신의 목적의식과 결합하면서 사물이나 사태에 푹 빠져드는 개인의 심리적인 태도를 의미한다고 할 수 있다. 따라서 변화하는 삶의 과정에서 일정시기에 발생하는 "흥미는 하나의 통합된 활동을 의미한다"(*IE*: 160)고 할 수 있다. 이와 같이 그는 흥미를 단순한 충동이나 호기심보다는 훨씬 더 심층적 의미를 가진 것으로 본 셈이다.

한편, 흥미는 구경꾼이 아닌 참여자의 태도에서 나온다고 말한다(*DE*: 131). 구경꾼과 참여자의 태도는 사물에 대한 흥미의 정도가 확연하게 다르다고 보고 있다. 예를 들어, 비가 내리는 사태에 대해서도 사람마다 관심과 흥미가 다를 수 있다는 것이다. 감옥에 앉아 창살 너머로 빗줄기를 바라보는 것은 구경꾼의 태도요, 다음날 소풍 갈 계획을 한 상태에서 빗줄기를 바라보는 것은 참여자의 태도라는 것이다.

관심이나 흥미라는 말은 후자의 태도와 같이 "사람이 사물에 내재한 가능성에 붙들려 있다는 것을 말한다. 즉, 사물이 자신에게 어떤 영향을 끼칠 것인지를 줄곧 지켜보는 것이며, 또한 그의 기대나 예견에 기초를 두고 사태의 방향을 자신이 의도하는 쪽으로 바꾸려고 애를 쓰는 행위"(*DE*: 131)를 나타낸다는 것이다.

따라서 거기에는 의도하는 쪽으로의 변화를 고대하고 있다는 측면에서, 흥미는 '목전에 예견되는 결과'를 나타내는 '목적'의 개념과도 밀접한 관련이 있는 것으로 본다(*DE*: 131–132). 예견되는 결과는 '다음날의 날씨'와 같이 개인과는 무관하게 일어나는 객관적인 사태지만, 이 예견 속에 투영되는 주관적인 기대로 말미암아 흥미가 발생하고, 그것을 실현하려는 의지가 발동하게 되면 결국 자발적인 노력이 뒤따르게 된다는 논리다. 여기서 객관적인 결과를 예견하는 것은 지적 측면이고, 주관적인 기대는 정의적 측면이라 할 수 있지만, 그는 실제 사태에서는 이들이 따로 나타나는 것이 아니라고 보고 있다(DE: 132). 즉, 흥미는 이들이 뒤엉켜 융합된 상태로 나타난다는 것이다.

'흥미'(interest)라는 낱말은 어원적으로 '사이에 있는 것', 즉 '거리가 있는 두 사물을 연결하는 것'을 의미한다(DE: 134). 듀이는 흥미의 이 어원적인 의미는 교육적으로 볼 때 그것의 중요성을 그대로 보여준다고 파악한다. 교육적 성장에는 출발 단계와 완성 단계, 즉 학습자의 현재 능력과 교사가 의도하는 결과나 목표로서의 발달 상태가 있다. 그런데 "흥미는 … 어떤 목적을 가진 경험에서는 어디서나 대상이 [우리의 마음을] 움직이는 힘을 보여준다"(DE: 137)는 의미에서, 이것은 출발 단계에서 완성 단계로 나아가는 중간에서 학습자의 태도에 결정적인 역할을 하게 되는 셈이다.

그는 어떤 수업에 흥미가 없다는 것은 출발 상태와 도달 목표 사이의 관계, 혹은 학습의 발전 단계 사이의 관계를 충분히 깨닫지 못하는 데서 비롯되는 것으로 파악하고 있다. 따라서 이 중간 과정에서 학습자가 시작과 목표의 관련성을 생생하게 깨닫게 하고, 학습의 발전 과정도 각기 분리된 것이 아니라 발전되어 가는 사태의 연장이라는 점을 충분히 알게 하는 것이 학습자에게 흥미를 갖게 하는 지름길이라고 보았다(DE: 134, 144).

출발점과 결과의 관련성을 충분히 깨달아 흥미를 갖게 되면, 아동·학생은 현재 상태에서 교사가 의도하는 결과로 나아가려는 자발적 노력(effort)을 기울이게 되어 있고, 또한 주의력(attention)과 인내심(endurance)

과 같은 것도 억지로 하는 고역거리가 아니라, 학습자가 스스로 좋아서 계속해 나갈 것으로 보는 것이다. 의지(will)라는 것은 바로 이러한 태도를 가리키는 말이요, 계속적인 주의력 발달을 나타내는 도야(陶冶, discipline)라는 것도 이런 과정에서 나오는 산물이라고 연결하고 있다(DE: 144-145).

우리는 '노력'이라 하면 '힘겨운 작업'의 개념으로 이해하는 경향이 있으나, 듀이는 하는 일에 흥미를 갖게 되면 그것이 '유희'(遊戲)의 의미로 변할 수 있다는 것을 일깨우고 있다. 노력이란 '어떤 목적을 실현하려고 애쓰는 활동'을 나타내는 것으로, "어떤 의미에서도 흥미의 적군이 아니라"(IE: 180)는 것이다. 이런 맥락에서 "교육적인 노력은 (충동적인 것이든 습관적인 것이든) 비교적 맹목적인 활동을 반성적인 활동으로 더 많은 의식을 기울여 전환하고 있다는 신호"(IE: 180)라고 보았다.

그는, 흥미란 학습자가 여러 가지 활동을 통해서 도달한 발달 상태를 드러내 보이는 것이면서도, 한편으로는 막 들어가려는 발달 단계를 예고하는 것으로, 역량이 성장해가는 신호이며 징조이므로, 교육자는 아동의 흥미를 계속해서 주의 깊게 관찰해야 한다고 강조하고 있다(MPC: 92). 성인이 관심을 갖고 아동·학생의 흥미를 계속 관찰하는 경우에만 그들의 진정한 삶을 알 수 있으며, 그렇게 할 때 비로소 그들의 삶이 무슨 일을 할 준비가 되어 있고, 곧바로 효과적으로 다룰 수 있는 자료가 무엇인지를 알 수 있다고 보고 있다.

이 대목은 '말을 물가에 끌고 갈 수는 있어도 마음대로 물을 먹일 수는 없다'는 옛말을 상기시킨다. 이 비유에서 중요한 것은 '목이 말라 물을 먹고 싶은 말의 목마른 상태'이다. 목이 마르지도 않은 말을 물가에 끌고 가서 억지로 물을 먹이려는 노력은 아무런 소용이 없다는 것이다. 그것은 듀이의 교육론에서 중시되는 학습자 중심 교육이나 흥미론의 의미에 관계되는 적절한 비유라 할 수 있다. 결국 이것을 교육 장면에 적용하면, 교사는 아동의 발달 과정과 흥미의 유무·정도를 면밀하게 살펴서 그에게 적절한 환경이나 교육내용을 제공해야만, 교육 효과를 극대화할 수 있다는 의미가 된다.

그러면 '교사의 판단으로 특정 내용을 학습할 적절한 시기가 되었음에도 흥미를 보이지 않으면 어떻게 하는가?'라는 의문이 제기될 수 있다. 이 문제에 대해서 어찌 생각하면 '흥미를 유발하게 한 다음에 본 수업으로 들어가면 될 것'이라는 논리를 펼 수 있을 것이다. 그 대안은 원칙적으로는 타당하다고 할 수 있다. 하지만 듀이는 흥미의 의미를 피상적으로 이해하지 말라고 경고한다. 그는 "유혹을 통해서 별 관심이 없는 자료에 관심을 갖게 하거나, 기분 좋은 뇌물을 제공하면서 주의력과 노력을 유도하려는 것"은 일시적 이득을 제공함으로써 흥미를 붙이려는 어설픈 수법이라 하여 평가 절하하고 있다(*DE*: 133). 이와 같이 외적, 인위적인 유인책으로 흥미를 유발하려는 것은 흥미론을 오해하게 만드는 원인이 되는 것으로 비난받아 마땅하다는 것이다.[3]

그 이유는 "그런 방법은 에너지를 분산시키고, 그런 무의미한 자극에 의존하는 습관, 말하자면 지속적인 사고와 노력에 정면으로 역행하는 습관을 형성한다"(*IE*: 195)고 보기 때문이다. 그는 "주의력을 붙드는(catch) 것만으로 충분한 것이 아니라, 그것이 지속하도록(held) 해야 하며, 에너지를 불러일으키는 것만으로 충분한 것이 아니라, 중요한 것은 에너지를 얻는 과정(course)과 그것이 영향을 미치는 결과"(*IE*: 195)에 있다고

---

3) 이런 맥락에서 보면, 행동주의 심리학에서 말하는 '조건 형성을 통한 학습법' 등은 듀이에게는 비난의 대상이 될 것이다.

강조한다.

이와 같이 학습자가 무관심한 학습 자료에 매달리게 할 미끼를 찾는 것은, 처음부터 학생이 습득해야 할 기술이나 교과가 그 자체로는 흥미거리가 되지 못한다는 전제에 토대를 둔 것이고, 그것은 또 학습 내용이 학생의 정상적인 활동과 무관하다고 생각하는 데서 연유된 것이라고 그는 진단한다(*DE*: 133).

그렇다면 학습자가 진정한 흥미를 갖게 하려면, 흥미를 유발하려는 인위적인 작업이나 노력으로 되는 것이 아니라는 말이 된다. 그러면 어떻게 해야 한다는 것인가? 그에 대한 해답은 여기서 찾을 수 있다. 그는 "우리가 아동의 절실한 필요와 힘을 발견할 수 있다면, 그리하여 물리적·사회적·인지적인 [측면을 고려하여 적합한] 자료와 장치와 자원을 구비한 환경을 제공하여, 그것들이 적절하게 작용하게 할 수 있다면, 흥미에 대해서 고민할 필요도 없을 것"(*IE*: 197)이라고 말한다. 왜냐하면 그런 경우는 흥미가 저절로 계속해서 촉발되고 유지될 것이기 때문이다. 이것을 다르게 표현하면, 학습 방법으로서 아동과 교육자료가 활발하게 상호작용하고, 그 사태에 선행 경험이 적극적으로 동원될 수 있는 상황을 만들어 줄 수만 있다면, 흥미는 자연 발생적으로 촉발하게 되어 있다는 것이다.

결국, 학습 과정에서 아동·학생이 흥미를 갖게 하는 근본적인 대책은, 학습자의 "현재 능력과 관련된 사물이나 활동 양식을 찾는 것"(*DE*: 133)이라고 할 수 있다. 이에 해당하는 것으로 듀이가 염두에 둔 구체적인 방법은 곧 학습자의 일상적인 생활경험과 관련을 짓도록 하거나, 실험 활동과 같은 직접경험을 통한 학습법일 것이다.[4] 그러한 방법에서는 학습 자료가 학습자의 적극적인 참여와 활동을 불러일으키고, 자발적인 노력을 유발하여 점차 다음 단계로 발전해 나갈 것이기 때문에, 흥미를 일으킬 인위적인 방안을 고안할 필요가 없다는 논리다. 말하자면 그러한 학습 과정에서는 학습자가 흥미를 갖지 않을 수 없을 것이기 때문에, 그들에게 임의적인 억지 노력을 강요할 필요도 없을 것이라고 보는 셈이다. 앞서 비유한 말과 물의 관계로 설명하자면, 산이나 들로 말을 한나절 몰고 다녀서 목이 마르면, 말은 자연히 물을 들이키게 되어 있다는 뜻이다.

이 문제에 대해서, 듀이는 "학교교육에서 아동의 흥미에 크게 또는 확고하게 무게를 두는 것에 대해 종종 반대하는 한 가지 근거는, 그런 것에 기반을 두고 판단하거나 선별하는 것은 부적절하다는 것"(SS: 94)이라고 지적한다. 흥미라는 것이 모두 좋은 것만 있는 것이 아니라 장기적으로 볼 때 바람직하지 않은 흥미도 있기 때문이다. 그러면서 학습자가 바람직한 흥미를 갖고 학업에 임하도록 하는 효과적인 방법으로 노작(occupation)을 들고 있다. "노작활동은 의심의 여지없이 아동에게 강한 흥미를 갖게 한다"(SS: 94)는 것이다.

'아동의 흥미를 존중하라'는 듀이의 슬로건이 오해의 소지가 없는 것은 아니다. 흔히 이 말을 '흥미 위주의 교육'으로 규정하고, 학습자의 흥미를 절대시하여, 아동 자신이 흥미를 나타내는 교육내용과 방법을 선정하고, 교사의 계획과 의도는 배제되어야 하는 것으로 간주할 수 있다. 물론 이러한 해석은 그의 사상을 종합적으로 파악하지 못하고 단편적으로 이해할 때 일어날 수 있는 오해다. 그는, 아동에게 나타나는 흥미는 무조건 북돋아 주어도 억눌러도 안 된다고 생각하고 있다.

---

4) 이에 대한 구체적인 논의는 8장에서 다루게 될 것이다.

아동의 흥미에 장단을 맞추어서도 안 되며, 그것을 억제해서도 안 된다. 아동의 흥미를 억제하는 것은 아동을 성인으로 바꿔치기하는 것이며, 그리하여 지적 호기심과 긴장감을 약화시키고, 자발성을 억압하며, 흥미를 매몰해버리는 것이다. 아동의 흥미에 장단을 맞추는 것은 일시적인 것을 영원한 것으로 대체하는 것이다. 흥미라는 것은 언제나 그 아래 숨어있는 어떤 잠재력이 밖으로 드러나는 신호이다. 중요한 것은 그 잠재력이 무엇인지 찾아내는 일이다. 아동의 흥미에 장단을 맞추는 것으로는 표면 아래를 간파할 수 없으며, 그렇게 되면 틀림없이 진정한 흥미를 일시적인 기분이나 변덕으로 바꾸어버리는 결과를 초래하게 된다(*MPC*: 92-93).

따라서 듀이는 "경험에 기반을 둔 교육의 중심 문제는 후속 경험에서 효과적이고 창조적으로 움직여갈 그러한 종류의 현재 경험을 선택하는 일"(*EE*: 13)이라고 강조하고 있다. 그의 교육론의 강조점은 경험의 질(quality)에 집중되어 있다. 어떻게 하면 학생들에게 양질의 경험을 제공하느냐? 하는 것이 교육계에서 고민해야 할 중심 과제라고 보는 것이다. 결국, 교육에서 '학습자의 흥미를 중시해야 한다'는 말은 교육을 "아무 계획도 없는 즉흥사"(*EE*: 13)로 보거나, 아동이 제멋대로 활동하도록 방치하는 소위 '자유방임적인 교육'을 의미하는 것이 아님을 알 수 있다. 그것은 교사는 뒤로 물러앉아 관망하는 구경꾼이 되라는 것이 아니고, 교사의 사려 깊은 관찰과 지도가 절실히 필요하다는 것을 의미한다.

학습자에게 나타나는 흥미가 모두 바람직한 것은 아니다. 말하자면, "아이들은 나쁜 흥미, 좋은 흥미, 이것도 저것도 아닌 무의미한 흥미 등, 온갖 종류의 흥미를 갖고 있다. 따라서 그러한 흥미 가운데서, 진정으로 중요한 것과 하찮은 것, 유익한 것과 해로운 것, 일시적이거나 순간적인 재미를 나타내는 것과 지속적이고 영구적으로 영향을 미치는 것을 식별해내는 일이 필요한 것이다"(SS: 94). 이것은 흥미의 교육적 타당성이나 정당성, 그리고 그 흐름을 교사가 판단해야 한다는 것을 의미한다.

결국, 교사는 학생들의 학습 활동을 예의주시하면서 그릇된 방향은 바로잡아 주고, 부족한 것은 보완해 주는 협력자 · 조력자 · 안내자 · 도우미의 역할을 해야 한다는 것이다. 교사의 임무에 대한 이러한 관점은, 현재 상황에 적합하기도 하고 바람직한 미래의 경험을 촉진해 주기도 할 그러한 현재의 경험을 선택하고 지도해 나가야 하는, 이중 과제를 교사에게 부과하는 셈이다(EE: 13).

그렇다면 의도적 교육기관으로서의 학교에서 이루어지는 교육방법의 핵심은, 공간적 측면에서는 학생과 교육내용 사이에 활발한 상호작용이 일어나며, 시간적 측면에서는 선행 경험이 현재 경험에 적극적으로 동원될 수 있는 상황(situation), 즉 실험 활동이 활발하게 진행될 수 있는 상황을 아동에게 만들어 주는 것이 된다. 이러한 관점에서 그는 전통적인 교육에서는 외부적 조건에만 관심을 갖고 아동의 내면은 무시함으로써, 결국 상호작용하는 상황을 만들어 주지 못하였으므로 아동이 진정한 경험의 기회를 제공하지 못했다고 보는 것이다. 그런 의미에서 "교육자의 직접적인 당면 관심은 상호작용이 일어나는 상황에 있다"(EE: 26)고 강조하였다.

그렇다고 해서 교육적 경험 환경을 구성해 주는 것만으로 충분한 것도 아니다. 교육과정 운영에서도, 제공된 교육자료가 아동의 경험 형성에 기여하고 있는지에 대한 지속적인 관심과 지도가 필요하다. 따라서 듀이의 교육이론에서는 오히려 교사에게 엄청난 권한과 역할과 책임을 부과하는 셈이다. 왜냐하면 교사는 아동의 경험 과정을 가장 가까이서 지켜보고 그 방향을 지도해야 하기 때문이다.

교육에서 학습자의 흥미를 중시해야 하는 근본적인 이유는 역시 경험 성장의 이념과 관련이 있다고 봐야 할 것이다. 우선 학습자는 흥미가 있어야만 수업에 적극적으로 참여할 수 있으며, 그래야만 교육재료와 활발한 상호작용이 일어날 수 있다고 보는 것이다. 그리고 흥미를 갖고 몸과 마음을 다해 상호작용하는 것은 곧 생생한 자신의 경험이 되어, 이어지는 경험에도 능동적인 영향을 끼치게 될 것이고, 그럼으로써 계속적인 성장으로 이어질 수 있다고 보는 셈이다.

상호작용이 활발하게 발생하기 위해서는 유기체와 환경이 모두 중요하다. 경험 주체인 학습자에게는 경험하려는 심신의 태도, 즉 흥미 여부가 중요하고, 환경은 학습자의 흥미를 끌 수 있는 교육재료나 내용, 또 방법이 되어야 한다. 그리고 연속의 원리가 활발하게 작동하기 위해서는 경험 과정에서 선행 경험이 후속 경험에 총동원되도록 해야 한다. 새로운 경험 사태에서 선행 경험이 활발하게 동원되는 것은 결국 학습자의 흥미가 있을 때만 가능한 일이다.

그의 흥미 이론이 갖는 교육적 의의는 여러 가지로 해석할 수 있겠지만, 듀이 자신은 대략 다음 두 가지로 요약하고 있다(*IE*: 195-197, *DE*: 144). 첫째로, 마음이나 정신은, 고대 희랍 철학에서 보았던 것처럼 그 자체로 내재적(*internal*)이고 온전한 것으로서, 그것이 사물에 투영됨으로써 지식이 생기는 것이 아니라는 것을 보여준다는 것이다. 정신이란 목적을 가지고 경험 활동에 참여할 때 나타나는 지성 작용과 같은 것으로, 그것의 개발과 훈련은 지성이 발동되는 환경을 조성함으로써 이루어진다는 것이다.

둘째로, 교재라는 것도 활동과 분리되어 따로 존재하는 외재적인 (*external*) 것이 아니라는 것을 말해준다는 것이다. 정신을 내재적 완결성을 가진 것으로 간주하면, 지리·역사·과학과 같은 교재는 고정된 기성 진리로서 단지 공부해야 할 대상으로만 간주하게 된다는 것이다. 그러나 흥미의 개념을 적용하면 학습 자료도 모두 계속적·의도적으로 경험하는 과정에서 필요한 사물·관념·원리와 마찬가지라는 것을 깨닫게 된다는 것이다.

요약하면, 듀이 교육사상에서 흥미란 단순한 충동이나 호기심 차원을 넘어서, 학습자의 자아가 학습 대상에 몰입되는 통합된 태도를 의미한다. 그가 교육에서 학습자 본인의 흥미에 중요한 의미를 부여하는 이유는, 흥미가 있을 때 학습자 스스로 인내심을 가지고 지속적인 노력을 해나갈 수 있다고 보았기 때문이다. 그의 흥미론의 요지는 일시적이고 즉흥적인 흥미를 중시하라는 뜻이 아니고, 현재의 학습 활동에 흥미를 일으키면서, 동시에 계속해서 흥미를 촉진할 수 있는 교육이 되도록 해야 한다는 것을 의미하는 것이다. 따라서 교육자의 중요한 임무는 현재와 미래의 경험 성장을 동시에 고려하여 환경이나 학습 자료를 주의 깊게 선택하여 제공하는 일이 되는 것이다.

제7장 경험 성장으로서의 교육

앞에서 언급한 '경험을 위한(for) 교육'이라는 말은 교육의 목적이 경험이라는 뜻으로 풀이할 수 있다. 그것은 곧 교육의 목적이 경험의 성장이라는 의미로 환원된다. 그러나 여기서 말하는 '경험 성장으로서의 교육목적'은 일반적으로 교육과정의 지표로서 명시되는 넓은 의미의 교육이념이나 목적과도 다른 것이고, 좁은 의미의 목표와는 그 성질이 더더욱 다른 것이다. 그의 교육 목적론은 무수한 논란의 대상이 되어온 것으로 다양한 해석을 낳게 한다. 여기서는 주로 교육목적으로서의 경험 성장에 관련하여 고찰하고자 한다.

먼저 듀이의 교육 목적론을 검토하는 데 있어서 제기되는 중요한 의문점 하나를 언급하고 진행하고자 한다. 그는 "성장은 삶의 특징이므로 교육은 성장과 완전히 동일하다. 교육은 그 자체 이외의 다른 목적을 갖는 것이 아니다"(*DE*: 58)라고 한다. 요컨대 교육이나 성장은 그 자체 외의 다른 목적을 갖지 않는다는 것이다.

그런데 이 진술은 겉으로 드러난 표현으로 보면, 인간 경험의 최종적인 가치를 그 실효성에 두고 있는 실용주의의 기본 이념과 상치되는 것으로 이해된다. 흔히 듀이는 실용주의의 완성자라고 평가된다는 점에서, 성장과 실용성이라는 두 가지 이념은 논리적으로 서로 공존하기 어려워 보이기 때문이다. 따라서 이 논리적 딜레마를 해명하는 것은 이 장의 중요한 과제 가운데 하나가 될 것이다.

1. 목적에 대한 기본 관점

경험의 성장을 지향하는 그의 교육 목적론을 파악하기 위해서는, 먼저 목적과 교육목적에 대한 듀이의 기본 입장부터 이해할 필요가 있다. 교육의 목적도 기본적으로 이와 같은 맥락에서 진술되어 있기 때문이다. 그는 '종결'(ends)이라는 말은, 사막에 바람이 불어 모래 위치가 바뀌는 것과 같이 단순한 물리적 변화로서의 결과(results)와는 다른 것이라고 한다. 그것은 꿀벌이 꽃가루를 모으고 밀초를 만들고 벌집을 짓는 것처럼, 각각의 절차를 밟아 완성되어가는 과정의 마지막 단계를 의미한다(*DE*: 107-108). 그리고 "목적(aim)이란 어떤 절차에 따라 일어나는 활동, 즉 어떤 과정이 점진적으로 완성되어가는 가운데 형성되는 배열 상태를 의미한다. 어떤 활동이 일정한 기간을 두고 진행될 적에, 시간의 흐름과 더불어 누적적인 성장이 이루어지는 경우, 목적은 어떤 결말이나 종결 상태를 사전에 예견하는 것을 의미한다"(*DE*: 108).

이와 같이 듀이는 목적론을 거론하는 과정에서 '도달해야 할 대상'과 '그 대상을 지향하는 심리 상태'를 관념상으로 구별하고 있다. 전자는 '종결된 결과'를 의미하며, 후자는 그것을 실현하려는 의지나 노력이 포함된 '목적의식'을 함의하는 것이다. 듀이는 이것을 표적(the target)과

그것을 맞추는 일(*hitting* the target)의 차이로 설명하면서, 'end in view'
는 후자에 해당한다고 말한다(*DE*: 112). 이것을 우리말로 바꾼다면, 전
자는 '목표'라고 할 수 있고, 후자는 '목적'이라고 할 수 있을 것이다.
예를 들어, 우리가 해돋이를 보기 위해서 등산을 한다고 하자. 여기서
'해'는 목표(물)가 되며, 그 목표를 지향하여 정상에 도달하려는 심리 상
태는 목적(의식)이 되는 셈이다.

　듀이는 좋은 목적(good aims)이 갖추어야 할 세 가지의 기준을 제시하
고 있다(*DE*: 8장 2절). 첫째, 좋은 목적은 현재의 조건을 토대로 해서
나와야 한다고 생각하였다. 현재의 경험 조건을 고려하지 않고 외부에
서 일방적으로 설정하여 상명 하달되는 목적은 우리의 지성 작용을 제
약하고 기계적인 활동이 되도록 하기 때문이다.

　둘째, 좋은 목적은 잠정적이며 대략적인 것으로서 활동 과정에서 그
실현 방법을 변경할 수 있는 융통성 있는 것이어야 한다고 보았다. 목적
은 실현하기 전에 완벽하게 설정된 것이 아니라, 형편에 따라 노선을
수정할 수 있도록, 경험 활동의 방향을 정하는 정도의 윤곽이나 지표만
으로 충분하다는 것이다. 이것을 농사일에 비유하면, 농사를 지을 때
농부가 토양이나 기후 등의 여건을 고려하지 않고 특정 품종을 재배할
계획을 세우는 것은 무모한 일이라고 할 수 있다.[1] 이와 같이 활동 과정
을 도외시하고 외부에서 설정되는 목적은 그 경직성으로 말미암아 구체
적인 경험 활동에 도움을 주지 못한다는 것이다.

---

1) 이런 경우, 예를 들자면 '참깨 재배'라는 목적보다는 그냥 '곡물 재배'라는 목적이
　 더 좋다는 뜻이다. 그것은 후자가 전자보다 여러 가지 여건을 조사하고 목적 실현
　 방법을 융통성 있게 변경할 수 있기 때문이다.

셋째, 좋은 목적은 다양한 활동을 제약하지 않고 자유롭게 열어주는 것이어야 한다고 말한다. 우리가 목표로 하는 것은 단지 마음속에 그려 보는 목표이므로, 우리의 다양한 활동이 그 자체로도 의의를 찾을 수 있도록 하는 열린 목적이어야 한다는 것이다. 그러나 외부에서 부과되는 정적(靜的)인 목적은 고정된 것이어서, 어떤 방법으로든 그 결과를 달성하는 것만이 가치 있는 일이고, 그 과정에 필요한 활동 자체는 아무 가치가 없는 수단에 불과하게 된다. 이러한 목적은 수단과의 분리를 가져오게 하며, 이때의 활동은 어쩔 수 없이 해야 하는 고역거리가 된다는 것이다.

듀이는 이것도 농사일에 비유하여 설명하고 있다(DE: 113). 농부가 자신이 동식물을 기르는 과정에서 그들에게 애정을 갖고 키우는 경우와 '소득'이라는 결과에만 관심을 갖는 경우는 그의 삶에 큰 차이가 있다고 한다. 후자의 경우에 활동은 필요악으로 마지못해 하는 일이 되지만, 전자의 경우는 그의 노동 활동 자체도 보람과 가치가 있으며, 소득이라는 예견되는 결과도 활동을 충만하고 자유롭게 해준다는 것이다. 말하자면, 그러한 경우는 목적과 수단이 모두 유의미하게 되어 둘이 분리되지 않고 결합된다고 보는 것이다.[2]

---

2) 듀이는 엄격하게 구분하여 사용하지는 않지만, 대체로 목적 일반을 가리키는 낱말로는 aim(s)을, '목적'에 해당하는 낱말로는 aim, purpose 등을, 그리고 '목표'에 해당하는 낱말로는 end, object, result, outcome, consequence, termination, aim, goal 등을 사용하는 경우가 많다. 사실 영어와 한국어의 차이로 인해 이들을 적합하게 번역·표기하는 일은 간단한 문제가 아니다. 문맥을 고려하지 않고 단어마다 1:1로 대응시켜 번역하면 저자의 진의가 오도될 수 있다. 李敦熙(1992: 147-166, 183-197)는 여기에 나타나는 aim이나 end in view를 모두 '목표'로 번역·이해하고 있으나, 위 사항을 고려하면 이 번역은 재고할 여지가 있다.

이런 맥락에서 듀이는 '목적'(aim)이란 우리가 경험 활동을 하면서 갖게 되는 것으로, "종결점을 미리 내다보는 것"(foresight in advance of the end, a foreseen end)(*DE*: 108-109), 또는 "목전에 예견되는 결과"(end in view)(*DE*: 112), 또는 "결과에 대한 예견"(an end-view)(*EE*: 43)이라고 규명한다. 이러한 형태의 목적의식은 현재에 근접하고 현실적 조건을 발판으로 한 것으로, 활동의 방향을 능동적으로 지도하는 역할을 하는 것에 중요한 의미를 부여한다. 그는 예견(豫見)이라는 것은 현재 주어진 조건을 세밀하게 살핌으로써 바라는 결과에 도달할 수 있는 여러 가지 방안을 강구하게 하고, 문제 해결 방법을 사용하는 순서나 계통을 암시함으로써 해결방안을 효율적으로 배열하고 여러 대안 중에서 가장 적합한 것을 선택할 수 있도록 한다고 말한다(*DE*: 109).

그리고 그는 이러한 목적의식을, 경험 과정에서 주어진 문제를 해결하는 능력이 되는 사고나 지성과 관련시키고 있다. 말하자면, 우리가 어떤 목적이나 의도나 마음을 내게 되면, 그에 따른 '예견되는 결과'에 맞추어 현재의 조건을 적극적으로 통제하게 된다는 것이다. 그것은 곧 목적이란 지성에 의해 활동을 통제하도록 하는 것임을 말하는 것이다.

목적(aim)이라는 것은 현재의 조건을 관찰하여 행동 방식을 선택하는 데 있어서, 우리의 의식에 들어와서 중요한 요소가 되는, 어떤 자연스러

한 가지 주목할 사항으로, 듀이는 *Democracy and Education*(1916: 8장)에서는 위의 용어들을 다소 혼란스럽게 사용하고 있지만, *Experience and Education*(1938: 6장)에서는, 'purposes'와 'ends'라는 말이 자명한 의미를 갖는 것이 아니라고 말하면서도(*EE*: 75), 위에서 지적한 '목적'에 해당하는 의미로는 'purpose'라는 단어를 일관되게 사용하고 있다는 점이다.

운 과정의 결과를 의미한다. 따라서 목적은 활동이 지성화된 것을 의미
한다. 구체적으로 말하면 그것은 어떤 주어진 사태에서 여러 가지 방식
으로 행동할 때 나타날 수 있는 다양한 결과를 예견하고, 그 기대되는 바가
관찰과 실험의 방향을 이끌어 가도록 하는 것을 의미한다(*DE*: 117).

결국 목적(aim)을 가지고 활동한다는 것은 지적으로 활동한다는 것과
같은 것이다. 행동의 결말을 예견한다는 것은 현재의 사태와 우리의
능력을 관찰하고 선택하고 배열할 기반을 갖는다는 것이다. 그리고 이
런 일을 할 수 있다는 것은 곧 어떤 마음을 갖고 있다는 것을 의미한다.
왜냐하면 마음이라는 것은 주어진 사실들을 지각하고 그들과 다른 것들
사이의 관련성을 지각함으로써, 활동을 의도적이고 유목적적으로 통제
하는 것이기 때문이다. 따라서 어떤 일을 할 마음을 갖고 있다는 것은
미래의 가능성을 예견한다는 뜻이다(*DE*: 110).

듀이는 목적을 이처럼 '목전에 예견되는 결과'로 간주하는 경우에, 경
험 주체가 경험의 활동 과정에 적극적이고 능동적으로 참여할 수 있는
길을 열어준다고 보고 있다. 어떤 방법을 사용할 때 어떤 결과가 나올
것이라고 예견되는 경우, "우리는 단순히 머리만 굴리는 구경꾼이 아니
라, 그 결과에 관심을 가진 사람으로서 그 결과를 기대하기 때문에, 결
과가 일어나는 과정에 참여하는 사람이 된다. 즉, 우리는 이런저런 결과
가 일어나도록 [그 과정에 적극적으로] 개입하게 된다"(*DE*: 109)는 것이
다. 이런 의미에서 그는 "그 어떤 목적이라도 순간마다, 시간마다 활동
하는 데 있어 관찰하고 선택하고 계획하는 일에 도움이 되는 정도만큼
가치를 가진다"(*DE*: 114)는 점을 간파하였다.

요컨대, 듀이의 생각으로 '목적'이란 우리가 경험 활동을 하면서 갖게
되는 것으로, '예견'과 같이 현실적 조건을 발판으로 하여 활동의 방향을

능동적으로 지도하는 역할을 하는 것이다. 따라서 좋은 목적은 현재의
조건을 토대로 나오는 것이고, 실현 방법을 변경할 수 있는 융통성 있는
것이며, 다양한 활동을 자유롭게 열어주는 것이라고 보았다. 그는 목적
에 대해서 이러한 의미를 부여함으로써 내재적 교육목적이라고 말할
수 있는 성장교육론을 끌어낸다.

2. 교육목적으로서의 경험 성장

듀이는 교육의 목적도 이와 마찬가지라고 보았다. 교육목적은 학습자
의 경험 과정 내부의 계속성이나 앞뒤의 관계성 속에서 일어나는 각
학습 활동의 결과를 미리 내다보는 역할을 하는 것으로 보았다.

앞서 고찰한 일반적 목적관에 비추어 볼 때, 교육에서 설정되는 목적
(aim)이 좋은 것이 되기 위해서는, 첫째, 학습자가 가진 현재의 본질적인
내면 활동과 교육적인 요구를 기초로 설정되어야 하고, 둘째, 교육의
실제 현장에서 학습자의 활동에 부합하도록 다양한 교육방법을 탄력적
으로 운용할 수 있는 것이어야 하고, 셋째, 포괄적이면서도 구체적 장면
과 유리되지 않고, 다양한 세부 목적을 실현하는 데 제약을 주지 않는
것이어야 한다고 말한다(*DE*: 8장 3절).

요컨대, 바람직한 교육의 목적은 학습자의 현재 활동을 기반으로 하
여, 자율성을 발휘하게 하는 내발적(內發的)인 것이어야 하며, 보편적이
면서도 구체적 활동을 효과적으로 지도할 수 있는 융통성 있는 것이어
야 한다는 것이다. 교육목적에 대한 이러한 규범적인 정의는 경험 성장
으로서의 그의 교육 목적론을 규명하는 데에 중요한 실마리가 된다.

그러면 그의 교육 목적관에 적합한 교육목적은 어떤 것이어야 할까?
이 문제와 관련하여 그의 교육 목적론을 거론할 때 자주 인용되는 문구
가 있다.

> 삶은 발달이요, 발달하고 성장한다는 것은 곧 삶이다. 이것을 교육에
> 적용하면 (1) 교육의 과정(process)은 그 자체 이외의 다른 목적을 갖지
> 않으며 교육 그 자체가 목적이라는 것이며, (2) 교육의 과정은 [경험을]
> 끊임없이 재조직하고 재구성하고 변형해 가는 과정이라는 것을 의미한
> 다(*DE*: 54).

이 인용문은 다양한 해석과 논란의 여지가 있기도 하다. 이것은 표면
적인 논리로는 '삶'과 '교육'과 '성장'을 거의 동일시하는 것으로 보인다.
하지만 그 구체적인 내용으로 들어가면 '삶의 과정은 결과적으로 끊임
없이 성장을 가져오고, 그 성장 과정은 곧 교육적 의미를 갖는다'는 의
미로 풀이된다. 그렇다면 그는 경험 과정에서 사람마다, 성장의 단계마
다 각기 다른 목적이나 목표가 있을 수 있으므로, 모든 사람에게 공통으
로 적용되는 객관적인 목적이나 목표는 있을 수 없다는 뜻으로 파악된
다. 이것을 듀이는 다음과 같이 표현하고 있다.

> 우리가 명심해야 할 것은 교육은 그 어떤 목적(aims)도 갖지 않는다는
> 점이다. 목적은 사람이나 부모나 교사 등이 갖는 것이지, 교육이라는 관
> 념어가 그것을 가질 수는 없다. 사람들의 목적의식(purposes)은 천차만
> 별이어서, 아이들에 따라 다르고, 성장함에 따라 변하며, 가르치는 사람
> 에게도 자신의 경험 성장과 더불어 달라진다. 따라서 우리는 그것을
> [이른바 부동의] 목적(aims)이라고 간주하면 안 된다. 그것은 교육자를

둘러싸고 있는 구체적인 사태에 대하여 에너지를 방출하고 모으는 데 있어서, 어떻게 관찰하고 예견하고 선택해야 하는가에 대한 방안을, 교육자에게 시사해 주는 것 정도로 인식해야 할 것이다. 그렇지 않으면 아무리 타당하게 내세우는 목적이라 해도, 언어로 명시하면 이익보다는 해가 되는 경우가 많을 것이다(*DE*: 114).

그는 "교육의 목적은 개인이 자신의 교육을 계속해 나갈 수 있도록 하는 데에 있으며, 배움의 목적과 보람은 성장해갈 능력이 계속 증대하는 데에 있다"(*DE*: 107)고 말한다. 그리고 "교육은 말 그대로 항상 그 자체로 보상된다는 말은, 공부나 도야라고 간주하는 모든 것이 바로 그 자체로 가치 있는 일이 아니면 결코 교육적인 것이 아니라는 것을 의미한다"(*DE*: 116)고 말한다.

'목전에 예견되는 결과'로서의 교육목적은 교육의 전체 과정을 조망하는 역할을 하게 된다. "교육의 목적에 대해서 전체라는 말은 물리적인 사항이 아니다. 이것은 지적인 것으로, 하나의 전체가 존재한다는 것은 관심이나 흥미에 매달려 있다는 것을 의미한다. 그것은 바로 질성적인 (qualitative)[3] 것이며, 어떤 사태가 우리의 마음을 완전히 사로잡고 있다

---

[3] 듀이의 경험이론에 종종 등장하는 'qualitative'라는 말은 여러 가지 의미로 해석될 여지가 있다. '양적'(quantitative)이라는 말과 대비될 적에는 '질적'이라는 의미를 나타내고, 규범적 의미로서의 '교육적'이라는 말과 동의어로 사용될 적에는 '양질의'라는 뜻을 나타내고, 여기와 같이 상호작용 장면에서 우리의 모든 기관이 총동원되어, 자연적·사회적 환경과 혼연일체가 되는 사태를 나타내는 경우는 '질성적' 경험 상황을 나타낸다. 여기서 '질성'이라는 말은 '질적 특성'을 줄여서 만든 조어다. 'qualitativeness'를 이렇게 번역·이해하는 사람으로는 李敦熙(1993: 94 참고)와 박철홍(1994: 276 참고) 등이 있으며, 듀이 철학에서 이 점을 중요시하는 사람으로는 주로 그의 자연관과 심미적 경험에 많은 관심을 가진 R. J. Bernstein(1966 참고),

는 것이다"(DE: 206).

그러므로 학습자가 어떤 목표나 목적을 가지고 있다는 것은, 경험 활동 과정에서 그 목표를 달성하기 위해서 몰두하고 성장에 매진하고 있다는 것을 의미한다. 이처럼 듀이는 교육목적은 성장의 과정 내부에 있다고 보았으므로 목적은 행동의 방향을 통제하는 수단이 되는 셈이다. 따라서 "결과를 예견할 수 없으며, 주어진 활동의 결과가 무엇인지를 학습자가 내다보도록 자극할 수 없는 조건에서는, 교육에서든 다른 활동에서든 목적에 관해 이러쿵저러쿵 논하는 것은 말이 안 된다"(DE: 109)고 강조한다.

결국, 듀이는 교육은 다른 어떤 목적을 위한 수단이 아니라, 그 자체의 과정 안에 단계별로 목표들이 내재해 있으며, 또한 그러한 신념이 정착되는 경우에 학습자의 계속적인 성장을 보장할 수 있다고 보는 셈이다. 그러므로 교육목적이 학습 상황 외부에서, 예컨대 '국가 경쟁력을 높인다'거나 '훌륭한 의사를 만든다'는 등의 방식으로, 다른 어떤 사회적 목적이나 부모의 목적을 달성하기 위한 수단으로 설정되는 것은 바람직하지 않다고 보는 셈이다.

이러한 관점에서 듀이는, 부모나 교사 등의 "교육자가 그들 자신의 목적을 가지고 [일방적으로] 아이들의 성장을 위해 올바른 목표(objects)로 삼는 것은, 농부가 농사의 조건과 무관하게 어떤 이상을 세우는 것과 마찬가지로 부당하다"(DE: 114)고 주장한다. 그것은 학습자의 의지와는 무관하게 성인이나 사회에서 설정하여 제시되는 목적이기 때문이다.

말하자면, 교육에 명시적으로 제시되는 다양한 목적은 목적 그 자체

Y. M. Alexander(1987 참고), P. M. Zeltner(1975 참고) 등이 있다.

가 무가치하거나 나쁜 것이기 때문에서가 아니고, 아동이 자발적으로 동의하지도 않았고, 또한 그로 말미암아 아동이 충분히 그 이유를 이해하지 못함으로써, 그 목적의식이 개개인에게 충분히 내재화되지 않기 때문에 잘못될 가능성이 크다는 논리다.

그렇다면 우리가 사용하는 일상적 언어 습관을 기준으로 보면, 듀이는 객관적이고 명확한 방식으로 표명할 수 있는 구체적인 교육목적이나 목표는 바람직한 결과를 가져오지 못한다고 보는 셈이다. 사람을 둘러싼 상황은 끊임없이 변한다는 측면에서 볼 때, 확고부동하고 궁극적인 삶의 목적을 제시하는 것은 실용주의자들의 기본 이념에 부합하지 않는 일이다. 따라서 교육의 모든 목적은 경험 활동을 해나가는 가운데서 경험 주체의 내부에서 나오는 것, 그것도 잠정적인 것으로 설정되는 경우에만 가치가 있고 유의미하다고 보는 셈이다. 이러한 관점은 그 기저에 상대주의적 세계관이 깊이 배어 있음을 알 수 있다.

교육목적에 대해서 우리는 보통 교육관, 교육이념, 교육목적, 교육목표로 분류하여 거론하지만, 듀이는 표현상으로도 내용상으로도 그러한 계통을 분류하지 않은 상태로 한데 묶어서 진술하고 있다. 그런 이유로 그의 목적론을 하나하나 구분하여 어떤 진술은 여기에, 또 어떤 진술은 저기에 해당한다고 분석하는 일은 상당한 어려움과 문제가 따른다. 다만 확실히 말할 수 있는 것은 그는 모든 교육 활동을 경험 성장의 과정으로 보고 있다는 것이다. 따라서 구태여 위의 계통 분류 가운데 선택해야 한다면 그의 성장으로서의 교육 목적론은 '교육관'에 가까운 것이라고 평가할 수 있다.

듀이는 이렇게 교육 목적론을 종합적으로 거론하는 부분, 즉 *Democracy and Education*의 4장, 8장에서는, 주로 비형식적 교육을 포함한 넓은 의미의 교육 개념을 염두에 두고 전개하고 있음을 알 수 있다. 일상사에서 일어나는 우연적 경험까지 교육이라고 간주하게 되면, 생존 과정에서 필연적으로 따라오는 경험의 성장 과정이 모두 교육적 과정이라고 해도 무방할 것이다.

그렇다면 성장이 '인생의 목적인가? 교육의 목적인가?'라는 의문이 제기될 수 있다. 삶과 경험과 교육은 모두가 성장을 특징으로 하기 때문이다. 다시 말해서, 교육을 넓은 의미에서 이해할 때는 그것은 인생과 거의 같은 의미를 갖기 때문에, 인생의 목적도 교육의 목적도 모두 성장이 된다는 것이다.

여기서 '교육'이라는 말을 '학교교육'이라는 좁은 의미로 이해할 때는, 교육의 목적이 단순히 '성장'이라고 하기에는 논리적으로 문제가 있다고 할 수 있다. 교육을 넓은 의미로 해석하느냐, 좁은 의미로 해석하느냐 하는 것은 그 의미상 큰 차이가 있기 때문이다. 5장에서 보았듯이 그는 학교가 계획적인 교육기관이며, 교재는 단순화·정화되고 균형을 이루어야 한다고 강조하였다. 그렇다면 삶의 필연적 과정으로서의 교육이 아니라 의도적으로 만들어진 기관으로서의 학교교육의 목적은 좀 달라야 하지 않느냐 하는 문제다. 이 의문을 해결하기 위해서는 듀이의 다음 진술에 주목해야 할 것이다.

보통 우리는 학교를 떠난 뒤에도 교육을 중단해서는 안 된다고 말한다. 이 말의 요지는, 학교교육의 목적은 성장해갈 능력을 체계적으로 길러줌으로써, [일생을 통해서 학습자가 스스로] 교육을 확실하게 계속해 나가도록 하는 데 있다는 것이다. 생활 자체에서 학습하는 성향, 모든 사람이 삶의 과정에서 학습할 수 있는 그러한 삶의 조건을 만들어

주는 것은 학교교육이 가져올 수 있는 최상의 결과이다(*DE*: 56).

위의 진술에서 보면 학교교육의 목적은 '성장해갈 능력을 체계적으로 길러주는 것'이므로, 듀이 자신이 직접 표현하고 있지는 않지만, 그것은 단순한 성장이 아니라 '성장의 잠재력을 효과적으로 키워주는 것', 즉 '집중적인 성장'으로 간주했던 것으로 풀이할 수 있다. 이처럼 재구성하여 이해한다면, 학교교육의 목적에 대한 의미부여도 논리적 타당성을 갖게 되는 셈이다.

이러한 교육 목적관에 비추어 듀이가 일관되게 비판하는 초점은 소위 '외부에서 부과되는 목적'에 맞추어진다. 그는 "진정한 목적은 모든 면에서 외부에서 행위 과정에 부과되는 목적과는 반대된다"(*DE*: 117)고 단호하게 말하고 있다.

'외부에서 부과하는 목적'이 학습자에게 전달되기까지는 몇 가지 단계를 거친다. "교사들은 상부 당국으로부터 목적을 부여받고, 또 당국에서는 사회에서 통용되는 것에서 그것을 받아들인다. 또 그것을 교사들이 아이들에게 부과하게 된다"(*DE*: 115)는 것이다. 그는 이렇게 형성되는 목적은 지성적 경험 활동을 제약하는 것으로 규정한다.

> 외부에서 부과하는 목적은 고정되고 경직된 것으로서, 주어진 상황에서 지성을 자극하는 것이 아니라, 이런저런 일을 하라고 외부에서 강요하는 명령이다. 그것은 현재의 활동과 직접 관련된 것이 아니고, 그것에 도달하는 데 필요한 수단에서 멀리 떨어져 단절된 목표이다. 또 그것은 더 자유롭고 균형 잡힌 활동을 열어주는 것이 아니라, 활동에 제약을 가하는 것이다(*DE*: 117).

성장의 목적이나 목표가 학습자의 현재 조건과 거리가 먼 외부에서 설정되면, 결국 교육이 외부 세력에 의존하는 결과를 초래하게 되어, 교육에 있어 다음과 같은 폐단을 가져온다고 생각하였다. "첫째는 젊은 이들의 본능적이고 생득적인 잠재력을 고려하지 못하게 되고, 둘째는 [눈앞에 수시로 펼쳐지는] 새로운 상황을 주도적으로 대처해 나가는 능력을 키워주지 못하며, 셋째로 직접적인 지각을 도외시하고, 기계적으로 대응하는 기술을 습득하기 위해 훈련 따위의 방책을 지나치게 강조하게 된다"(*DE*: 55)는 것이다. 이러한 폐단은 모두가 성인의 환경이나 표준을 아동·학생의 표준으로 만들어 부과하는 데서 초래하는 것으로 보는 것이다.

그리하여 듀이는 전통적 교육에서는 "교육에 있어서 외부에서 부과된 목적이 만연함으로써, 교육을 먼 장래를 위한 준비라는 것에 강조를 두게 하고, 교사와 학생의 과업을 기계적이고 노예적인 것으로 만들게 하였다"(*DE*: 117)고 평가한다. 교육을 먼 미래의 임무나 특권을 위한 준비로 간주하는 이념은, 그 막연함과 불확실함으로 인해서, 당면한 구체적인 활동에서 나오는 동기 부여와 추진력이 부족하고, 그 때문에 교사와 학생들의 주의력을 상·벌과 같은 것에 의존하는 비생산적인 결과를 가져온다는 점에 문제가 있다고 지적한다(*DE*: 5장 1절). 사실 그러한 목적은 학습자 자신의 목적이 아니라, 궁극적으로는 타인의 목적이 반영된 것으로, 이런 교육 형태는 사회관계가 균등한 평형 관계를 이루지 못한 사회, 즉 비민주적 사회에서 나타나는 것으로 간주하고 있다(*DE*: 107).

그는 이러한 목적이 문제가 되는 이유는 무엇보다 '고정되고 경직된 목적'이며 '일방적이고 획일적인 목적'이라는 점에 있다고 보았다. 그것은 학습자 개개인의 흥미나 관심사와는 상관없이 타인에 의해서 일방적으로 결정된 것이라는 데에 심각한 문제가 있다는 것이다. 그렇게 되면 "학생들은 이중·삼중의 외적 강요에 의해 그들의 목적을 부여받게 되어, 그들 자신의 현재 경험에 입각한 본래 목적과 그들이 묵종하도록 하달받은 목적 사이의 갈등으로 인해서 끊임없이 혼란을 겪게 된다"(*DE*: 116)고 지적하고 있다.

이런 상황에서는 학습자가 그것의 필요성을 절감하지 못하여, 그것이 자신의 활동에 생생한 영향력을 행사할 수 없으며, 교사의 지성이 자유롭게 발휘될 수도 없고, 성장을 적극적으로 지도할 수 없다는 것이다 (*DE*: 115-116). 개개인의 생활이나 경험 상황은 시시때때로 변하는 것임에도 불구하고, 이러한 '고정된 목적'은 상황에 따라 발휘할 수 있는 융통성을 차단한다는 것이다. 말하자면, 이것은 '학습자에게 멀리 떨어진 궁극적·절대적 목표'이므로, 학습자의 현재 경험 활동을 생생하게 지도할 수 없다는 것이다.

그런데 '부과되는 목적'이나 '고정된 목적', '먼 장래를 위한 목적'[4]이라고 하면서, 교육자가 경계해야 할 것으로 지목한 '보편적이고 궁극적인 목표'란 도대체 구체적으로 무엇을 지칭하는 것일까? 그는 이에 대한 사례를 구체적으로 명시하지 않고 있어 그것을 명확하게 파악하기 쉽지 않다. 하지만 다음 두 가지 사항은 여기에 상응하는 것으로 볼 수 있을 것이다.

---

4) 이들을 뒤집어서 보면 '외부에서 부과하는 목적'의 반대 개념은 '학습자의 내적 필요에서 발생하는 목적'이 될 것이고, '고정된 목적'의 반대 개념은 현재의 경험 상황에 따라 변경할 수 있는 '유동적 목적'이 될 것이고, '먼 장래를 위한 목적'의 반대 개념은 '현재의 활동을 지도할 수 있는 목적'이 될 것이다.

그 한 가지는 교육 현실에서 흔히 제시되는 형태의 교육목적을 들 수 있다. 그의 진술처럼 상부 당국이 사회에서 합의된 주류 의식이라고 판단하여 설정한 것을, 일방적 지시로 몇 단계를 거쳐서 하달되고, 최종적으로 교육자에 의해서 아동에게 전달하는 모든 목적(*DE*: 116)이 여기에 해당할 것이다. 더 구체적으로는, "권위적인 장학사의 지시, 교육방법에 관한 교과서의 지침, 미리 정해져 있는 학습 과정 등"(*DE*: 116)의 경우가 여기에 해당한다.

다른 한 가지는 절대주의적 세계관에 근거한 교육목적도 여기에 해당할 것이다. 듀이는 절대적인 목표(goal)를 상정하는 이론을 내세운 대표적인 사람으로 Hegel과 Froebel을 들고 있다(*DE*: 62). 사실상 이들의 사상은 모두 인간의 삶에 내재해 있는 전체(a whole) 혹은 절대자(an absolute)의 개념에서 출발하고 있다. 이러한 이념에서는 "모종의 내재된 전체가 이미 완성된 상태로 [우리가 달성하도록] 부여된 것으로 간주함으로써, 성장은 단순히 스쳐가는 통과 절차로서의 의미를 갖는다. 말하자면, 성장은 그 자체가 목적이 아니고, 이미 내재되어 있는 전체를 밖으로 드러내는 수단에 불과한 것으로 간주한다"(*DE*: 73)는 것이다.

물론 이들은 완전한 이상이라는 것이 점차 현실화되고 밖으로 드러나는 방식에 대해서는 견해를 달리하고 있다.[5] 그러나 이들의 교육관은

---

5) Hegel에게서는 그 과정이 절대자의 상이한 측면을 구현하는 역사적 제도를 통하여 이루어진다. Froebel에게서는 그 과정이 절대자의 본질적 특성에 상응하는 상징, 특히 수학적 상징을 제시함으로써 이루어진다. 이 상징을 아이들에게 제시하면, 아이의 마음속에 잠자고 있던 포괄자 혹은 절대자가 깨어난다는 것이다. 이들에 대한 듀이의 자세한 분석과 비판은 *Democracy and Education*, 5장 2절: '발현으로서의 교육'에 잘 나타나 있다.

유기체의 현재 상태와 환경 사이의 상호작용을 고려하지 못하고, 성장을 최종적인 미래의 이상을 향한 통과 절차로만 봄으로써, 현재의 활동 과정에서 일어나는 성장 자체에는 가치를 부여하지 않았다는 점에서 공통적인 입장이라고 본 셈이다.

　결국, 경험 성장으로서의 교육 목적관은, 교육을 통한 성장은 그 자체로서 가치 있는 것이라는 이념에 토대를 둔 것이다. 따라서 목적이나 목표가 그 자체로는 아무리 좋은 것이라 해도, 외부에서 부과되어 교육 현장에서 학습의 지침으로 제시되어, 학습자의 학습 활동에 직접 영향력을 행사하려는 것은, 학습에 장애가 될 뿐, 별 도움이 안 된다고 보았던 셈이다. 학습자가 충분히 공감하지 못하기 때문이다.

　그런데 그의 성장교육론에 대해서, 이것은 개인적 목적을 충족시키는 것에 관한 이론으로 간주하고, 이를 사회적 목적 실현과 대립하는 것으로 봄으로써, 듀이가 후자의 문제를 외면했다고 평가할 수가 있다. 그러나 이런 비판은 전체를 보지 못하고 부분만 보는 데서 나오는 오류라고 할 수 있다. 듀이의 성장 개념을 '개인의 성장'에 한정된 것으로 간주하는 것은, 경험을 '개인경험'에 한정하여 보고 '공동경험'의 개념을 고려하지 못한 데서 오는 오해라고 할 수 있다.[6]

---

6) 이런 점에서 듀이의 성장교육론을 '공동 사회에 대한 기여'나 '위대한 것에 대한 헌신' 대신에, '개인 욕망의 충족'으로 바꿔치기하려고 했다는 이홍우(1995: 146-153)의 평가는 부적절한 면이 있다. 왜냐하면, 개인이 '인류 평화를 위한 봉사'와 같은 원대한 포부를 갖는 것이 가능하기 때문이다. 이 문제에 대해서는 약간 다른 시각에서 해석해야 할 것이다. 듀이는 '실험적 활동'이나 '실생활'을 통한 학습을 중시하여, 교육을 삶의 문제 해결 능력을 키워주는 것과 깊이 관련시키고 있다. 이런 측면에서, 그는 '범상한 신념이나 심오한 정신세계를 가진 특별한 사람'보다는, '현실 생활에 충실한 건강하고 훌륭한 생활인'을 육성하는 일에 치중하였다고 평가하는 것

앞에서 고찰하였듯이 민주주의 이념이 반영된 그의 성장교육론은 사회 공동 이념의 실현이나 사회 주도적 성장보다는 인간 개개인의 성장이나 자아실현에 많은 비중이 주어진 것은 사실이다. 그렇지만 그가 개인의 성장 문제를 심도 있게 거론한 것은, 개인의 성장을 통한 사회의 성장, 즉 "사회를 구성하고 있는 모든 개개인의 성장이 충분히 이루어지는 경우에만, 사회도 그 자체의 성장이 이루어질 수 있다"(SS: 5)고 믿었기 때문이다. 그가 개인의 성장을 강조했다고 해서, 사회의 성장을 외면한 것은 아니라는 것이다.

듀이가 개인과 사회 사이의 유기적 결합이나 조화를 강조한 것은 그의 주요 저서 대부분에 나타난다. 그의 교육사상을 집약해놓은 것으로 평가되는 "My Pedagogic Creed"에도 이 문제가 잘 언급되어 있다. 그는 "이상적인 학교에서는 개인적인 이상과 사회 제도적인 이상이 조화를 이룬다"(MPC: 94)고 말한다. 그리고 "교육은 사회적 공감대 형성을 조절하는 과정이며, 이 공감대를 토대로 개인의 활동을 조절하는 것이야말로, 사회를 개조하는 가장 확실한 방법이다. 이러한 생각은 개인주의적 이상과 사회주의적 이상을 동시에 반영하고 있다"(MPC: 93)고 명시하고 있다.

그는 개인의 성장 문제를 심리학적인 측면이라 하고, 공동체의 성장을 사회학적인 측면이라고 정의하면서, 교육과정에서 이 중 어느 하나에 치중하고, 다른 쪽을 소홀히 하면 심각한 문제를 야기한다고 경고하고 있다(MPC: 85-86). 따라서 그는 교육에 있어서 심리학적 문제가 중요하다는 것을 강조한 것일 뿐, 사회학적 문제를 경시한 것은 아니다.

은 일리가 있을 것이다.

개인과 사회의 밀접한 상호 관계를 중시한 것은, 각 개인의 성장이나 자아실현은 곧 사회의 성장에 공헌하고, 또한 사회의 성장은 개인의 성장에 기여한다는 것, 어떤 면에서는 분업과 협동의 이념을 반영하고 있는 것이다.

한편, 대부분의 교육학 서적에는 듀이의 교육 목적론을 '내재적 교육목적'이라고 기술하고 있으나, 그렇게 단정하는 데에도 문제가 있다는 점을 지적하고자 한다. 주지하다시피 '성장으로서의 교육목적'은 '성장' 그 자체에 중요한 의미가 부여된다. 그는 외부에서 부과하는 목적에 강한 비판을 가하였고, 구체적인 교육목표를 제시하지 않았으며, 학습자의 성장 과정 내부에서 발생하는 내발적 교육목적을 주장했다는 점에서, 그것을 '내재적 교육목적'이라고 평가할 수도 있을 것이다.

그러나 교육의 본질적 가치 규범으로서 '내재적 교육목적'의 의미 기준은 '교육은 그 자체에 가치가 내재해 있는 것이므로, 다른 어떤 목적 달성을 위한 수단으로 간주해서는 안 된다'는 것이다. 이 본질적 의미 기준을 적용하면, 듀이의 성장교육론을 '내재적 목적'이라고 간주하는 데는 무리가 있다. 왜냐하면, 사회적 목적과 개인적 목적 모두에 외재적 목적과 내재적 목적이 있을 수 있는데, 듀이는 학습 주체나 개인의 필요에 따라 나올 수 있는 외적·수단적 목적에 대해서는 전혀 문제 삼지 않고 있기 때문이다. 그뿐만 아니라, 실용주의의 이념을 상기해보면, 성장은 그 자체로 가치가 있다기보다는 다른 활동에 보편적으로 활용할 수 있는 효용 가치가 있기 때문에 의미를 갖는 것이다. 이 문제는 결국 '내재적 목적'이라는 말의 개념 규정과 직결되는 것으로, 그의 성장교육론을 내재적 교육목적으로 간주하는 데에는 재고할 여지가 있어 보인다.

요약하면, 듀이는 모든 사람에게 공통으로 적용되는 객관적인 목적이나 목표는 있을 수 없다고 생각하였고, 학습자의 자발성에 토대를 두지 않고 외부에서 부과하는 모든 형태의 목적에 반대하였다. 그는 개인과 사회의 '성장'을 교육의 목적이라고 내세운다. 그런데 그의 성장으로서의 교육 목적론은 일반적인 교육의 목적이나 목표와는 달리, 교육을 하는 이유에 해당하는 '교육관'에 가까운 것이다. 교육은 다른 어떤 목적을 위한 수단이 아니라, 그 자체의 과정 안에 목표들이 내재해 있다고 보았지만, 성장은 그 자체로서 가치가 있다기보다는 다른 활동에 보편적으로 활용할 수 있는 효용 가치로 인해서 의미를 가진다고 할 수 있다.

3. 경험 성장 교육관에 대한 재고

경험 성장으로서의 그의 교육관에 대해서 좀 더 심층적으로 재해석하고 따져봐야 할 사항이 있다. 우선 듀이에게서 경험 성장으로서의 교육 목적론은 교육을 '경험의 끊임없는 재구성이나 재조직'으로 보는 관점에서 나온 것이다. 그런 교육관에 입각해서 보면, "교육은 언제나 당면한 목적을 갖게 되며, 활동이 교육적인 것이기만 하면, 그것은 경험의 질을 바로 변형시키는 그 목적에 도달하게 된다"(DE: 82)는 것이다.

듀이가 교육의 목적이나 결과를 교육과정과 연장선에서 보고자 한 것(DE: 84)도 계속적인 경험의 재구성으로서의 교육관에서 나온 것이다. 목적과 과정이 동일 선상에 있다고 하면 논리상으로는 이상하게 보일 수도 있지만, 사실상 경험의 활동 내부에서는, 다양한 차원의 목표를 세워서 경험 과정이 일정 기간 진행되어 그 목표가 달성되고, 그것은 또다시 다른 차원의 경험 과정으로 이어진다는 논리다.

교육의 목적에 대한 이러한 관점을 토대로 하여, 그는 교육사에서 끊임없이 논란이 되어온 교육관의 대립, 즉 교육은 먼 장래를 위한다는 준비설과 과거의 문화를 전수한다는 전수설의 대립, 아동의 내부에서 끌어낸다는 발현설과 외부에서 부과한다는 형성설의 대립 구조를 하나하나 비판하고 있다(*DE*: 5, 6장). 교육을 끊임없는 경험 성장 과정으로 보면, 이러한 양극의 갈등이 해소될 수 있다고 생각했기 때문이다.

한편, 듀이가 성장으로서의 교육관에 입각해서 교육의 목적은 성장일 수밖에 없다고 주장하는 바탕에는 '평생교육'의 이념이 강하게 전제되어 있음을 알 수 있다. 따라서 그는 이렇게 말한다. "유아기, 청소년기, 성인기의 모든 삶은 교육적으로는 동일 선상에 있다. 그렇게 말하는 것은 경험의 각 단계마다 제대로 학습되는 내용은 그 경험의 가치를 형성해주기 때문이며, 생활을 꾸려가는 마디마다 삶의 주된 과제는 삶 자체의 의미를 확장해주기 때문이다"(*DE*: 82).

그러나 그의 교육사상에 나타나는 경험의 계속적 성장은 각 교육단계에 따라 다른 형태의 특성화된 교육이 계속된다는 의미와는 다른 것이다. 말하자면, 학교교육의 준비로서 유치원교육을 하고, 초중등교육은 상급학교 진학을 위한 입시 위주의 교육을 하고, 대학교육은 좋은 직장을 구하기 위해서, 성인교육은 사회에 효율적으로 적용하기 위해서, 직장교육은 효과적인 업무 수행을 위해서 한다는 방식으로, 용도별 효율성을 위해 구획을 가른 단속적 의미의 평생교육을 뜻하는 것은 아니라는 것이다. 그의 성장 개념은 경험의 연속적 성장으로서, 구획되거나 중단되지 않고 계속해서 선행 경험이 후속 경험에 영향을 주는 수평·연장선상의 평생교육을 함의하는 것이다.

경험의 성장을 교육의 목적으로 보는 그의 주장에 있어서 제기되는 또 한 가지 중요한 문제는 성장의 방향에 관한 것이다. 성장이란 여러 방면으로 진행될 수가 있다는 것이다. 말하자면, 갱단이나 도적의 무리도 그들에게 필요한 경험을 성장시켜 나갈 수 있는데, 그것도 교육이라고 볼 수 있느냐 하는 문제다.

이러한 문제 제기에 대해서 듀이는 "그러나 성장을 교육으로 보고 교육을 성장으로 볼 때, 문제는 어떤 한 방면의 성장이 [계속되는 경험 상황에서] 보편적으로(in general) 성장을 촉진하느냐, 저지하느냐 하는 것이다"(*EE*: 19)라고 말한다. 그는 성장의 교육적 가치 여부를 평가하는 기준으로 보편성을 내세워 답변하는 셈이다. 말하자면, 갱단이나 도적 무리에게도 그들의 목적 달성을 위해 경험의 성장이 부분적으로 이루어질 수 있지만, 그것은 특수한 방향에 국한된 것으로서 보편적 성장을 저해한다는 점에서 교육적인 것으로 볼 수 없다는 논리다. 그러므로 그의 교육 목적론은 보편적 성장론이라 할 수 있다.

그가 교육의 목적을 구체적 내용으로 열거하지 않고 두리뭉실하게 '성장'이라고 말하는 한 가지 이유는 이와 같은 전인적 발달을 염두에 두었기 때문이라고 봐야 할 것이다. 그것은 특수한 것이나 구체적인 면에 편중된 발달이 아니라, 두루 통용되는 보편적인[7] 발달인 것이다. 다시 말해, 우리가 삶의 과정에서 부딪히는 그 어떤 문제 상황에 적용해

---

7) 그의 교육 목적론에서 '보편적' 또는 '일반적'(general)이라는 용어는 주의 깊게 보면 두 가지 차원에서 사용되고 있다. 한 가지는 앞서 나온 것처럼 모든 사람에게 적용된다는 의미에서의 보편성을 의미하고, 다른 하나는 여기에 나오는 것처럼 인간의 '총체적 능력'을 두루 발달시킨다는 전인교육 차원에서의 보편성이다. 듀이는 전자에 대해서는 부정적으로 기술하고, 후자에 대해서는 긍정적으로 평가하고 있음을 알 수 있다.

도 훌륭한 능력을 발휘할 수 있는 종합적이고 총체적인 역량이나 잠재
능력의 성장·발달을 의미하는 것이다. 그의 교육 목적론이 보편적 성
장을 지향하고 있다는 것은 다음 구절에도 잘 드러나고 있다.

> 우리가 아주 분명한 방식으로 행동하게 될 때는 특정 시기에 특정한
> 행위를 선택해야 하겠지만, 포괄적인(comprehensive) 목적은 그 수가 얼
> 마가 되든 서로 경쟁 없이 [대립이나 충돌 없이] 공존할 수가 있다.
> 그 이유는 그들이 단지 같은 장면에 대한 서로 다른 관점이기 때문이다.
> … 따라서 보편적인 목적은 많을수록 좋은 것이다. 어떤 진술은 다른
> 것이 간과한 내용을 [보완하여] 강조할 것이기 때문이다. 과학자에게
> 다수의 가설이 있는 것이 도움이 되는 것과 같이, 교육자에게도 다수로
> 설정되는 목적이 도움이 될 수 있는 것이다(*DE*: 117).

모든 경험에는 여러 가지 형태로 계속성이 작용한다. 학교의 교육상
황에서는, 학생에 따라 상당한 노력이나 인내가 필요한 학습을 싫어하
고, 동료들을 괴롭히는 등의 나쁜 습관이 형성될 경우도 있고, 그와 반
대로 학습에 강한 흥미를 갖고 적극적으로 참여하는 경우도 있고, 강한
의지를 갖고 어떤 시련이나 장애를 극복하면서 자신의 목적을 성취해가
는 경우도 있을 것이다.

이런 문제에 대하여, 듀이는 "모든 경험은 유동적인 힘이다. 경험의
가치는 오직 그것이 어디로 향해서 진행되어 가느냐를 근거로 판단할
수 있다"(*EE*: 21)라고 말한다. 여기서 중요한 것은 교사의 역할이 된다.
그는 교육자는 아동·학생의 성장 방향을 잘 관찰하고 주시해야 한다고
강조한다. "만약 교육자가 자신의 우수한 통찰력을 미성숙자의 경험 조

건을 조정하는 데 도움이 되도록 사용하지 않고 내팽개친다면, 교육자의 성숙성이란 아무런 쓸모가 없다"(*EE*: 21)는 것이다. 성인이 가진 폭넓은 안목이 미성숙자의 현재 형편과 약점을 관찰하여 지도해 나가는 데 중요한 가치가 있다는 것은 말할 필요도 없다. "그러나 성인의 업적을 아동과 젊은이의 활동을 배치하고 조망하는 배경으로 활용하는 것과 학습자의 구체적인 활동을 고려하지 않고 고정된 목적으로 설정하는 것은 별개의 문제"(*DE*: 115)라고 말한다.

듀이가 보기에는 "학생의 행동을 일일이 교사가 지시하고, 학생의 행동이 일어나는 순서가 오로지 교과 자료의 배열과 다른 사람의 지시로 결정되는 경우에, 교육목적을 논한다는 것은 어불성설이다. 그뿐만 아니라 변덕스럽고 불연속적인 [즉, 앞뒤의 관련성이 없는] 행위를 자발적인 자기표현이라는 미명으로 용납하는 것도 역시 목적과는 거리가 먼 것이다"(*DE*: 108). 그는 타인의 목적을 수행하는 사람도, 자신의 맹목적인 욕망에 좌우되는 사람도 모두 노예와 같다고 보기 때문이다(*EE*: 6장).

말하자면, 그는 학생의 활동 방향을 일방적으로 결정하여 끌고 가는 데에 성인의 능력을 사용하는 것은 '부과하는 목적'이 되며, 또한 학습자의 활동이 엉뚱한 방향으로 진행해가는 것을 방치하는 것은 교육자의 임무를 포기하는 것으로 간주하는 것이다. 따라서 그는 성장의 진행 방향을 면밀하게 관찰하여, 그 방향을 지도하고 조정하는 것이 바로 성숙자로서의 교사가 해야 할 중요한 책무라고 보는 셈이다.

그러면 교사는 학습자의 성장 방향을 어떤 방법으로 지도하고 조정해야 한다는 것인가? 다시 말해, 학생 마음대로 하도록 내버려 두어도 안 되고, 상부의 방침대로 교사가 적극적으로 이끌고 가도 안 된다면 어떻게 하는 것이 바람직하다는 것인가? 결국, 교육목적은 교사와 학생과의 친밀한 상호작용을 통해서 설정해야 한다고 보았던 셈이다. 그는 "전통적인 교육에서 학생 자신의 학습과 관련된 목적을 세우는 일에 학생의 적극적인 협력을 구하지 않은 것에 큰 잘못이 있었던 만큼, 진보주의 교육에서는 학습 과정에서 학생 자신의 활동을 지도하는 목적을 설정하는 데에 학습자를 참여하게 하는 것에 비중을 두는 것이 중요하다"(EE: 43)고 강조하고 있다. 그렇다면 교육의 목적이나 목표는 어떤 형태로든 학습자가 참여하고 그들과의 협력을 통하여 설정되어야 한다는 의미가 된다.

이 대목에서 우리가 유념해야 할 것은, 듀이가 학생이 해야 할 바를 교사가 제안하는 것까지 배제할 것을 주장한 것은 아니라는 점이다. 교사는 풍부한 경험과 폭넓은 안목을 활용하여, 학습자의 현재 상황에 적합한 활동 방향을 제안할 수 있으며 또한 그렇게 해야 한다는 뜻이다. 학습자는 자신의 활동 방향에 대하여 다양한 방법으로 어떤 암시를 받으면서 방향을 찾고 목표를 세우게 된다. 그런데 "더 많은 경험과 폭넓은 시야를 가진 사람의 제안이 어떤 우연한 자료에서 일어나는 제안만큼 타당성이 없다는 것은 납득할 수 없다"(EE: 46)는 것이다. 따라서 듀이는 학습 과정에서 필요하다고 판단하여 교사가 제안하는 것은 위에서 부과하는 목적을 그대로 전달하는 것과는 다른 것으로 보는 셈이다.

듀이의 성장교육론을 거론할 때, 상당수의 연구자가 그런 것처럼, '성장'을 교육의 다른 목적들, 예컨대 '건전한 민주 시민'이나 '훌륭한 교양인' 등과 동일한 차원에서 취급하게 되면 엉뚱한 결론에 이를 수 있다. 그렇게 되면, 마치 그가 '성장'을 교육의 유일한 목적으로 내세우고, 다른 형태의 목적은 모두 배제한 것으로 평가함으로써 여러 가지 오해를 일으킬 수 있다. 성장에 대한 그의 논리를 재구성하면, 삶은 필연적으로 경험 성장을 수반하는 것이고, 그러한 경험 성장은 교육적 의의를 갖는다는 것이다. 그러면 삶 그 자체가 교육적 의의를 갖게 되는 셈이다. 말하자면, 삶의 과정에서 초래되는 각종 결과들을 종합적으로 표현하면 성장이라고 할 수 있다는 논리다.

따라서 '듀이는 교육의 유일한 목표로 경험 성장을 내세웠다'는 식으로 단순화하는 것은 문제가 있다. 그가 교육의 목적이 성장이라고 말한 것은, 그것을 교육의 유일한 목적이나 목표로 제시한 것이 아니라, 교육의 역할을 포괄적으로 설명한 것에 지나지 않는다. 다시 말해서, 성장이라는 것은 교육을 통해서 달성해야 할 종견 상태로서의 목표가 아니라, 교육의 이유에 가까운 것이다. 따라서 교육과정에 제시되는 구체적 교육목적을 기준으로 보면, 그것은 '목적 아닌 목적'이라고 할 수 있다. 왜냐하면 전자의 목적은 그것을 달성하기 위한 적극적인 노력을 전제하고 설정하는 것이지만, 성장은 생활 과정에서 자연적으로 뒤따르는 결과이기 때문이다. 요컨대, 그가 교육목적을 '성장'이라고 말한 것은 보편적으로 적용되는 교육목적의 성격을 규명한 것에 불과하다. 개인마다 사회마다 경험이 진행되는 상황마다 다른 다양한 목적들의 공통 요소를 뽑아내면 '성장'이라 할 수 있다는 것이다. 따라서 성장 개념을 일반적인 다른 교육목적과 같은 기준에서 평가하는 것은 시작부터 잘못된 것이라고 할 수 있다.

여기서 또 한 가지 숙고해볼 사항이 있다. 앞서 거론한 내용을 상기해 보면, 듀이는 '목적은 상황에 따라 그 실현 방법을 변경할 수 있도록, 활동 방향을 개략적으로 보여주는 윤곽이나 지표' 정도로 인식해야 한다고 하였다. 교육목적도 '잠정적인 계획'(tentative plan)일 뿐이므로, 교육현장에서 관찰하고 예견하고 선택하는 방안을 교육자에게 시사해 주는 것 정도로 간주해야 한다고 하였다. 그리고 '보편적인 목적은 많을수

록 좋다'고 말한다. 이러한 표현들은 우리의 일반적 교육목적들은 경계
할 대상이긴 하지만, 반드시 부정하는 것은 아니라고 파악된다.

　그렇다면 한편으로는 '성장 이외에 특별한 교육의 목적은 없다'고 말
하고, 또 한편으로는 '보편적인 목적은 많을수록 좋다'고 말하는 것은,
겉으로는 모순된 논리로 간주하지 않을 수 없다. 그러나 성장 이외에
다른 교육목적이 없다는 것은, 절대주의적 세계관을 토대로 하여 모두
에게 획일적으로 적용하려는 궁극적인 목적을 부정하는 것이고, 외부에
서 일방적으로 부과되는 구체적 목적의 폐단을 강조하기 위한 표현이라
고 봐야 할 것이다. 교육이 전체적으로 지향하는 포괄적이고 잠정적인
목적이나, 학습 과정에서 학습자 내부에서 나오는 구체적 목표를 무의
미하다거나 유해하다고 주장한 것은 아니기 때문이다.

　결국, 듀이는 외부에서 부과되는 목적의 폐해를 심도 있게 지적하였
지만, 그것은 학습자의 경험을 고려하지 않고, 모든 학습자에게 일률적
으로 부과하는 융통성 없는 목적에 반대한 것이지, 교육목적 일체의 무
용론을 주장한 것은 아니라고 이해해야 할 것이다. 구체적인 예를 들면,
교육계에 존재하는 목적으로서, 미국의 민주주의 교육의 지표로 설정되
어 있는 자아실현, 인간관계, 경제적 효율, 시민적 책임이라든가, 우리
의 교육이념에 해당하는 '홍익인간(弘益人間)'과 그에 따른 몇 가지 일반
적인 실천 방침, 그리고 개괄적으로 설정되는 각급 학교의 목적 등의
포괄적인 교육목적까지 부정한 것은 아니라는 것이다.

　전술한 바와 같이, 바람직한 목적은 '목전에 예견되는 결과'로서의 역
할을 한다는 점에서, 개인의 경험 상황에 따라 발생하는 목적이나 목표
는 얼마든지 있을 수 있다. 따라서 학습 현장에서 경험 주체의 내부에서
나오거나, 교사의 구체적 지도 과정에서 필요하다고 인정되어 안내되는

목적까지 반대한 것은 아님을 알 수 있다. 다만, 교사로부터 지도되는 목적은 학습자와의 협의를 통해서, 학습자 자신이 그 목적의 필요성을 충분히 공감하는 경우에 한정된다. 그러한 형태의 목적은 필요한 것이며, 또한 여러 가지 형태가 있을 수 있다고 보는 셈이다.

이상에서 고찰한 내용을 바탕으로, 이 장의 서두에서 제기한 사항, 즉 '성장으로서의 교육은 그 자체에 목적이 있다'는 명제와 실용주의나 도구주의 이념이 논리적으로 충돌하는 것으로 보이는 문제에 대해서 검토하고자 힌다. 듀이가 교육 활동의 근원적 목적을 '성장'이라고밖에 표현할 수 없었던 것은, 인생의 전체 과정에서 어떻게 하면 교육적 경험을 계속해 나가도록 할 수 있는가를 고민하였기 때문일 것이다. 다음 인용문을 보면 그런 추정은 타당성을 갖는다. 그는 "성장은 삶의 특징이므로 교육은 성장과 완전히 동일하다. 교육은 그 자체 이외의 다른 목적을 갖는 것이 아니다. 학교교육의 가치를 평가하는 기준은 그것이 계속적인 성장으로 나아갈 열망을 얼마만큼 일으키느냐, 그 열망이 실제로 발효되도록 하는 수단을 얼마만큼 제공하느냐 하는 것"(*DE*: 58)이라고 하였다.

한편, 우리는 교육의 목적이 성장이라고 할 때, 성장이 일어난 상태는 어떤 상태인가? 또는 성장은 무엇을 위해서 하는가? 하는 물음을 제기할 수 있다. 이 문제에 대하여 듀이는 "성장은 사실상 더 많은 성장 이외에는 다른 관련 사항이 없으므로, 교육도 더 많은 교육 이외의 다른 부가 사항이 없다"(*DE*: 56)는 말로 답변해 두었다. 말하자면, 교육도 성장도 궁극적인 목적은 없고 끊임없는 성장만이 최상의 목적이라고 말하는 것이다. 이것은 어떤 면에서는 '성장 제일주의'라는 미국적 사고가 깊이 반영된 것이라고 평가할 수 있을 것이다.

그런데 정말로 성장 이외에는 아무런 목적도 없는 것일까? 그렇지는 않다고 봐야 할 것이다. 성장을 했는데도 그것이 아무런 실효성이 없다면, 그것은 실용주의나 도구주의의 이념에 상반되기 때문이다. 따라서 그의 기본 이념에 비추어 성장의 개념을 해석한다면, 우리의 경험이 성장한다는 것은 우리에게 부딪히는 크고 작은 문제들을 해결할 수 있는 총체적인 역량이 증가한다는 것, 즉 문제 해결력이 발달한다는 것을 의미하며, 또 그만큼 안정적으로 생존할 가능성이 증대한다는 것을 의미한다. 더 구체적으로 말하면 그것은 자기 통제력, 판단력, 사고의 활용 능력 등이 발달함으로써, 더 발전된 경험을 할 수 있는 잠재력이 높아진다는 것을 의미하는 것이다.

그것은 곧 자아가 그만큼 실현된다는 것을 의미하고, 그에 따라 보람과 행복의 정도도 높아진다는 것을 의미한다. 물론 성장에 따르는 결과는 최종적이고 궁극적인 목표라고 할 수는 없다. 우리의 전체적인 삶의 의의는 성장하는 과정에서 조금씩 성취되어 가는 것일 뿐이다. 이렇게 보면 교육목적으로서의 성장 개념과 실용주의의 이념은 상충하는 내용이 아니라는 결론에 이른다.

요컨대, 듀이에게서 교육의 포괄적인 목적은 '경험의 성장'이라고 할 수 있지만, 그것은 최종 목표라기보다는, 평생교육이나 전인교육의 차원에서 인간의 보편적인 발달 과정을 총체적으로 설명한 것에 불과하다. 그는 외부에서 부과하는 목적, 고정된 목적에 대하여 강하게 비판하고 있지만, 교육 활동의 전반적인 지표로서의 일반적인 목적들을 폐지할 것을 주장한 것은 아니다. 그리고 구체적인 교육목표는 학습 과정에서 학습자의 필요에 따라, 그리고 교사와의 협력과 상호작용의 결과로 제안되어 나오는 자연스러운 것이어야 한다고 생각하였다.

이 장의 내용을 요약하면, 듀이 사상에서 교육의 가장 포괄적인 목적은 '경험 성장'이라고 할 수 있는데, 그것은 평생교육, 전인교육의 차원에서 인간의 보편적인 발달 과정을 총체적으로 설명한 것일 뿐, 우리가 일상적으로 말하는 교육의 목적이나 목표와는 성질이 다른 것이다. 그는 외부에서 부과되는 목적에 대하여 강하게 비판하고 있지만, 교육 활동의 전반적인 지표로서의 포괄적인 목적들을 폐기할 것을 주장한 것은 아니다. 또 그는 구체적인 교육목표를 '목전에 예견되는 결과'로 정의함으로써, 교육의 목저이나 목표는 학습자의 학습 과정에서 학습자 자신의 필요에 따라 구상되거나, 교사와의 협의나 상호작용 과정에서 제안되는 자연 발생적인 것일 때 학습자에게 생생한 영향력을 발휘한다고 생각한 것으로 정리할 수 있다.

이상에서 고찰한 바와 같이, 듀이는 교육을 경험의 성장 또는 경험의 계속적인 재구성으로 봄으로써, 교육과정에서 목적과 방법을 연장선에서 보고자 하였다. 다음 장에서는 교육의 방법에 대한 그의 입장을 검토하고자 한다.

제8장　경험을 중심으로 한 교육

　일반적으로 듀이의 교육방법론은 '행함으로써 배운다'(learning by doing)
는 명제가 대표적인 것으로 알려져 있다. 그러나 이 말을 단순히 '시행
착오적 경험관'과 동일한 것으로 해석하는 것은 그의 이론을 아주 표피
적으로 이해한 결과이다.

　듀이는 간접경험이나 이론 학습에 의한 교육의 위험성을 지적하고,
직접경험이나 실제적인 경험 활동[1]을 통한 경험 중심 교육의 우수성을
강조하였다. 그러나 그의 진정한 의도는 어느 한 가지 방법에 의존하고
다른 한쪽을 배제하자는 것은 아니다. 그의 다양한 논의의 초점은 우선
학습자에게 실제적인 경험 상황을 만들어 주고, 그것을 중심으로 교육
의 모든 요소를 통합시키는 것으로 수렴되어 있다. 다시 말해서, 그의
주요 관심은 어떻게 하면 기존의 학교교육에 나타나는 수많은 낭비와

---

1) 여기서 '경험 활동'은 '직접경험'과 개념적으로 유사성이 있다. 그러나 그것은 모든
　교육을 통합하는 중추적인 역할을 담당하는 하나의 특별한 교육방법이라는 점에서
　직접경험보다는 상당히 포괄적인 의미를 갖는다. 그리고 '이론 학습'의 개념도 역시
　간접경험과 공통점이 많지만, 그보다는 좀 더 포괄적인 의미로 해석된다.

부작용을 줄이고, 학습자의 진정한 성장을 보장하는 교육적 경험이 되도록 할 것인가에 있었다고 할 수 있다.

이 장에서는 '경험 중심 교육사상'에 관련된 주요 교육원리를 다섯 가지 측면으로 구분하여, 간접경험 의존 학습의 문제점, 직접경험을 통한 학습의 중요성, 경험 중심 교육의 통합성, 실생활과 연결되는 학교교육, 경험 중심 교육의 보편성의 순서로 고찰하고자 한다.

1. 간접경험 의존 학습의 문제점

3장에서 전술한 바와 같이, 경험은 경험 과정에서의 상징 매체의 매개 여부에 따라 직접경험(direct experience)과 간접경험(indirect experience)으로 구분된다. 전자는 자신이 어떤 사태에 직접 참여하여 생생하게 얻는 경험으로서, 체험이라는 말과 동의어가 되는 '매개되지 않은(immediate) 경험'이며, 후자는 언어나 기호 등의 상징 매체를 통해서 얻는 경험으로서 '매개된(mediated) 경험'을 의미하는 것이다.

간접경험의 수단이 되는 언어·문자·기호와 같은 상징 매체는 각 개인의 경험을 인류의 공동경험으로 누적되게 하며, 반대로 공동경험을 각 개인의 경험으로 공유할 수 있게 하는 놀라운 기능을 한다. 그것은 문명 발달의 견인차 역할을 담당해온 것으로, 우리는 그 덕분에 오랜 세월에 걸쳐 쌓아온 인류의 수많은 경험을 직접 하지 않고도 지식과 지혜를 손쉽게 얻을 수 있다. 그리하여 학교에서도 지식 전달과 교육의 중요한 수단으로 이를 활용해왔으므로 이 상징 매체에 힘입는 바가 크다고 할 수 있다. 그러나 듀이는 현대의 학교교육은 이를 수단으로 하는 간접경험 방법을 지나치게 남용함으로써 여러 가지 심각한 부작용이 야기되는 것으로 파악하고 있다.

듀이는 상징에 의한 간접경험 방식에 숨어있는 교육적 위험성을 이렇게 지적하고 있다. "상징 매체는 지적 발달에 꼭 필요한 것이지만, 그것의 본분은 노력을 절약하는 도구라는 것이다. [생생한 경험을 배제하고] 상징 매체만 제시하게 되면, 그것은 외부에서 강제로 부과하는 무의미하고 임의적인 관념 덩어리에 지나지 않는다"(*MPC*: 92). 간접경험이 갖는 가장 심각한 문제는 직접경험처럼 생생한 표상이 일어나지 않는다는 점에 있다.

그는 "오늘날 널리 퍼져 있는 학교교육의 방법과 대부분의 교육과정은 구시대에서 유래된 것이다. 그 당시에는 일정한 상징이나 기호를 학문에 접근하는 유일한 방법으로 간주하였고, 그것을 배워서 구사하는 것이 무엇보다 중요하였다"(*SS*: 17)고 지적하고 있다. 말하자면, 미국의 개척 시대나(*DE*: 203) 우리나라의 농경 시대와 같이, 학교 밖에서 다양한 활동을 통해서 삶의 지혜를 얻었던 산업화 이전의 사회에서는, 특수한 개인적 환경을 벗어나서 더 넓은 세계로 나아가는 중요한 통로가 서책이었으므로, 거기에 의존하여 교육하고 학습하는 일이 그 나름의 정당성이 있었다고 볼 수 있다.

그러나 오늘날의 사회 상황은 서책에 매달리는 교육방법의 가치가 달라졌다고 보고 있다. 오늘날은 도시화로 인해서 자연과 공동체 속에서 생생하게 맞부딪쳐 활동할 기회가 줄어들고, 인쇄술의 발달에 힘입어 지식과 정보가 대중화되었다. 그래서 오히려 간접경험보다는 상대적으로 부족한 생생한 직접경험의 필요성이 더욱 절실해졌다고 보는 것이다. 따라서 학교교육의 태도에 중대한 변화가 필요하다는 것이다. 실제적 활동은 구태여 학교가 아니라도 할 수 있다고 생각하여, 그것을 교육적 낭비로 간주하는 것은 현대사회에서는 오히려 잘못된 시각이라고 보는 것이다.

주지하다시피 사회가 점차 문명화되고 복잡해짐에 따라, 미숙한 아동을 복잡한 사회에 입문시키기 위한 집중적인 노력이 필요하게 되었고, 그에 따라 학교교육이 생겨났다. 그 결과, 과거의 공동경험 내용을 새로운 세대에 효과적으로 전수하기 위해, 수많은 지식 가운데서 엄선하여 조직적이고 체계화된 교재를 만들게 되었다. 그런데 이에 따라 다음과 같은 문제가 발생하게 되었다고 듀이는 지적한다.

덜 발달한 사회에서는 축적되는 지식이 적어도 실제 활동에 적용되며, 인성에 반영되고, 당면하는 일상의 관심사에 연결되는 그런 의미 깊이를 갖고 있었다.

그러나 선진 문화에서는 학습해야 할 내용이 대부분 상징으로 저장되어 있다. 그런 내용은 결코 일상의 친숙한 행위나 대상으로 바꾸어 해석하기 어렵다. 그러한 자료는 비교적 인위적이면서도 피상적이다. 사실성이라는 것을 일상의 기준에 적용한다면, 그것은 허구에 가깝다고 할 수 있다. 왜냐하면 일상의 기준이라는 것은 그것이 실제적 관심사와 연결되어 있느냐의 여부에 있기 때문이다. 상징으로 표현되는 자료는, 사고하고 표현하는 데 있어서 평소의 관례와는 무관하게, 그 자체의 별도 세계에 존재하는 것이다. [따라서 형식화된] 정규 수업의 자료는 오직 학교의 교재로만 그치고, 생활 경험의 내용과 별개가 되어버릴 수 있는 위험성이 크다는 것이다. [그렇게 되면] 영원한 사회적 관심사가 아예 우리의 시야에서 사라지게 될지도 모른다. 학교에는 체계적인 사회생활 속으로 옮겨가지 못하고, 상징으로 표기된 전문적 정보 무더

기로 남아 있는 자료들이 주를 이룬다. 그러다 보니 오늘날 우리가 가진 교육관이 생겨나게 된 것이다. 즉, 교육이라 하면 사회적 필연성으로 있다거나, 알고 있는 생활에 영향을 주는 모든 인간관계와 같은 것이라 는 생각을 무시하고, 멀리 떨어진 자료에 관한 정보를 전하고 언어적 기호를 통해서 배움을 전달하는 것, 한마디로 문자 해독 능력을 습득하 는 것이라고 간주하는 교육관이 생겨난 것이다(DE: 11-12).

그는 일상생활을 통한 과거의 비형식적 교육에서 형식화된 형태의 현대 교육으로 넘어오는 과정에서, 교육이 커다란 위험에 직면해 있다 고 진단하고 있다. 문제는 학교의 교과와 실생활의 경험 사태의 연결고 리가 느슨해져서 둘 사이에 틈이 벌어지게 되었다는 점이다. "이 과정에 서 교과는 미성숙자의 현재 경험에 깃들어 있는 의미를 실현하도록 촉 진하는 그 본래의 기능에서 벗어나, 그 자체로 가치를 가진 것으로 정착 하는 경향으로 나타났다"(DE: 201)는 것이다. 결과적으로 학교교육은 직접경험을 배제하고 거의 언어나 문자에 의한 간접경험에 매달리게 되었다. 오늘날에는 '학교교육'이라 하면, 엄연히 책을 통해서 공부하는 것, 즉 문자나 기호에 의해서 간접적으로 경험하는 것이라는 인식이 보 편화되었다(DE: 241)는 것이다.

학습의 과정은 실제 활동을 통해서 활기차게 진행될 때 바람직한 효 과를 기대할 수 있음에도 불구하고, "형식화된 수업은 현실과 거리가 먼 죽은 교육, 비하해서 말하면, 추상적이고 공허한 책벌레 교육이 되기 쉽다"(DE: 11). 이런 상황에서는 아동·학생은 '적극적인 참여자'가 아니 라, '소극적인 구경꾼'이 됨으로써, 효과적인 학습이 이루어질 수 없다고 보는 것이다.

학교는 미성숙한 아동을 기성 사회에 효과적으로 적응시키기 위해 만들어진 기관이므로, 기성 사회의 공동경험 내용을 축약해서 학습시켜야 한다는 당위성은 변함없는 것이다. 그러나 그것은 학교교육의 근본 취지를 말하는 것일 뿐, 간접경험에 의존하는 방식을 정당화하는 것은 아니다. 학습 방법은 별개의 문제라는 것이다. 학교에서 체계화된 교과 지식을 다룰 때, 교사는 그 상징적 경험이라는 상부 구조를 이해하는 기초로서, 학생들에게 이미 구체적인 사태에 대한 현실감, 즉 직접경험이 '충분히' 갖추어져 있다고 사정하고 들이기는 경향이 있다. 듀이는 수업에 있어서 근본적인 오류가 바로 여기서 비롯된다고 지적한다(*DE*: 241, 160).

여기서 '충분하다'는 말은 단순히 양의 문제가 아니라 질의 문제로 생각해야 한다고 강조하고 있다. 말하자면 "직접경험을 충분히 갖고 있다는 것은 그것이 상징적인 수업 자료와 어려움 없이 풍부하게 연결되는 종류이어야 한다"(*DE*: 241-242)는 것이다. 그런데 문제는 아동·학생은 성인이나 교사와 같이 풍부한 실제 경험을 갖추고 있지 못하다는 것이고, 더 심각한 문제는 실제 수업에서도 "아동·젊은이가 직접적인 정상 경험을 가질 충분한 기회가 거의 주어지지 않고 있다"(*DE*: 175)는 점이다. 이렇게 되면 그들은 현재의 체계적인 이론이 어떤 과정을 거쳐서 형성된 것인지, 그 과정을 충분히 알지 못하게 되고, 결국은 교육적으로 가치 있는 생생한 경험이 되지 못하고 마는 것이다.

이 대목은 성인이나 교사의 학습 방법이나 내용은 미성숙자의 것과는 다른 차원에서 생각해야 한다는 중요한 사실을 지적하는 내용이다. "학습자가 배우는 교과는 공식화되고 정련되고 체계화된 성인의 교과, 즉 책이나 예술 작품에 나타나 있는 상태로서의 교과와 같지 않으며 같을 수도 없다. 성인의 것은 아동 교과의 '가능태'이긴 하지만 '현실태'는 아니다. 그것은 전문가나 교육자의 활동에는 곧바로 들어오지만, 초보자나 학습자의 활동에는 직접 들어오지 못한다"(*DE*: 190). 이 점을 간과하게 되면, 학교에서 교과서나 기성 지식을 담은 자료들을 올바르게 사용할 수 없다. 따라서 체험이 상당히 누적된 성인의 경우는 그만큼 간접경험 방식에 의존해도 되지만, 체험이 부족한 미성숙자에게는 직접경험이 우선되어야 한다. 이론적 교과는 실제적인 경험 활동과 더불어 그들의 발달 단계에 따라 적합한 형태로 바꾸어 제공해야 한다는 것이다.

전술하였듯이 차원 높은 학문을 하는 경우는 고도의 상징과 추상을 통한 간접경험 방식은 필연적으로 수반된다. 그러나 교육적인 관점에서 보면, "여러 가지 논리적 특징을 가진 이러한 방법은 고도의 지적 정교화에 도달한 지식 내용에 속하는 것이기 때문에, 경험의 지적 수준이 자연 그대로의 투박한 것에서 점차 세련된 것으로 발전해 가야 하는 학습자 [즉, 아동 · 학생]의 방법과는 다르다는 점을 주지해야 한다. 이러한 사실을 간과하게 되면, 흔히 과학을 있는 그대로의 꾸밈없는 정보로 간주하게 된다. 그런데 사실 과학이나 학문은 상식과는 다른 전문적인 어휘로 기록되어 있기 때문에 일상의 정보보다는 더 흥미가 없고 먼 거리에 있다"(*DE*: 238).

문명 발달과 더불어 지식의 영역이 세분화되고 상징화되어 감으로써, 사람들은 그것을 발전되고 세련된 것으로 간주하기에 이르렀다. 오늘날에는 그런 현상이 더욱 가속화되고 있다고 할 수 있다. 그런데 아동 · 학생은 그 분화와 상징의 과정을 제대로 모르고 넘어가는 경우가 허다하다. 따라서 투박하지만 총체적인 인간의 역량이 함께 작동하여 이루어지는 생생한 경험을 하게 함으로써, 그들 자신이 지식이 세분화되고 상징화되어온 과정을 몸소 겪어보도록 해야 한다는 것을 말하고 있다.

5장 1절에서 다룬 것처럼, 학교교육이 사회·문화적 업적을 축약해서 전달해야 한다는 말은, 과정을 생략한 채 결과만 전달하는 것을 정당화하는 것이 아니다. 듀이는 "아동에게 자신이 물려받은 사회적 유산을 인식하도록 하는 유일한 방법은, 현재의 문명을 이룩하기까지의 근본적인 활동 유형들을 아동이 직접 수행해볼 수 있도록 하는 일이다"(*MPC*: 91)라고 말한다. 인류가 오랜 세월에 걸쳐서 축적해 온 공동경험의 발전과정 자체를 학생들이 직접 경험하는 과정을 거쳐야 한다는 것이다. 그렇게 할 때 비로소 학습사는 그 교과 내용의 *생생한* 의의를 깨우칠 수 있고, 그것을 토대로 더 발전된 학습으로 진행하며 끊임없는 경험의 성장을 추구할 수 있다는 논리다.

이것을 과학 교과에 적용하면, 듀이는 "교육과정에서 과학이 수행해야 할 기능은 과학이 인류 전체를 위하여 수행해온 기능과 똑 같다"(*DE*: 238)고 말한다. 과학 공부에는 실험이나 실습 등의 번거롭고 어려운 작업이 따르겠지만, 학습자가 기존의 연구 결과로 도출된 실험 과정을 직접 밟아보게 해야 한다는 것이다. 그런 과정을 건너뛰고, 연구 결과만을 이론적으로 전달하는 교육은 소위 죽은 지식을 전달하는 것에 불과하다는 주장이다.

그러므로 학교에서 기호 매체를 통해서 교육내용을 전달하려면, 그에 앞서 실제 사태를 마련하여 학생이 직접 참여하게 함으로써, 전달하고자 하는 내용과 다루려는 문제의 의의를 그들이 절실하게 인식하도록 하는 것이 선행되어야 한다는 것이다(*DE*: 242). 즉, 교과서 중심의 전문적 지식이나 상징적 형식의 학습은 직접경험의 바탕 위에서 자연스럽게 진행되도록 해야 한다는 것이다. 그렇게 할 경우에만 아동은 흥미와 관심을 가지고 적극적으로 학습에 임할 수 있을 것으로 보는 것이다.

2. 직접경험을 통한 학습의 중요성

　직접경험은 간접경험에 비해서 많은 시간과 노력을 투자해야 하는데
도 불구하고 교육적으로 중요한 의미가 있다는 것은, 그의 교육적 경험
여부를 판단하는 기준이 되는 경험의 성장 구조를 적용하면 확연해진
다. 4장과 5장 2절에서 다룬 것처럼, 그것은 경험의 현재성과 미래성이
라는 양 측면을 동시에 반영하고 있다. 그 원리를 여기에 적용하면, 직
접경험의 우수성은 무엇보다도 현재의 경험 과정에서 상호작용이 활발
하게 작동한다는 점에 있다. 직접경험은 학습 자료와 활발한 거래 작용
을 하게 하고, 목전의 문제 사태를 해결하기 위해서 선행 경험을 적극적
으로 활용하게 된다.

　　직접적으로든 그것을 대신하는 놀이를 통해서든, 실제 활동에 참여
　하는 것은 적어도 몸소 행하는 것이고 생동감이 있는 것이다. 이러한
　참여가 그 효과를 발휘할 기회가 제한되는 [약점을 지니고 있지만, 그
　런] 점에 대해서는, 그런 특성으로 [즉, 실제로 참여하는 데서 오는 효
　과로] 인해서 어느 정도 보상된다(*DE*: 11).

　결국, 경험 과정에서 볼 때 이 두 가지 경험의 가장 큰 차이는 간접경
험은 '무기력한 경험'인 데 비해서, 직접경험은 생명력이 넘치는 역동적
경험이고, 흥미가 촉발되고 사고가 발동하며, 의식이 몰입되는 '활기찬
경험'이라는 데 있다고 보는 셈이다. 말하자면, 간접경험은 직접경험에
비해서 '경험의 생생함이나 확실성'이 부족하다고 보는 것이다. 그러한
경험을 통한 학습 내용은 소위 생기 없는 죽은 지식이 된다는 것이다.

경험의 생생함 유무는 별 것 아닌 것처럼 여길 수도 있지만, 경험의 두 번째 측면으로서의 미래성, 즉 경험의 연속이라는 면에서 생각하면 큰 차이가 난다고 할 수 있다. 무기력한 경험은 흥미 부족으로 인해서 선행 경험을 활용하여 후속 경험을 계속해 나갈 힘과 의지가 결여될 수밖에 없다. 그러면 결과적으로 계속적인 성장으로 이어질 수 없는 비교육적 경험이 되는 것이다. 이에 비해서, 직접경험을 통해서 이루어지는 활기찬 경험은 강한 동적 에너지가 발생하여, 계속되는 후속 경험 사태에서 학습자의 자발적 성장 가능성을 높이다는 점에서, 교육적으로 중요한 의미를 부여할 수 있다. 유의미한 경험을 자발적으로 계속해 나가게 하는 방법, 또는 경험을 주체적으로 성장시켜 가도록 하는 방법이 있다면, 그것은 최상의 교육방법이라 할 수 있기 때문이다.

이러한 직접경험을 중시하는 그의 신념은 근본적으로 그의 아동관에 토대를 둔 것으로 보인다. 아동에 대한 그의 기본적인 태도는 다음 문구에 잘 나타나 있다.

> 아동의 본성이 발달하는 과정에서는 능동적 측면이 수동적 측면에 선행하며, 외적 표현이 의식적인 느낌에 선행하며, 근육의 발달이 감각 기관의 발달에 선행하며, 운동기능이 의식적 감각작용에 선행한다. 의식은 운동신경이나 충동에 근원을 두고 있으며, 의식의 상태는 행동을 통해서 그 모습을 드러내는 것이다.
>
> 학교 공부에서 시간과 힘을 낭비하는 원인은 대부분 이러한 원리를 간과하는 데에 있다. 아동은 수동적으로 받아들이고 흡수하는 태도를 갖도록 강요받는다. 이런 사태는 곧 아동에게 그의 본성의 법칙을 따르지 못하도록 하고, 그 결과로 갈등과 낭비를 초래하게 된다(*MPC*: 91).

현대 심리학은, 아이들은 본능적이고 충동적인 경향을 복합적으로 가지고 있어, 학습에 직접경험 방식을 사용하는 것이 효과적이라는 것을 입증하고 있다고 말한다. 즉, "아이들이 그 자연적인 충동을 사용하여 신체적인 활동을 하게 되면, 학교에 다니는 일이 기쁨이 되고, 그리하여 그들을 관리하는 부담도 줄어들며, 또한 학습이 더 쉬워진다"(*DE*: 202)는 것을 보여주고 있다는 것이다. 말하자면, 직접경험을 통한 학습은 생명 에너지로서의 충동을 바람직한 방향으로 분출되도록 한다는 것이다. 좁고 숨통 막히는 사각 공간에 꼼짝 못하게 앉혀 놓고, 문자를 통한 이론 학습으로 일관하는 교육상황에서는, 학습자의 흥미나 자발적인 노력을 기대하기 어려울 뿐만 아니라, 학습은 고역(苦役)거리가 되고, 결국은 비교육적 경험이 될 수밖에 없는 것이다.

듀이는 "1톤의 이론보다 1온스의 경험이 낫다"(*DE*: 151)고 할 만큼 경험의 가치를 높이 평가하고 있다. 그 이유는 "모든 이론은 경험 속에서만 그 생생한 의미를 가지며 또 그 의미가 검증될 수 있다"(*DE*: 151)고 믿었기 때문이다. 물론 이때 말하는 '경험'은 직접경험을 가리키는 말이다. 이에 대한 그의 확고한 신념은 "경험은 아주 하찮은 것이라도, 엄청나게 많은 이론 (또는 지식 내용)을 얼마든지 발생하고 산출할 수 있지만, 경험에서 분리된 이론은 심지어 이론 자체도 확실하게 이해하기 어렵다"(*DE*: 151)는 지적에서도 잘 드러난다.

그렇다면 듀이는 학교교육에서 학습한 내용을 사회에서 계속해서 성장시키려고 하지 않고, 무용지물이 되어버리는 원인을 경험의 질성 탓으로 돌리고 있는 셈이다. 실제와 관련되지 않은 교과는 그 불활성으로 인하여 학습자의 경험 안으로 제대로 들어오지 못하고, 실제와 직결되는 교과는 그 생동감과 흥미 발동에 힘입어 진정한 성장으로 이어질 수 있다는 것이다. 말하자면, 학교를 졸업한 후에 연속적인 경험 성장이 일어나지 않는 원인은, 직접경험을 도외시하고 이론 교육에 치중한 결과라고 보는 셈이다.

간접경험에 매달리는 교육은 많은 양의 지식을 손쉽게 학습할 수 있는 것처럼 보일지 몰라도, 경험의 계속성, 평생교육의 차원에서 보면 결코 능률적인 교육방법이라고 볼 수 없는 것이다. 직접경험은 시간과 금전과 노력이 더 많이 소요되겠지만, 경험의 연속적 성장이라는 차원에서 보면 오히려 효과적이라는 것이다.

다른 한편에서 볼 때, 2장 3절에서 언급한 바와 같이, 직접경험이 교육적 경험을 가능하게 하는 또 다른 이유는 그것이 '사고력 발달에 효과적'이라는 점이다. 학교에서 훌륭한 사고력을 길러 주는 일이 중요하다는 것을 부정할 사람은 없을 것이다. 그렇지만 듀이는 이 사고력이 소위 지식 관련 교과를 통해서보다는, 정서나 신체 동작이 함께 동원되는 '실제적인 경험 활동'을 하는 가운데서 훨씬 효과적으로 발달한다고 보고 있다.

듀이에게 있어서 직접경험은 행동을 통해서 무작정 해보는 시행착오식 활동이나, 단편적인 활동을 통해서 습득하는 경험의 의미보다는 더 깊은 의미를 담고 있다. 이성과 대립시켜 평가절하한 '행위'나 직접 활동에 관련된 것으로 본 경험 개념은 고대 철학의 유물이라고 할 수 있다. 사회의 여러 기능공에게서 보는 바와 같이, "실제적 활동이 판에 박힌 것이거나, 권위자의 지시에 따르거나, 외적인 결과만을 목적으로 하는 경우는, 그것이 지적으로 편협하고 하찮은 것이 될 수도 있고 또 그렇게 될 것이다. 그러나 학교교육 기간인 아동기와 청소년기는 실제적 활동을 그와는 다른 정신으로 시행할 수 있는 시기"(*DE*: 282)라고 말한다.

여기서 말하는 '다른 정신'이란 그의 실험적 경험 방법을 염두에 둔 표현으로 볼 수 있다. 그의 경험관은 직접경험을 하는 가운데서 그 저변에 경험의 두 가지 원리가 활발하게 작동하며, 행위와 사고가 동시에 작동한다는 생각에 토대를 두고 있다. 그는 현대 실험 과학의 발달은 작업이나 활동을 통해서, 지적이며 훌륭한 학문적 결실을 가져온다는 것을 보여주고 있다고 말한다(*DE*: 284). 사물에 대한 분석과 재조직, 지식의 명료화와 체계적인 분류 등, 고도의 지적인 작업도 순전히 머리나 이성을 통해서가 아니라, 사물에 어떤 동작을 가하여 직접적인 상호작용 과정을 통해서 더 효과적으로 이루어진다는 것이다. 말하자면, "행하는 것(doing)의 소산이 아니고서는, 진정한 지식이며 풍부한 이해와 같은 것이 있을 수 없다"(*DE*: 284)고 보는 것이다. 사실 이렇게 실험을 통한 고차원적 연구는 20세기 이후에는 연구소나 산업체에서 세계적으로 보편적인 현상이다.

듀이는 그 당시 교육은 근본적으로 이 문제의 중요성을 경시함으로써 여러 가지 문제를 일으킨다고 생각하였다. "(지적이고 이성적인 과정에 해당하는) 사고력도 역시 행동을 통해서 유발되며, 행동을 더 잘 통제하기 위해서 계승되어온 것이다. 이성(reason)이라는 것은 근본적으로는 정돈된 행동이나 효과적인 행동의 법칙이다. [그런데] 행동의 수단을 선택하고 배열하는 문제를 고려하지 않으면서, 추론 능력과 판단력을 발달시키려고 하는 것이 바로 오늘날 이 문제를 다루는 방법에 나타나는 근본적인 오류"(*MPC*: 91-92)라고 그는 강조한다.

결국, 사고나 이성이라는 것은 경험과는 다른 고차원적인 것이 아니라, 바로 경험 활동을 통한 학습 과정에서 유발된다고 보는 것이다. 이러한 맥락에서 그는 "사고를 일으키는 시작 단계로서 실제적인 경험 사태가 필요하다"(*DE*: 160)고 강조한다. 왜냐하면 "사고는 어떤 문제에 직면하여 그것을 해결할 필요가 있을 때, 그것을 극복하는 최선의 길을 고심하는 가운데서 발생하는 것이며"(*SS*: 93), 또 "성장이란 지성을 행사하여 극복해야 할 난관이 있을 때 일어난다"(*EE*: 53)고 믿었기 때문이다.

여기서 교육자가 명심해야 할 일이 있다고 한다. "첫째, 문제라는 것은 지금까지 가졌던 경험 조건에서 발생한다는 것, 따라서 그것은 학생의 능력 범위 안에 있다는 것이고, 둘째, 문제라는 것은 학습자에게 새로운 지식을 탐구하고 새로운 아이디어를 찾아내려는 마음을 불러일으킨다"(*EE*: 53)는 점이다. 이것은 직접경험 속에 단순한 물리적 동작뿐만 아니라, '반성적 사고'나 '탐구 방법'까지 들어 있다는 것을 의미하는 것이다. 그렇다면 그것을 지적이지 않다거나 하찮은 활동이라고 간주할 수 있는 근거가 없는 것이다.

직접경험을 나타내는 "절실한 현실감이라는 것은 상징적·표상적 경험과 구별되는 것이지, 지성이나 이해력과 구별되는 것은 아니다"(*DE*: 244). 상상력의 경우를 생각해 보면 직접경험이 기계적인 경험과 같은 것이 아니라는 것을 알 수 있다고 한다. "상상력은 모든 분야에서 절감(appreciation)의 매개물이 된다. 어떤 활동이라도 기계적인 상태에서 벗어나려면 상상력이 개입되는 경우에만 가능하다"(*DE*: 244). 따라서 상상력은 놀이와 같은 사소한 활동에서도 얼마든지 동원될 수 있다. "놀이와 진지한 일 사이의 차이는 상상력의 존재 여부가 아니라, 상상력이 작동하는 대상이 다르다는 데에 있는 것이다"(*DE*: 245). 듀이는 우리가 기계적인 교육방법에서 벗어나기 위해서는, 상상력이라는 것이 눈앞에 있는 물리적 사태 너머에 있는 것을 현실화하는 매개체로서의 역할을 한다는 것을 충분히 이해할 수 있어야 한다고 말한다(*DE*: 245).

우리는 "일상 대화에서 '실감'(realizing sense)이라는 말을, 상징적 경험이 가진 멀고 희미하고 싸늘하게 떨어져 있는 성질과는 반대로, 직접경험이 가진 절실하고 따뜻하고 친밀한 성질을 나타내는 말로 사용하고 있다"(*DE*: 241). 학교교육에서도 이와 같이 놀이 · 공작 · 수공 작업 · 실물교육 · 현장 학습 · 실험 · 실습 등의 실제적인 활동을 통해서 현실감 있는 경험이 되도록 해야 한다는 것이다. 이러한 다양한 직접경험 방법들을 통해서, 아동 · 학생은 실제적인 활동을 지성적인 활동으로 승화할 수 있다고 보는 셈이다.

따라서 듀이는 행위와 사고를 동시에 작동시키는 실험적 방법을 교육의 방법에 적용함으로써, 아동이 교재와 활발하게 상호작용할 수 있는 상황을 만들어 주는 것, 그리고 활발한 거래 작용을 하도록 중재하는 것이 교육자의 중요한 역할이라고 보고 있다.

1, 2절의 내용을 요약하면, 문자를 통한 간접경험은 적은 노력으로 많은 양의 지식을 습득할 수 있다는 장점이 있지만, 무기력하고 현실감이 없는 약점이 있어, 미성숙자의 학습 방법으로는 상당한 위험성이 따른다고 할 수 있다. 그 반면에 직접경험은 상대적으로 많은 노력이 소요되지만, 생동감과 현실감이 있는 활기찬 경험이라는 점에서 교육적 우수성이 있다고 하겠다. 이 문제는 경험 성장의 원리, 즉 '현재의 학습에 아동 · 학생이 능동적으로 참여하여 활발하게 상호작용하고, 미래에도 그것을 계속 성장시켜 나갈 수 있는가?' 하는 기준을 적용하면, 그 질적 차이가 확연해진다. 따라서 듀이는 미성숙자를 대상으로 한 학교교육에서는, 결과적 지식만을 전달하는 방식이 아니라, 직접경험을 통해서 정련된 지식의 형성 과정을 직접 겪어보게 하는 것이 중요하다는 점을 지적한 것으로 정리할 수 있다.

3. 경험 중심 교육의 통합성

듀이가 중시하는 실제적인 경험 활동을 중심으로 한 교육사상에 담긴 또 한 가지 주목할 사항으로, 그것은 통합교육의 한 중요한 형태를 제시하고 있다는 점이다. 통합교육도 여러 가지 측면을 갖고 있어 간단하게 다룰 수 있는 성질은 아니다. 여기서는 경험 활동을 중심으로 이루어지는 다양한 형태의 통합교육 방식을 세 가지 범주로 나누어서 고찰하고자 한다.

첫째, 듀이는 실제적인 경험 활동을 통해서 직접경험과 간접경험을 통합하고자 하였다. 흔히 듀이를 '경험 중심 교육과정'의 주창자라고 하여, 지식이나 이론은 도외시하고 체험을 통해서 배우는 것을 절대시한 인물로 간주하는 경우가 많다. 그러나 그러한 해석은 한편으로는 타당성이 있고, 한편으로는 그의 경험 개념을 편협하게 해석하는 데서 나온 오해라고 보아야 할 것이다.

그러한 평가가 한편으로 타당성이 있다는 것은, 그가 '경험 중심 교육론'을 주창하였다는 것, 그리고 그에게서 '경험'이라는 말이 '간접경험'보다는 '직접경험'이나 '체험'을 의미하는 측면이 강하다는 점에서 보면 그렇다는 의미다. 그의 교육론은 직접경험의 방식에 더 많은 비중을 두고 있어, 간접경험에 의한 교육방법이나 효과적인 이론 학습의 방법, 지식의 구조화 등의 문제는 소극적으로 다루었다는 것은 명백한 사실이기 때문이다.

그러나 그가 간접경험에 의한 학습, 책으로 된 이론교육이나 지식교육이 불필요하다거나 도외시한 것은 아니다. 주지할 사항은, 그에게서 '경험' 개념은 '직접경험'만을 의미하는 것도 아니며, 직접경험의 개념도 단순한 '시행착오식 경험'을 의미하는 것이 아니라는 점이다. 그는 "자신이 몸소 생생하게 겪어보는 직접경험은 그 범위가 매우 한정되어 있다"(*DE*: 240)고 하면서 직접경험의 한계성을 인정하고 있다, 그리고 "눈앞에 안 보이는 멀리 떨어진 사태를 표상해 줄 만한 [문자나 기호와 같은] 매개 장치가 없다면, 우리의 경험은 거의 짐승 수준에 머물러 있을 것"(*DE*: 240-241)이라고 하면서 간접경험의 필요성을 간과하지 않았다.

그가 진정으로 문제 삼고자 한 것은 "책이나 대화도 중요한 역할을 할 수 있지만, [학교교육에서] 주로 이러한 매개물에 지나치게 의존하고 있다"(*DE*: 45)는 데 있었다. 그는 "교재를 경험 활동의 연장선에서 그 발달에 활용한다는 것과 그것을 학습의 주된 자료로 제공하고 거기에 의존한다는 것 사이에는 엄청난 차이가 있다"(*EE*: 52)고 말한다.

따라서 그가 교육에서 직접경험 방법을 강조한 것은, 어디까지나 종래의 교육이 서적을 통한 이론 전달에 지나치게 치중하고 있었기 때문에, 그 지식 습득 일변도의 교육에 반동을 가함으로써 균형을 바로잡고자 하는 데 그 목적이 있었다고 봐야 할 것이다. 다시 말하면, 그는 이론적 지식의 활용 방법에 있어 종래의 방법과는 다른 독특한 방법을 제시하고 있는 셈이다. 그것은 교재에 담긴 내용을 교사가 일방적으로 전달할 것이 아니라, 총체적으로 진행되는 경험 활동 과정에서 그 필요에 따라 여러 가지 이론적 교재를 활용해야 함을 의미하는 것이다.

듀이의 주안점은 "교육의 자원인 언어 사용을 줄여야 한다는 것이 아니고, 그것이 공동의 활동과 정상적으로 관련을 맺음으로써 더욱 생생하고 생산적으로 사용되어야 한다"(*DE*: 44)는 데 있다. 다시 말해, 실행을 통한 학습을 강조한 것은 상징 매체에 의한 이론 학습을 배제해야 한다는 것이 아니고, 경험 활동이 이루어지지 않는 정적인 상태에서의 지식교육은 공허하고 무의미하다는 것을 강조한 것일 뿐이다. 그는 교육의 본래적 의의를 되살려, 실생활과 직접경험의 방식, 즉 실물이나 실행을 통한 실험적 방법을 교육에 도입함으로써, 그것을 이론 학습과 생생하게 연결되도록 하는 것이 교육적 성장을 보장하는 방법이라고 믿었던 셈이다. 결국, 그의 진의는 그 두 가지 장치의 장점을 조합하고 통합해야 한다는 데 있었던 셈이다.

둘째, 듀이는 실제적인 경험 활동을 통해서 교육의 목적과 방법과 내용을 통합하고자 하였다. 그는 이들을 각기 분리된 것으로 간주하는 것은 교사에 의해서 획일적으로 계획된 절차에 의해 학습이 진행되고, 공부 그 자체가 목적이 됨으로써 학습자가 거기에 흥미를 잃게 된 근본 원인이라고 생각하였다. 실제적인 경험 활동이 중심이 되면 그들이 각각 분리되지 않고 연장선에 있으며 일체가 된다는 것이다.

그는 목적을 활동이 일어나는 가운데서 발생하는 일종의 지성 작용으로 본다는 것은 전술한 바 있다. 목적의식이 발생하는 과정에 대해서는 이렇게 설명한다. 인간의 충동이 환경과 마주쳐 당장 실행되지 못함으로써 욕망이 생기고, 그 욕망을 실현하기 위해 선행 경험을 동원하여 활동 결과에 대하여 예견하게 되는데, 그것이 곧 지성의 작용이며 목적이 된다는 것이다(*EE*: 43).

그리고 '예견되는 결과'로서의 목적을 실현하기 위해서 온갖 종류의 자료와 경험 내용을 요구하게 된다. 이때 활용되는 "교과는 목적을 가진 사태의 발전 과정에서 관찰되고 회상되는 것 또는 글이나 말을 통해서 전달되는 사실들과 제시되는 아이디어들로 구성되어 있다"(*DE*: 188). 따라서 경험의 계속적인 재구성으로서의 교육 속에서는 "교육의 과정과 목적이 하나"(*MPC*: 91)가 된다는 것이다.

방법도 이와 같은 맥락에서 연결된다. 방법은 넓게는 활동 과정 그 자체를 의미하기도 하지만, 경험의 진전에 따라 자연스럽게 강구되는 구체적인 탐구 방법을 가리키기도 한다. 그는 "방법이란 경험 내용으로서의 교과가 아주 효과적이고 생산적으로 발전하게 하는 길을 설명하는 것"이라고 정의하고, "방법은 경험 과정을 관찰함으로써 도출되는 것이다. … 따라서 방법이 독립된 것으로 생각하는 것은 마음이나 자아가 사물 세계에서 분리되어 있다는 견해와 관련된 것"(*DE*: 186)이라고 지적한다.

셋째, 듀이는 다양한 교과를 실제적인 경험 활동을 통해서 통합시키려고 하였다. 그는 각 교과를 엄격하게 구분하여 별도로 다루는 것은 옳지 않다고 보았다. 교과에 대한 전통적인 인식에 대하여 다음과 같이 평가하고 있다.

> 전통적인 교육에서 교과라는 것은 그대로 공부해야 하는 자료를 의미하는 것이었다. 다양한 학습 분야는 그 자체로 각각 독립된 분야로서, 그 내부에 온전한 배열 원리를 갖고 있는 것으로 간주하였다. 역사, 대수, 지리 등은 각각 거기에 관련된 사실들을 모아놓은 것으로, 우리는 그 완전한 교육과정을 다루기만 하면 그만이었던 것이다. 교과들이 그 자체로 독립된 일정한 실체를 가지고 있는 만큼, 그것과 마음의 관계는 마음이 습득할 내용을 교과에서 제공해주기만 하면 끝나는 것이다(*DE*: 141).

듀이는 교과에 대한 이러한 전통적인 태도가 보통 학교의 교육 프로그램에 그대로 반영되어 있다고 평가하고 있다. 그는 수에 대한 학습 목적을 예로 들면서, 개별 과목이 실제적 경험 활동 속에 어떻게 통합되어야 하는지를 설명하고 있다. 즉, "수가 학습의 대상이 되는 것은 그것이 수학이라는 학습 분야가 이미 있기 때문이 아니라, 그것이 우리의 행위가 이루어지는 세상의 특성과 관계가 있음을 보여주기 때문이며, 우리의 목적을 달성하는 데 필요한 요소이기 때문"(*DE*: 141)이라고 말한다. 교과목이 단순히 학생들이 공부해야 할 과목으로 제시되면, 자연스럽지 못하고 효과적이지도 못한 결과가 나올 수밖에 없다는 것이다. "공부가 어느 정도 효과적인 것으로 되려면, 학생이 다루는 산술적 지식이 자기가 관심을 가진 활동의 결실을 얻는 데 어떤 기여를 하는지 알고 있어야 한다"(*DE*: 142)고 강조한다.

그러므로 학교의 교육과정에서 어떤 학년에는 읽기와 쓰기, 또 어떤 학년에는 문학과 과학을 가르치는 식으로, 교과를 일렬로 나열하는 것은 잘못된 방법이 된다(*MPC*: 91). 듀이는 "교과를 서로 관련짓는 구심점은 이른바 표현 활동 또는 구성 활동이 되어야 한다"(*MPC*: 90)고 함으로써, 다양한 교과를 가르치는 방법은 역시 실제적인 경험 활동을 중심으로 통합해야 한다는 점을 밝히고 있다. 말하자면, 전체적인 경험 활동 속에서 모든 교과를 통합적으로 제공하는 형태를 시사하는 것이다.

그리고 실제적 경험 활동을 학교교육에서 실행하는 효과적인 방법으로 그는 노작(occupation)을 제시하고 있다. 여기서 말하는 "노작이란 아동 본성의 일부로서, 사회생활에서 수행되는 어떤 형태의 작업을 재현하거나 그에 상응하는 내용을 실행하는 활동 양식을 의미한다"(*SS*: 92). 그는 "노작에 담긴 심리학적 토대는, 그것이 지적인 국면과 경험의 실제적인 국면 사이에 균형을 이룬다는 점에 있다"(*SS*: 92)고 말한다. 노작의 과정은 겉으로는 단지 여러 신체 부위를 이용한 활동하는 것처럼 보이지만, 그 내면에서는 그러한 실제적인 일이 잘 일어나도록 재료를 관찰하고 계획하고 반성하는 과정이 진행된다는 것이다. 따라서 일반적으로 노작은 수공 기술이나 신체 동작을 단련하기 위해서 수행한다고 생각하지만, 그는 노작에 대한 일반 통념보다는 훨씬 폭넓은 아이디어를 구상하고 있음을 알 수 있다.

듀이는 "노작활동은 흩어져서 분산되어버릴 수도 있는 다양한 충동을, [중심이 되는] 든든한 척추에 견실한 골격으로 결합하는 역할을 한다"(SS: 95)고 말하고, 노작이 갖는 장점에 대하여 다음과 같은 의미를 부여한다.

> 다양한 형태의 노작을 학교에 도입하는 데 있어 꼭 유념할 사항은, 그러한 노작활동을 통해서 학교에 대한 사고방식이 완전히 새로워진다는 점입니다. 학교가 아동의 생활과 직결되는 삶의 장이 되는 것입니다. 이렇게 되면 학교는 단순히 장래에 영위될 것이라고 예상되는 어떤 삶에 대비하여, 추상적이고 요원한 관계에 있는 교과를 배우는 곳이 아니라, 직접적인 활동을 통해서 배우는 생활공간이 됩니다. 말하자면, 학교는 축소된 공동체, 배아적(胚芽的) 사회가 되는 것입니다. 이것을 기반으로 하여 이로부터 계속적이고 순차적으로 수업이 진행되는 것이지요(SS: 12).

그리고 "노작활동이 학교생활의 각 부분을 연결하는 중심이 될 때 달라지는 점을 말로 표현하기는 쉽지 않지만, [학교생활에서 아이들의] 동기와 정신 자세와 분위기가 달라진다는 점"(SS: 10)이라고 말한다. 이어서 그는 노작활동을 학교에 도입하게 되면, 아이들은 수동적이고 무기력한 수동적 태도에서 활기와 생명력이 넘치는 모습으로 변하게 된다고 강조한다. "정신 활동에 관한 연구 결과가 보여주는 바와 같이, 탐구하고 도구와 자료를 조작하고 제작해보고 신나는 감정을 표현하는 것은 [아이들의] 타고난 성향으로 근본적으로 중요한 가치를 가진다"(*DE*: 202).

이러한 경험 활동을 학교의 프로그램으로 도입하면, 직접경험과 간접 경험이 모두 동원되며, 교육의 목적과 내용과 방법이 연결될 것이며, 모든 학생이 흥미를 가지고 학업에 전념하게 될 것으로 보는 것이다. 결국 "능동적인 작업 활동은 근본적으로 전체(*wholes*)에 관한 것이다." 그리고 "지적인 측면에서 전체라는 것은 관심이나 흥미와 관련되어 있다"(*DE*: 206)고 말한다. 여기서 우리는 그가 제시하는 노작 활동은 곧 질성적 경험 방법에 해당한다는 것을 알 수 있다. 이러한 방법이 갖는 진정한 가치가 무엇인가에 대해서는 다음 진술에 잘 드러나 있다.

> 앎의 원초적인 내용은 직접 부딪쳐서 사물을 다루는 방법을 습득하는 과정 안에 들어 있다. 이 원리를 교육에 적용하면, 이런 간단한 노작 활동을 계속해서 활용함으로써, 학습자의 역량에 맞으면서도 사회적 활동의 보편적인 모습을 잘 재현하도록 해야 한다는 것이다. 그러면 활동을 그 자체 목적으로 수행하는 와중에, 자료와 도구와 에너지 법칙 등에 관한 기술과 정보를 습득하는 것이다(*DE*: 213).

지금까지 실제적인 경험 활동을 중심으로 해서 그 안에 다양한 교육적 요소를 통합하는 방안을 고찰하였는데, 이러한 통합의 원리는 한편으로는 전인교육의 이념에 부합된다고 할 수 있다. 인간의 삶이나 경험은 원래 각 부분으로 분할된 상태로 관련되는 것이 아니라, 모든 요소가 복합적으로 통합되어 있다. 그것은 물리적인 결합이 아니라 화학적인 결합이라고 할 수 있는데, 그런 면에서는 통합(統合)이라기보다 융합(融

습)이라고 하는 것이 더 적합할지도 모르겠다. 그래서 오늘날 교육은 인지적인 면뿐만 아니라 덕성과 신체와 정의적 측면을 함께 발달시켜야 한다는 전인교육을 회자한다. 그런데 실제적인 경험 활동 장면에서는 우리의 지적·감각적·정의적·신체적인 모든 측면이 총동원될 수밖에 없는 것이다. "전체라는 것은 질성적인(qualitative) 것이며, 사태가 우리의 마음을 완전히 사로잡고 있는 상태를 말한다"(*DE*: 206). 듀이는 그러한 경험 사태에서는 일일이 다 열거할 수도 없는 총체적인 역량을 증진할 수 있다는 신념을 바탕에 깔고 있음을 알 수 있다. 이러한 질성적 경험은 그의 이론 체계에서는 예술적 혹은 심미적 경험으로서의 의미를 갖게 된다. 따라서 실제적 경험 활동을 통한 교육방식은 인간의 총체적 역량이 함께 작동하게 하며, 또한 그 모든 역량을 함께 키울 수 있다는 점에서 또 다른 교육적 의의를 찾을 수 있다.

사람은 누구나 다양한 경험 사태에 마주치면서 그 경험들에 대한 가치를 평가하고 중요도에 따라 그것을 나름대로 서열화하게 된다. 듀이는 이러한 가치 평가(valuation) 기준도 한 다리 건너뛴 간접적인 것이 아니라, 체험을 통해서 나오는 것일 때 진정한 교육적 의의를 갖는다고 생각하고 있다. 가치의 문제는 선과 악, 정의와 불의, 의와 사 등에 관한 '도덕적 가치', 문학이나 그림이나 음악에 있어서 조화며 균형이며 배열 등에 관련된 '심미적 가치', 정의와 명료성과 체계성 등에 관련된 '지적 가치' 등 다양한 영역에 걸쳐 있다. 그는 이러한 가치를 판단하는 기준을, 부모나 교사가 그들의 기준에 따라 언어를 통해서 가르쳐 주려는 것은 별 효과가 없다고 생각한다. "그러한 방식으로 가르치는 기준은 단지 상징적인 것, 말하자면 대개는 형식적이고 말로만 하는 것일 뿐"(*DE*: 243)이며, "그것을 암송할 수 있다 해도, 그것은 기계적인 재연에 불과하다"(*DE*: 244)는 것이다. "사실, 말로만 하는 기준이 아니라 실제적인 [가치 평가] 기준은 개인이 직접 구체적인 경험 상황에서 의미심장한 것으로 절감하는 가운데서 형성된다"(*DE*: 243)고 보는 것이다. 결국, 간접경험으로 숙지하는 방법, 즉 책으로 배우고 말로만 전하는 방식으로는 전인교육은 처음부터 불가능하다는 것이다. 그것은 마치 부모나 연장자의 충고만으로는 합리적인 구매 능력을 제대로 키울 수 없는 것과도 같다고 할 수 있다.[2]

　　요약하면, 듀이는 노작활동과 같은 실제적인 경험 활동을 중심으로 모든 교육적 요소를 통합하는 방안을 계획하여 제안하고 있다. 이런 경험 활동을 통해서 직접경험과 간접경험을 통합하고, 교육의 목적과 방법과 내용을 통합하고, 모든 교과를 통합하고자 했던 셈이다. 이것은 그 어떤 교육방법보다도 전인교육의 본래 이념에 부합한 방안으로 평가된다.

　　한편, 듀이는 "학교 교과들을 서로 관련짓는 진정한 구심점은 과학도 아니고, 문학도 역사도 지리도 아니며, 오직 아동 자신의 사회적 활동이다"(*MPC*: 89)라고 선언한다. "우리는 모든 측면이 함께 뒤엉킨 세계에서 살고 있다. 모든 교과는 이 거대한 공동 세계에서의 관계로부터 나오는

---

2) 미성숙자에게 '합리적인 구매 능력'을 키워주기 위해서는, 부모가 물건을 사주기만 할 것이 아니라, 자신이 직접 구매해 보도록 해야 할 것이다. '물건을 살 때는 용도에 적합한지, 하자가 없는지, 가격이 적당한지 등을 잘 따져보고 사야 한다'는 부모나 연장자의 충고도 도움이 될 수 있겠지만, 그들의 지혜가 그대로 아동의 것이 될 수는 없는 것이다. 직접 물건을 구매해 봄으로써, 그 물건에 하자가 있거나 겉모습과 내용물이 다르거나 자신의 필요와 어긋나거나 하여, 후회를 해보거나, 교환을 위해 구매 장소로 찾아가 가게 주인과 실랑이를 벌이는 노고를 경험해 보지 않고는 훌륭한 구매 능력을 키우기가 어렵다는 것이다.

것이다. 따라서 아동이 이러한 공동 세계에 대해서 다양하면서도 구체적이고 능동적인 관계 속에서 생활한다면, 교과들은 자연적으로 통합된다"(SS: 54)고 보는 것이다. 이와 같이 그는 실제적 경험 활동이 이루어지는 방식을 좀 더 확대하여, 학교교육을 실제 사회와 연계하여 운영하는 방안을 제시하고 있다.

4. 실생활과 연결되는 학교교육

오늘날 우리 사회에는 '학교 우등생은 사회의 열등생'이라는 말이 널리 퍼져 있다. 이 말은 반드시 옳은 것은 아니겠지만, '학교에서 배우는 지식이 사회에 별로 쓸모가 없다'는 의미를 웅변적으로 대변하기에는 손색이 없을 것이다. 한편, 오늘날 도덕교육에서는 '아는 것'(knowing)과 '행하는 것'(doing) 사이의 간격을 메우는 일이 중요한 이슈로 남아 있다. 듀이는 이러한 딜레마, 즉 학교교육에서 나타나는 이런 심각한 문제의 원인을 학교에서 다루는 교과가 실생활과 동떨어진 내용이라는 데서 찾고 있다.

고대 사회에서는 아동이 사회의 실생활에 참여함으로써 자연스럽게 기성 사회에 동화되고 적응할 수 있었지만, 사회가 점점 복잡해짐에 따라, 젊은이들에게 사회생활의 내용을 압축하여 체계적으로 전수할 필요가 생기게 되었고, 문자와 인쇄술의 발달은 이 일에 엄청난 추진력을 주었다. 그러나 지식과 정보가 폭발적으로 증가하면서 삶의 전체 경험에서 학교교육이 차지하는 영역이 점점 확대됨으로써, 학교교육은 점점 더 형식화되어 실제 생활과 연결이 약해지게 되었다. 그리하여 "학교의 교과는 마치 그 자체의 독립된 지식으로만 존재하는 것처럼, 그리고 공부는 그것의 사회적 가치와 무관하게 단지 그 자체의 중요성 때문에 통달해야 하는 활동인 것처럼"(*DE*: 189) 간주하기에 이르렀다고 듀이는 꼬집고 있다. 결과적으로 학교에서 배우는 것과 사회 실태와는 별개인 것처럼 인식하게 됨으로써, 교육적으로나 사회적으로나 엄청난 낭비와 부작용을 초래하게 되었다고 파악하고 있다.

> 오늘날 교육이 실패하는 주된 원인은 학교가 사회생활의 한 형태라는 이 근본적인 원리를 무시하는 데에 있다. 현행 교육에서는 학교를 학생들에게 정보를 제공해주고, 공부를 가르쳐주고, 습관을 형성해주는 장소로 생각한다. 또 학교에서 습득하는 이런 것들의 가치는 주로 먼 장래에 있는 것으로 간주하고 있다. 말하자면, 아동은 장차 해야 할 어떤 다른 일을 위해서 이런 것들을 배워야 한다고 생각한다. 그야말로 그것은 단순히 준비인 것이다. 결과적으로 그런 방식의 교육은 아동의 생활 경험의 일부가 되지 못하고, 결국 진정한 의미의 교육적 경험이 되지 못하는 것이다(*MPC*: 88).

그가 말하고자 하는 것은 학교교육이 아무리 발달한다 해도, 가장 기본적인 교육과정, 즉 태어나면서부터 실생활의 생생한 경험을 통해서 인류의 문화를 공유하게 되는 교육의 본래적 의의를 잃어버리면 안 된다는 것이다. 그는 "세상에서 아무리 체계적이고 전문적인 교육이라 해도 이 일반적인 과정을 벗어날 수는 없다. 그런 교육에서는 이 과정을 체계화하거나, 어떤 특정 방면으로 특수화할 수 있을 뿐이다"(*MPC*: 84)라고 말한다.

듀이는 교육에서의 많은 낭비와 부작용 문제를 해소하기 위해서, 사회의 실제적인 활동을 학교교육에 확대 적용해야 한다고 생각하였다. 학교교육이 사회의 실제적인 경험이 되도록 하는 방안에 대한 듀이의 수많은 진술은 크게 두 가지로 요약된다. 그 하나는 학교교육이 활기찬 사회생활의 축소판이 되도록 하는 방안이며, 또 하나는 교육을 학교 울타리에서 벗어나 사회와 활발하게 교류함으로써 운영하는 방안이다.

첫째, 학교는 "소 사회"(a miniature (or little) community) 혹은 "배아적 (胚芽的) 사회"(an embryonic society)(SS: 12, 19)로서의 형태가 되어야 한다고 생각하였다. 이 문제에 대한 그의 신념은 여러 저서에서 폭넓게 나타나 있다. "My Pedagogic Creed"(1897)에서는 다음과 같이 강조하고 있다.

학교는 무엇보다 먼저 하나의 사회적 기관이다. 교육이 사회적 과정인 만큼, 학교는 당연히 사회생활의 한 형태가 되어야 한다. 이러한 의미에서의 학교는 아동이 인류가 물려받은 자원을 공유하고 자신의 역량을 사회적 목적을 위해 사용하도록 양육하는 데에 가장 효과적인 모든 사회기관들이 집결된 곳이다(MPC: 86-87).

그러므로 "학교는 현재의 삶을 재현해야 한다. 학교생활은 아동이 가정에서, 동네에서, 놀이터에서 영위하는 삶과 마찬가지로 실감과 생동감을 가진 것이어야 한다"(MPC: 87)는 것이다. 그는 이어서 "여러 가지 삶의 형식들, 그 자체로서 생활할 가치가 있는 형식들을 통해서 이루어지지 않는 교육은, 언제나 진정한 실재에 대한 빈약한 대용물일 뿐이며, [아동·학생을] 속박하며 맥 빠지게 하는 경향을 띠게 된다"고 비난하고 있다.

우리가 추구해야 할 바람직한 학교 형태에 대한 그의 생각은 *Democracy and Education*(1916)에서는 더 구체적으로 표현되고 있다.

> 학교는 실생활과 유리되어 단지 교과목을 배우는 곳이 아니라, 현재 나누어 갖는 경험을 통해서 학업과 성장이 이루어지는 축소된 사회 집단이 되도록 해야 한다. [학교 안에 다양한 시설을 두루 갖추고 자유롭게 제공한다면] 운동장·공작실·작업실·실험실은 젊은이들의 능동적인 특성을 자연스럽게 지도해 줄 뿐만 아니라, 상호 교섭이나 의견 교환이나 협력을 가능하게 할 것이며, 상호 교섭의 중요성에 대한 인식을 크게 넓혀줄 것이다(*DE*: 368).

학교가 모든 면에서 축소된 사회 형태가 되어야 한다는 듀이의 신념은 그 뿌리가 복합적인 것으로 보이지만, 그 실제적인 근거는 무엇보다도 사회 현실에 관련된 감각이나 관심, 그리고 사회에 적용될 수 있는 덕성과 자질은, 타인과 함께 어울려 생활하면서 서로 교류하는 진정한 사회적 분위기 속에서만 발달할 수 있다는 생각(*DE*: 386)에 토대를 둔 것이다.

한편, 듀이는 "수업은 학습자가 이미 갖추고 있는 경험에서 시작된다는 것, 그리고 지금까지의 경험 과정에서 발달해온 역량이 나중에 심화해갈 모든 학습의 출발점이 된다는 것은 새로운 학교교육이 가진 중요한 지침"(*EE*: 49)이라고 말한다. 학생들이 학습 현장에 적극적으로 참여하는 교육이 되고, 또한 사회생활에서 그것을 계속해서 발전시켜갈 수 있는 교육이 되기 위해서는, 무엇보다도 학습자가 평소에 익숙한 생활 경험을 토대로 하여 시작하는 것이 중요하다는 것이다.

이것은 교육의 방법과 내용 모두에 해당하는 것이다. 학습 방법에서
도 학습자에게 익숙한 일상생활 사태와 유사한 자유로운 방식으로 진행
하고, 내용에서도 정해진 교과서의 원론적 내용만을 다룰 것이 아니라,
아동 · 학생들의 일상생활 속에서 자료를 구해서 다루어야 한다는 것이
다. 그는 "우리는 이 사회생활의 관계를 떠나서 읽기 · 쓰기 · 지리와 같
이 여러 가지로 세분화된 교과들을 아주 갑자기 아동에게 제시함으로
써, 아동의 본성을 위배하게 되고 최선의 윤리적 결과를 가져오기 어렵
게 만들고 있다"(*MPC*: 89)고 지적하고 있다.

듀이의 이러한 신념은 새로운 경험은 과거의 경험을 기초로 성립된다
는 것, 즉 선행 경험을 발판으로 후속 경험이 이루어진다는 경험 연속의
원리에 토대를 둔 것임을 알 수 있다. 현재 경험은 과거 경험과 연결해
야만 진정한 경험이 될 수 있다는 원칙은, 학교생활을 시작하는 아동의
경우에는 더욱 필요하겠지만, 새로운 교과를 다룰 때는 모든 형태의 학
습에 적용된다고 할 수 있다.

그렇다고 해서 교육이 과거의 경험에 매달려야 한다는 것은 물론 아
니다. 과거의 경험을 기초로 하여, 그것을 심화해 나가는 것을 전제로
한 것이다. "학습 자료를 [과거] 경험에서 구한다는 것은 단지 첫 단계
에 불과하다. 그다음 단계는 이미 경험한 바를 더욱 풍부하고 조직적인
형태, 즉 그 자료를 더 숙련되고 성숙한 사람에게 제공할 수 있는 형태
에 점점 가깝도록 발전시켜가는 일이다"(*EE*: 48). 다시 말해서, "학교 교
육과정의 내용은 사회생활의 원초적이고 무의식적인 통합에서 시작하
고 거기서 점차 분화되는 형식을 갖추어야 한다"(*MPC*: 89)는 것이다.

익숙해 있는 경험을 바탕으로, 거기에 새로운 관념이나 의미를 체계
적으로 부여하여 심화 · 확대해 나가면, 학습자는 계속해서 적극적으로

수업에 임할 것이고, 적극적으로 경험을 확장함으로써 결국 교육적 경험으로 귀결된다는 것이다. 따라서 교육자는 현재의 자료 가운데서 새로운 경험으로 발전할 수 있는 자료, 다시 말해 전이도(轉移度)가 높은 자료를 학습자에게 선택하여 제공하는 일이 중요하다. 수업이 이런 방식으로 진행되면, 학습자는 새로운 관찰과 탐구 방법을 찾도록 자극받을 수 있고, 그럼으로써 경험을 성장해 나갈 수 있다는 논리다. 그는 여기에 중요한 의미를 부여하기도 한다. "이런 방식은 아동의 성장에 있어 계속성을 보장하는 유일한 방법이며, 과거 경험의 배경을 학교에서 제공하는 새로운 아이디어로 가져오는 유일한 방법이라는 점에서, 심리학적으로 필수 조건이다. 그리고 이것은, 가정이 지금까지 아동을 양육하고 도덕적 훈련을 담당해온 사회생활의 형태라는 점에서, 사회학적으로도 필수 조건이 된다"(*MPC*: 87).

둘째, 듀이는 아동·학생이 직접경험을 통해서 생생한 지식을 습득하고, 그것이 실생활에 연결되도록 하기 위해서는, "학교에서 배우는 것이 학교 밖에서 배우는 것과 연결되어야 한다"(*DE*: 368)고 생각하였다. 말하자면 학교를 수도원이나 성지와 같은 특별한 장소로 고립시켜 취급하지 말고, 학교 울타리를 벗어나 사회와 자유롭게 교류하는 장소로 바꾸어야 한다는 것이다. 이는 학교가 사회생활의 축소판이 되는 것에서 한 걸음 더 나아가, 지역 사회와 연계하여 학교 밖의 풍부한 자원을 적극적으로 활용해야 한다는 것을 의미하는 것이다. 이 문제에 대한 듀이의 기본 생각은 다음 단락에서 확인할 수 있다.

학생은 시시콜콜한 사소한 것을 배울 것이 아니라, [실생활에] 유의미한 것, 경험의 지평을 확장할 수 있는 것을 배워야 한다. 또한 학생은

사실적 진리에 친숙해져야 한다. 따라서 50년 전에 진리라고 간주하던
것, 또는 어설프게 교육받은 교사의 잘못된 판단으로, 흥미 있는 것으로
간주하는 그러한 내용을 가르치는 것은 곤란하다(SS: 48).

오늘날 우리의 교육현장은 과거에 비해서는 많이 개선된 것이 사실이
지만 아직도 상당히 공감이 가는 지적이다. 인간 생활은 홀로 유지되는
것이 아니라 현재 사회가 가진 모든 기관에 의해 감독받고 지도되고
조정되면서 이루어진다. 학교도 사회와 단절되거나 따로 떨어져 존재하
는 곳이 아니라 모든 사회기관과 연결되어 있다. 듀이는 이 점을 중시하
고 있다. 그는 "아동은 공동체 사회의 생활을 통해서 자신의 행위가 자
극받고 통제되도록 해야 한다"(MPC: 88)고 강조한다. 그리고 "참된 교육
은 오로지 아동이 자신을 발견하는 사회적 상황의 요구에 따라 자신의
능력에 대해서 자극받음으로써 발생하는 것이다"(MPC: 84). 다시 말하
면, 학생을 공동생활에 실제로 참여시킴으로써, "공동의 관심과 이해를
통해서 자신의 내적 통제력을 갖게 하는 것이 교육의 역할"(DE: 45)이라
고 본 것이다. 이와 같이 그는 교육을 사회적 경험을 통해서 이루어지는
발전이어야 한다고 보고 있다. 이것은 효과적인 교육이 되기 위해서
지역 사회를 연장된 학교로 활용해야 한다는 것을 의미한다.

듀이는 생리학, 생물학, 실험 과학의 방법에서 이루어진 발전은 "학교
에서 습득하는 지식이 공동생활 현장에서 일어나는 활동이나 직업과
연관된다"는 사실을 밝혀준다고 파악하고 있다(DE: 355). 그는 또 "학교
교육이 학교 외 환경의 교육조건에서 이탈하면, 진정한 사회적 의의가
사라지고 그 대신 책에 의존하는 가짜 지식교육이 들어앉을 수밖에 없
다"(DE: 44)고 말한다. 아동·학생을 공동생활에 참여시키지 않고, "학

교가 사회와 단절되어 있으면, 학생들에게 대수나 라틴어나 식물학에 관하여 전문화된 기술적 능력을 얻도록 할 수는 있을지 모르지만, 유용한 목적을 위하여 자신의 역량을 활용하는 지성을 가르쳐 줄 수는 없다"(*DE*: 44)는 것이다. 이러한 근거에서 그는 "교육은 ⋯ 사회적 가치 기준을 적용해야 한다"고 말하고, "교육과정을 조직할 때는 학업을 현재의 사회생활의 필요에 적합하도록 하는 방안을 고려해야 한다"(*DE*: 199)고 강조한다.

듀이의 이러한 진술들은 사회생활에 폭넓게 활용되는 유용한 지식에 높은 가치를 부여하고, 사회 현실과 동떨어진 공부나 학문 연구는 무가치하다는 실용적 교육관을 극명하게 보여주고 있다. 그는 과거의 전형적인 인문 교양교육(cultural education)은 과거 문화에 집착하고 과거 회고적인 사고를 길러, 현재의 문제를 도외시하고 다른 시대의 삶에 안주하게 한다는 이유로, 상당히 부정적으로 기술하기도 한다(*DE*: 369).

그러면서 한편으로는, "교육과정은 본질적인 것을 우선으로 두고 정제된 것은 부차적으로 둔다는 것을 참고하여 설계해야 한다. 본질적인 것이란 사회적으로 아주 근본이 되는 것, 즉 사회 집단 대부분이 널리 공유하고 있는 경험과 관련된 내용을 말한다. 그리고 부차적인 것이란 전문 집단과 기술적인 연구의 필요성을 대표하는 내용을 말한다"(*DE*: 199)고 한다.

이 두 가지 아이디어의 합일점을 찾는다면, 학교교육의 최우선 과제는 현재의 사회생활에 효용성이 있는 내용을 학습하게 하는 것, 그러나 학교교육에서는 특수한 지식이나 기술 연마보다는 모든 방면에 두루 적용할 수 있는 보편적인 역량을 우선적으로 함양하게 하는 것으로 이해할 수 있다. 이를 뒷받침하는 내용은 다음 문구에서 찾을 수 있다.

학교와 직업 생활 사이에는 유기적 관련이 있어야 한다는 것은 당연
하다. 그러나 이 말은 학교가 아동에게 어떤 특수한 직업을 준비시켜야
한다는 뜻이 아니고, 아동의 일상생활이 주위의 산업 환경에 자연스럽
게 연결되도록 해야 한다는 것을 의미한다. 그리고 이 연결을 확실하면
서도 유연하게 하여, 아동이 그것을 알 수 있도록 하는 것이 학교의
임무라는 것을 말하는 것이다(SS: 46-47).

이상에서 논의한 학교교육이 추구해야 할 방향에 대한 두 가지 주장
은 역시 그 저변에 경험의 원리와 성장이라는 이념이 깔려 있다. 생활과
동떨어진 교과 내용, 선행 경험과 무관한 내용을 다루게 되면, 선행 경
험은 무의미한 것이 되고, 학습자와 교재 사이에 상호작용이 활발하게
이루어지지 않게 되며, 그것은 곧 계속적인 성장에 기여하지 못하게 될
것이다. 그와는 달리, 학교가 생활 사태와 유사한 경험 장면으로 구성되
고, 아동에게 친숙한 일상생활의 경험이 교과에 반영되고, 또 학교가
사회의 실생활과 밀접한 관계를 유지할 때는, 경험의 두 원리가 활발히
작동하여 성장을 촉진하게 된다는 것이다. 다시 말해서, 그것은 현재
학습에도 효과적인 방법이 되고, 평생교육 차원에서 미래 경험 성장에
도 효과적이라고 보는 것이다.

듀이는 학교에서 사회적 환경을 제공하지 않고, 학교와 사회를 연결
하지 않는 것은 학교가 고립되는 주된 원인이라고 보고 있다. "이 고립
으로 말미암아 학교에서 배우는 지식이 삶에 적용되지 않고, 그럼으로
써 인성(character)에 아무런 영향을 미칠 수 없게 된다"(DE: 369)는 것이
다. 그리고 "정보와 전문적인 지식을 습득하더라도, 그것이 사회적 성향
을 형성하는 데에 영향을 주지 못할 때는, 일상의 생생한 경험은 의미를

상실하게 되고, 그러는 동안 학교교육은 그만큼 '영리한 공부벌레', 다시 말해 이기적인 전문가들만 양산해 내게 된다"(*DE*: 12)고 지적한다.

학교교육과 실생활의 연결은, 교육의 본질적인 측면에서 보면 학교 안과 밖의 지식이 괴리되지 않고 앎과 삶이 분리되지 않는 것, 즉 지식과 인격의 일관성 문제에 관련된다. 다시 말하면, 학생과 교사, 학생과 학생들 사이에 자유로운 사회적 관계가 유지되는 학교 환경을 만들어 줄 때 비로소, 아동·학생은 그 속에서 사회성 발달은 물론이고 도덕성과 합리성이 길러지고, 자신의 역할을 찾고 자아를 발견하여, 결국 그들이 학교교육을 마친 후에도 단절됨이 없이 인격의 일관성을 유지할 수 있다는 것이다. 이런 맥락에서 듀이는 "교사는 학교에서 아동에게 어떤 관념을 부과하고 습관을 형성하는 사람이 아니라, 공동체 사회의 한 구성원으로서 아동에게 미치게 될 영향을 설정하고 아동이 이러한 영향에 적절하게 반응하도록 도와주는 사람"(*MPC*: 88)이 되어야 한다고 강조한다.

그는 내면적 성향·동기와 신체적·외적인 행위를 분리하는 이론, 흥미에 입각한 행동과 원리에 입각한 행동을 대립시키는 이론은 모두, 공부를 행위나 도덕에서 떼어놓게 한다고 보았다. 이들의 분리를 극복하는 길은, "학습이 사회적 목적을 가진 계속적인 활동이나 작업을 통해서 일어나고, 또한 전형적인 사회적 상황이라는 자료를 활용하게 하는 교육방안을 마련하는 것"(*DE*: 370)이라는 결론에 이른다. 전통 철학에서는 지식과 행위를 분리된 것으로 간주하였지만, 듀이는 학교의 경험 내용을 사회의 경험 활동에 연결함으로써, 지식과 행위를 통합하고자 한 것이다.

결국, 학교에서 배운 지식이 무의미한 것이 되지 않고 실생활에 그대로 연결되도록 하려는 듀이의 모든 노력은, 학교에서 낭비적 요소를 줄이는 데 그 목적이 있었다고 할 수 있다. "모든 낭비는 고립에서 기인된다"(SS: 39)고 보았기 때문이다. 따라서 그가 의도한 것은 "어떻게 하면 학교가 실생활과 연결되도록 하여, 아동이 친숙한 일상생활 방식에서 얻는 경험을 학교로 옮겨 활용하는 동시에, 학교에서 학습한 것을 다시 일상생활로 옮겨 응용하도록 할 것인가, 그리하여 학교를 고립된 부분들의 복합체가 아니라, 하나의 유기적 전체가 되도록 할 것인가를 밝히는 것"(SS: 54)에 있었다고 할 수 있다.

요약하면, 듀이는 교육에 있어서 낭비와 부작용이 일어나는 한 가지 중요한 요인은 학교교육이 사회 현실을 외면하고, 그 자체의 세계를 구축하고 있는 것에 있다고 진단하면서, 이들 두 세계의 벽을 허물고, 인격과 역량에서 학교 공부가 사회 활동과 직결되도록 하고자 하였다. 그 구체적인 방법으로서 한편으로는, 학교를 사회생활의 축소판으로 만들어 자유롭고 활기찬 생활의 장이 되게 하고, 또 한편으로는 학교 밖의 풍부한 자원을 교육에 활용함으로써, 아동 · 학생이 사회의 여러 실태를 직접 체험하도록 하는 방식의 교육을 제안하고 있다. 이것은 결국 학교의 사회화, 사회의 학교화를 요청하고 있는 셈이다. 한편, 이것은 실제적인 경험 활동을 통한 통합교육을 실현하는 또 다른 방법에 해당하는 것이다.

5. 경험 중심 교육의 보편성

듀이는 경험 활동에 의한 경험 중심 교육의 가치가 모든 형태의 교육에 통용된다고 생각했을까? 다시 말하면 '그러한 교육원리를 고등교육에 적용하는 데는 문제가 있지 않을까?' 하는 의문이 제기될 수 있을 것이다. 결론부터 말하면, 그것은 모든 단계의 교육에 보편적으로 적용되는 원리라는 것이 듀이의 생각이다.

그는 아동·학생에게 "현실감이나 절감의 배경이 있어야 한다는 요구는 실제적인 사태를 구현하는 놀이와 능동적 작업을 제공함으로써 충족된다"(*DE*: 242)고 말한다. 듀이는 아동을 대상으로 한 그의 실험학교에서 이러한 방법을 널리 사용하였다(박영만, 1992: 3, 4장 참고). 그의 실험학교 운영 실태나 저서 대부분에 걸친 내용을 고려하면, 그가 체험을 중시할 것을 강조한 것은 생활을 통한 체험이 비교적 부족한 초등학교 이하의 아동교육에 주로 초점이 맞추어져 있는 것이 사실이다. 특히 유아기나 아동기에 직접경험이 중요하다는 것은, 그들의 체험이 차후에 마주치게 될 수많은 간접경험과 연결되어 경험의 질과 방향에 깊은 영향을 미칠 것이기 때문이다.

그러나 체험이나 경험 활동을 우선하여 고려해야 한다는 "이 원리는 교과의 초급 단계에서는 어느 수준의 교과에도 적용된다"(*DE*: 242)고 명시하고 있다. 예컨대 고등학교나 대학에서도 새로운 분야를 학습하는 경우는 실험실 작업이라는 기초적인 단계가 필요하다는 것이다. 이러한 활동을 통해서 학생들은 우선 그 교과에 관련된 내용과 문제들에 어느 정도 익숙해지고 소위, '감'을 잡을 수 있게 된다는 것이다. 학습의 초기 단계에서는 직접적인 현실감을 갖는 것이 일차적이고, 전문적인 기술을 익히고 일반화를 도출하고 그것을 검증하는 방법을 습득하는 것은 그다음에 할 일이라고 보는 것이다(*DE*: 242). 요컨대, 직접경험을 선행하거나 병행하는 경험 활동 방식을 적용할 때 학습 효과를 높일 수 있다는 원리는, 중등교육이나 대학교육, 심지어 사회교육에 이르기까지, 모든 형태의 교육에 적용된다고 생각했던 셈이다. 그는 고등교육에서 감각적 관찰과 신체 활동을 경시하게 된 역사적 단초는, 역시 이성과 경험을 대립하는 것으로 보고, 경험의 가치를 평가 절하한 고대 희랍의 이원론에서 기원한 것으로 진단하고 있다(*DE*: 285).

또한 학습 과정에서 현실감이나 절감이 뒷받침되어야 한다는 것은 특정 교과에 한정된 것도 아니다. 교과에 따라 차이는 있겠지만, 그것의 적용 범위는 문학이나 그림이나 음악뿐만 아니라, 교육 활동 자체만큼 광범위한 영역에 해당한다는 것이다(*DE*: 244).

다만 우리가 한 가지 재고할 사항은, 이렇게 실제적 경험 활동을 중심으로 하는 교육은 상급 단계의 교육으로 갈수록 줄여도 될 것이라는 점이다. 이 문제에 대한 듀이의 직접 표현은 찾기 어렵지만, 그렇게 추론할 수 있는 근거로는, 우선 나이가 들수록 다양한 생활 경험을 통해서 그만큼 많은 실제 경험이 누적되어 있다는 점을 들 수 있다. 또 한 가지는 본능적 에너지로서의 충동은 어린 나이일수록 활발하게 발산되고, 나이가 들수록 습관에 의해 잠식됨으로써 그만큼 그 발동력이 줄어드는 경향이 있다는 점을 들 수 있다.

그러나 하급 단계의 교육일수록, 적어도 유치원이나 초등학교까지는, 놀이나 능동적 작업 등을 통해서 전형적인 실제 사태를 만들어 주는 방안이 반드시 필요한 것이다(*DE*: 242). 그 연령대에는 현실감이나 실감 나는 체험이 이루어질 경우만 계속적인 경험 성장을 기대할 수 있기 때문이다. 따라서 종합해서 말하면 하급 단계일수록 직접적·구체적 방법이 우선되어야 하고, 상급 단계로 갈수록 간접적·추상적 방법을 확대하는 것이 바람직하다고 할 수 있다.

요약하면, 경험 활동을 통한 경험 중심의 학습 방법은, 아동교육에서는 물론이고, 생소한 분야를 학습하는 경우에는 모든 형태의 교육에서도 우선되어야 한다. 학습 상황에서 교육자는 언제나 학생들이 실제 경험을 통한 현실감을 얼마만큼 갖추고 있는지를 사려 깊게 진단하여, 그 필요 정도에 따라 직접경험의 정도를 적절하게 조절함으로써, 교육 활동이 실제적인 현실과 괴리되지 않도록 해야 한다는 것이다.

5장 이후 지금까지, 듀이의 경험 사상이 그의 교육이론에 어떻게 투영되어 있는지를 검토하였다. 그의 사상은 진보주의 교육의 이론적 토대가 되었지만, 그는 후기 저작에서 진보주의 교육운동이 경험 사상의 진정한 의미를 파악하지 못하고 지나친 아동 중심, 흥미 위주의 교육으로 나아가는 것을 우려하면서, 진보주의가 나아가야 할 방향을 제시하고자 하였다. 이를 요약하면서 후반부를 마무리하고자 한다.

그는 전통적인 교육과 진보주의 교육 사이에는 다음과 같은 뚜렷한 차이가 있다고 생각했다. 먼저 전통적인 교육은 다음과 같은 특징을 갖고 있다고 파악하였다. ① 과거에 공식화된 교재가 새로운 세대에까지 전수된다. ② 행동의 표준과 법칙이 위로부터 아동에게 부과된다. ③ 학생과 교사의 관계를 전제로 한 학교는 다른 사회와는 다른 그 자체로서의 특수한 조직 형태를 갖추고 있다. ④ 전통적인 교육에서는 학생이 수용적이고 조용하고 복종적이기를 요구했고, 교과서는 지식의 주재료이며, 교사는 이 재료가 잘 전달되도록 하는 수단이 된다(*EE*: 5-6).

그 반면에 이러한 전통적인 방식에 불만을 품고 탄생한 새로운 교육, 즉 진보주의 교육에서는 다음과 같은 공통 원리를 찾을 수 있다고 요약하고 있다. ① 위로부터의 부과 대신에 개성의 발현, ② 밖으로부터의 훈련 대신에 자유로운 활동, ③ 교사로부터의 일방적인 교과서 주입 대신에 경험을 통한 학습, ④ 훈련에 의한 고립된 기술 습득 대신에 바람직한 목표 달성을 위하여 그런 기술을 활용하는 일, ⑤ 먼 장래를 위한 준비 대신에 현재 생활에 필요한 것을 최대로 제공하는 일, ⑥ 고정된 목적 대신에 변화하는 세계와 교섭하는 일을 중시한다는 것이다(*EE*: 7). 즉, 새로운 교육철학의 기본적인 공통점은 "실제 경험과 교육 과정 사이에 밀접하고 필연적인 관계를 갖고 있다"(*EE*: 7)는 것이다.

제9장 마무리

　이 책의 목적은 듀이의 사상 전반을 포섭하는 경험 철학을 분석하고, 그것이 그의 교육사상에 어떻게 투영되었는지를 고찰하는 것이었다. 이에 따라 2, 3, 4장에서는 그의 경험이론이 갖는 특징과 내용을 연구자 나름의 기준에서 몇 가지 범주로 나누어 재구성해 보았고, 5, 6, 7, 8장에서는 거기에 토대를 둔 그의 경험 중심 교육사상을 고찰하였다. 이 마지막 장에서는 먼저 연구 결과를 요약하고, 그의 경험 중심 교육사상에 담긴 몇 가지 특징이나 약점을 지적하고자 한다. 그다음에 우리의 삶과 교육 문제에 대한 몇 가지 시사점을 탐색하고, 후속 연구에 필요한 제언을 하면서 글을 마무리하고자 한다.

1. 요약

　2장에서는 듀이의 경험 철학의 형성 배경을 고찰하였는데, 구체적인 탐구 내용에는 다음과 같은 것들이 포함되었다.

① 듀이의 사상 전반을 관통하는 저변에는 통합적 세계관이 편재되어 있음을 검토하였다. 이 통합적 사고는 그의 유년기의 성장 배경과 청·장년기의 사회적 상황이 토양이 되고, 거기에 Darwin, Hegel, James 등의 사상에 영향을 받아 형성된 것이다. 이것은 이원론으로 점철되어 온 서양철학의 전통을 극복하고 그의 새로운 경험 철학을 전개하는 이념적 토대가 되는 것이다.

② 과거 철학사에 나타난 대표적인 경험이론, 즉 고대 희랍의 경험관과 근세의 영국 경험론에 대한 듀이의 비판을 다루었다. 희랍 철학에서는 경험을 이성의 개념과 대립시켜서 실생활에 관련된 것이라 하여 천시하였다는 점을 문제 삼고, 영국의 감각적 경험론에서는 경험을 중요하게 간주하긴 했지만 인식의 문제에 국한하여 다루었다는 점을 비판하였다.

③ 19세기의 생물학, 심리학, 실험 과학의 급격한 발달에 힘입어, 철학에 실험적 방법을 도입함으로써, 듀이는 '실험적 경험론'이라는 독창적인 경험이론을 전개하고 있음을 고찰하였다. 경험에는 행위뿐만 아니라 지성이나 사고까지 포함되며, 그것은 인식과 실생활 모두에 관련된 것이며, 그 속에는 능동성과 수동성이 동시에 작동한다는 매우 복합적인 특징을 가진 이론임을 파악할 수 있다.

3장에서는 듀이의 경험 개념에 담긴 다양한 의미와 양태를 네 가지 범주로 나누어 검토하였다.

① 그에게서 경험은 인간이 심신을 통해서 외부 세계와 상호작용해가는 모든 활동 방식, 즉 과정으로서의 동태적 측면과 그 활동 과정을 통해서 의식 내재화되는 내용, 즉 결과로서의 정태적 측면을 모두 포함

하는 삶의 총체를 나타내는 개념이다. 경험 활동을 통해서 앞서 형성되는 경험 내용은 차후의 경험 활동에 활용됨으로써, 과정과 결과는 계속해서 순환되는 것이다.

② 그의 경험 개념은 탐구 방법으로서의 의미도 담고 있었다. 그는 감관에 의하여 외부 세계를 그대로 받아들이는 가공되지 않은 경험을 1차적 경험이라 하고, 반성과 사유의 결과로 의식의 내부에서 발생하는 반성적 경험을 2차적 경험이라 불렀다. 그리고 그 두 가지를 관련지어 탐구하는 방법을 경험적 방법, 2차적 경험에서 시작해서 거기서 끝맺는 방법을 비경험적 방법이라고 규정하고, 철학이나 인문학에서도 실증과학과 마찬가지로 경험적 방법을 사용할 것을 주장하였다.

③ 또한 듀이는 경험의 과정에서 상징 매체의 사용 여부에 따라 직접경험과 간접경험을 구분하였다. 전자는 자신이 직접 참여하여, 체험을 통해서 습득하는 생생한 경험을 말하고, 후자는 기호, 문자 등의 상징 매체를 통해서 얻는 경험을 의미하는 것이다. 이들의 차이는 무엇보다 경험 과정과 결과의 질적 가치, 즉 경험의 생생함과 확실성에 차이가 있다고 보았다.

④ 마지막으로 그의 경험 개념은 그 주체에 따라 개인경험과 공동경험으로 구분되는 것이었다. 경험에는 개인의 삶과 더불어 갖게 되는 개인의 경험도 있지만, 인류의 역사와 더불어 집적되는 문화유산의 총체를 나타내는 공동경험도 포함되어 있다. 여기서 개인은 교육을 받고 사회에 참여함으로써 공동경험을 공유하기도 하고, 또한 타인이나 새로운 세대에 영향을 줌으로써 공동경험의 성장에 기여하기도 하는 경험의 양면성을 분석하였다.

4장에서는 듀이의 경험 철학에 숨어있는 경험의 구조를 재구성하고자 하였다. 그는 경험은 그 내부에 상호작용의 원리와 연속의 원리가 작용하며, 그로 말미암아 끊임없이 성장하는 것으로 보았다.

① 상호작용의 원리란 공간적 차원에서 본 경험 활동으로서, 경험은 유기체와 환경이라는 두 가지 조건이 서로 거래 작용을 함으로써 성립된다는 것이다. 여기서 유기체로서의 인간이 본능적으로 가진 충동은 환경에 작용을 가하는 생명체의 원동력으로서의 의미를 갖는다. 그리고 자연적·시회적 환경은 단순한 '물' 자체가 아니라, 유기체의 활동에 반작용하여 영향을 주는 모든 조건을 말한다. 이 작용과 반작용이 결합하는 것이 상호작용이며, 그것이 일어나는 장면을 그는 '상황'이라고 표현하였다. 경험은 이를 통해서 발생하는 것이다.

② 연속의 원리란 시간적 차원에서 본 경험 활동으로서, 선행 경험은 경험 주체의 의사와 인식 여부와 무관하게 후속 경험에 영향을 준다는 것, 그리하여 경험은 단절됨이 없이 연속적으로 이어진다는 것을 말한다. 이것은 활동의 지속성과 경향성을 나타내는 '습관'의 개념으로도 설명되고, 타 동물과는 다른 인간의 우수한 '기억력'의 개념으로도 설명되며, 또한 우리가 가진 지식은 삶의 문제를 해결하는 데에 수단이나 도구가 된다고 하는 '도구주의'의 이념과도 깊은 관계가 있다.

③ 그런데 경험에 있어서 이 두 가지 원리는 각각 따로 작용하는 것이 아니고, 경험의 횡축과 종축으로서 서로 교차하여 결합되는 것이다. 이에 따라 경험은 연합과 조절의 과정을 거치면서 일종의 함수 관계를 이루며 끊임없이 성장해가는 것이다. 경험의 이러한 전체적인 성장 과정은 평면적 차원을 넘어서 입체적인 구조를 이루고 있다.

5, 6, 7, 8장에서는 앞에서 분석·검토한 그의 경험 철학이 교육 사상이나 이론에 어떻게 투영되어 있는지를 검토하였다.

5장에서는 듀이 사상에서 '교육'의 개념, '교육적 경험'의 개념을 분석함으로써, 경험과 교육과의 관계를 밝히고자 하였다.

① 듀이에게서 교육은 학교교육뿐만 아니라 비형식적 교육까지 포함하는 개념이다. 그러나 그 포괄적인 경험 개념도 결국은 사회적 필요에 의해서 의도적으로 고안된 학교의 교육환경을 풍부하게 함으로써, 학교가 학생들에게 유의미한 경험의 장이 되도록 하는 데 목적이 있었다.

② 경험의 두 가지 원리에 의해서 경험의 계속적인 성장을 증진하고 촉진하는 경험은 '교육적 경험'이라 하고, 그것을 저지하거나 방해하는 경험은 '비교육적 경험'이라 함으로써, 경험은 그 질적 가치에 있어 차이가 있음을 알 수 있다.

③ 듀이에게서 교육은 '계속적인 경험의 재구성'으로 정의된다. 결국, 그에게서 '교육'은 가치어로, '경험'은 몰가치어로 사용되고 있어, 교육은 경험의 부분 집합이라 할 수 있다.

6장에서는 '학습자 중심의 교육'이라는 말의 진의를 파악하고자 하였다.

① 듀이에 있어 '아동 혹은 학습자 중심'이라는 말은, 학생들이 일방적으로 주도하고 교육자는 뒷전으로 물러나 방관자가 되는 것을 뜻하는 것이 아니다. 그것은 '모든 교육적인 노력이 아동·학생의 계속적인 성장을 위해서 존재한다'는 교육 본래의 취지를 재천명한 것임을 알 수 있다.

② 한편, 그에게 있어 '흥미'란 단순한 충동이나 호기심 차원을 넘어서, 학습자의 자아가 학습 대상에 몰입되는 통합적 활동을 의미하는 것

이다. 교육에서 학습자의 흥미가 중요한 이유는, 흥미가 있을 때 학습
활동에 적극적으로 참여하고, 활발한 상호작용을 하며, 학습자 스스로
인내를 가지고 지속적인 노력을 해나갈 수 있기 때문이다. 따라서 교육
자의 임무는 아동·학생이 현재에도 활발하게 상호작용하고, 동시에 미
래에도 계속 성장해 나갈 수 있는 그러한 환경이나 학습 자료를 현명하
게 선택하여 제공하고 지도해 나가는 일임을 알 수 있다.

7장에서는 듀이가 교육의 목적이 '성장'이라고 표명하는 말의 진의를 규명
하고자 하였다.

① '목적'이란 '목전에 예견되는 결과'를 의미한다. 이것은 '예견'과 같
이 현실적 조건을 발판으로 하여, 활동의 방향을 능동적으로 지도하는
역할을 하는 것이다. 따라서 좋은 목적은 현재의 조건을 토대로 나오는
것이고, 잠정적이며 대략적인 것으로서 실현 방법을 변경할 수 있는 융
통성 있는 것이며, 다양한 활동을 제약하지 않고 자유롭게 열어주는 것
이라고 말한다.

② 듀이는 모든 사람에게 공통으로 적용되는 객관적인 목적이나 목표
는 있을 수 없다고 생각하였고, 학습자의 자발성에 토대를 두지 않고
외부에서 부과하는 모든 형태의 목적에 반대하였다. 그는 개인과 사회
의 '성장'을 교육의 목적이라고 내세운다. 그런데 그것은 일반적인 교육
의 목적이나 목표와는 달리, 교육을 하는 이유에 가까운 것이다. 교육은
다른 어떤 목적을 위한 수단이 아니라, 그 자체의 과정 안에 목표들이
내재해 있다고 보았지만, 성장은 그 자체로 가치 있는 이유는 다른 활동
에 보편적으로 활용할 수 있는 효용 가치 때문이라고 할 수 있다.

③ 듀이에게서 교육의 포괄적인 목적은 '경험의 성장'이라고 할 수

있지만, 그것은 최종 목표라기보다는, 평생교육이나 전인교육의 차원에서 인간의 보편적인 발달 과정을 총체적으로 설명한 것에 불과하다. 그는 외부에서 부과하는 목적, 고정된 목적에 대하여 강하게 비판하고 있지만, 교육 활동의 전반적인 지표로서의 일반적인 목적들을 폐지할 것을 주장한 것은 아니다. 그리고 구체적인 교육목표는 학습 과정에서 학습자의 필요에 따라, 그리고 교사와의 협력과 상호작용의 결과로 제안되어 나오는 자연스러운 것이어야 한다고 생각하였다.

8장에서는 '경험을 중심으로 하는 교육'이라는 말이 무슨 뜻인지, 또 그것은 어떤 특성을 담고 있는지를 고찰하였다. 듀이가 일관되게 주장하는 교육 방안은 다양한 어법으로 표현되지만, 종합한다면 '실제적인 경험 활동을 중심으로 한 교육'이라 할 수 있다. 그는 경험 활동이 중심이 되는 교육은 학교교육에 만연된 낭비적 요소를 줄일 수 있다고 생각하였다.

① 먼저 듀이는 종래의 교육처럼 간접경험이나 이론 학습에 의존하는 교육은, 적은 노력으로 많은 지식을 손쉽게 습득할 수 있는 장점이 있는 반면에, 경험의 두 가지 원리가 활발하게 작동되지 않는 무기력하고 현실감이 없는 경험이라는 점에서 무의미하고 소모적인 학습 방법이라고 지적하면서 심각한 문제가 있다고 보았다.

② 이에 비해서 직접경험은 학습자가 본능적 충동과 흥미와 선행 경험을 총동원하여 몰입하는 질성적 방법이며, 활발하게 상호작용하고 적극적으로 참여할 수 있다는 점에서 효과적인 교육 방안이라고 보았다. 직접경험이나 실제적인 경험 활동을 통한 교육은, 신체나 감각 운동과 더불어 사고를 활발하게 작동하게 하는 실험적 활동이며, 생생하고 활

기찬 경험으로서, 경험의 원리가 활발하게 작동하고 계속적인 성장을 보장하는 교육적 경험이라는 점에서 교육적 우수성이 있다는 것이다.

③ 그러나 그의 의도는 이론 학습을 배제하자는 것이 아니고, 경험 활동을 하는 가운데 필요에 따라 제공하는 방식, 즉 노작활동과 같은 실제적인 경험 활동을 중심으로 모든 교육적 요소들을 통합하는 방안을 계획하고 제안하는 것이다. 이런 경험 활동을 통해서 직접경험과 간접 경험을 통합하고, 교육의 목적과 방법과 내용을 통합하고, 모든 교과를 통합하고자 했던 셈이다. 이것은 그 어떤 교육방법보다도 전인교육의 본래 이념에 부합한 방안으로 평가된다.

④ 또한 그는 학교교육과 사회 현실을 밀접하게 관련시키고자 하였다. 학교에서의 인성과 역량의 발달이 사회에서도 일관성을 유지할 수 있도록 하기 위해서 한편으로는, 학교를 사회생활의 축소판으로 만들어 자유롭고 활기찬 생활의 장이 되게 하고, 또 한편으로는 학교 밖의 풍부한 자원을 교육에 활용하는 방식, 즉 학교의 사회화, 사회의 학교화를 역설하였다.

⑤ 경험 활동을 통한 경험 중심의 학습 방법은, 평생교육의 이념에도 부합한 것으로서, 아동교육에서는 물론이고 생소한 분야를 학습하는 경우에는 모든 형태의 교육에서도 통용되는 보편적인 원리다. 학습 상황에서 교육자는 언제나 학생들이 실제 경험을 통한 현실감을 얼마만큼 갖추고 있는지를 사려 깊게 진단하여, 그 필요 정도에 따라 직접경험의 정도를 적절하게 조절함으로써, 교육 활동이 실제적인 현실과 괴리되지 않도록 해야 한다는 것이다.

2. 비판적 고찰

이상으로 연구 결과를 요약하였으나, 한편 20세기 교육이론을 극복하려면, 듀이의 사상의 진의를 정확하게 파악하는 것도 중요하겠지만, 다각적이고 체계적인 비판도 필요할 것이다. 하지만 그의 철학은 통합적 사고를 기반으로 하고 있고, 경험 중심 교육사상에 관련된 내용도 워낙 복합적이어서 비판을 위한 비판이 될 우려를 낳게 된다. 그리고 연구자는 아직 그의 저서의 상당량을 독서하지 못하였기 때문에, 체계적인 비판은 차후의 연구 과제로 남기고자 한다. 한편으로는 이 책의 성격이 듀이의 교육이론을 특정 주제에 맞추어 재구성하는 것인 만큼, 본문의 진행 과정에서 연구자 나름의 재해석과 평가가 수반된 것도 사실이다. 여기서는 그의 경험 교육론과 관련된 몇 가지 특징이나 한계를 지적하는 정도로 갈음하고자 한다.

첫째, 전반적으로 볼 때 경험과 교육에 관한 그의 이론은 삶과 교육에 관한 놀라운 관점을 보여주고 있지만, 새로운 이념을 제시하기보다는 방법론에 치중하고 있어 기능주의적 특성을 보인다는 점이다. 말하자면, 듀이는 '무엇을 가르칠 것인가'보다는 주로 '어떻게 가르칠 것인가'의 문제를 더 중요하게 다루고 있다고 평가된다. 그러다 보니 상대적으로 가르쳐야 할 지식의 가치나 체계 문제에는 소홀했다고 지적할 수 있다. 그의 논리에서 경험의 성장은 어떤 절대적 가치를 추구하는 것이 아니라, 문제 해결력을 높이기 위해서 더 성장하는 것 이외에는 다른 목적이 없다. 삶의 목적도 교육의 목적도 성장에 있을 뿐이고, 멀리 있는 어떤 궁극적 목적을 위해 현재를 희생할 수 없다는 것은 현실주의적이면서도 기능주의적인 입장이기도 하다. 하지만 이 문제는 실용주의 자체가 절대적 가치 자체를 부정하고, 시간적 · 공간적 상황에 따른 효용 가치를 중시하는 철학이라는 점을 고려하여 해석할 필요가 있다.

둘째, 듀이 자신이 '이것 아니면 저것' 식의 이원론적 사고를 경계하라고 강조하였지만, 논의의 많은 부분이 성인과 이론 중심의 앞 시대 교육을 비판하는 일에 할애하였다는 점이다. 말하자면, 균형을 맞추려고 하다 보니 불가피하게 학습자나 흥미를 강조하게 되었고, 교재나 교육자의 구체적이고 실제적인 역할에 대해서는 상대적으로 소홀히 다루어졌다는 점을 지적할 수 있다. 그는 진보주의 교육운동이 자신의 진의와는 다른 극단적 방향으로 진행된다고 탄식하였지만, 그것이 전통적인 교육과 반대 방향으로 나아가게 한 사상적 단초는 결국 자신이 제공하였다는 점에서 듀이 역시 그 책임에서 벗어나기 어려울 것이다. 이 점에 대해서는 그의 진의를 파악하는 데 신중을 기해야 할 것이다.

셋째, 교육을 '경험의 끊임없는 성장 과정' 혹은 '경험의 계속적인 재구성 과정'으로 보는 듀이의 교육관은, 교육을 '점진적인 변화', '단계적인 진보'라고 보는 일반적인 교육관과 일치하고 있다는 점을 지적할 수 있다. 따라서 실존주의 교육론에서 강조하는 인간의 '도약적 · 단속적 변화' 가능성에 대해서는 충분히 고려하지 못했다는 점을 지적할 수 있다. 듀이의 그러한 사고는 Darwin의 진화론이나 Hegel의 변증법적 사상에 그 바탕을 두고 나온 것으로, 듀이 교육론이 갖는 한계라고 할 수 있을 것이다.

마지막으로, 듀이 사상의 내용보다 그의 사상 전개 방식, 즉 형식에 관한 문제이다. 용어들에 대한 그의 의미부여 방식에 대해서 재고해 볼 점이 있다. 본문 전개 과정에서도 알 수 있듯이, 듀이의 이론에 등장하는 경험, 탐구 방법, 성장, 상호작용, 계속성, 충동, 환경, 습관, 지식, 지성,

흥미, 자연, 사회 등의 다양한 용어들은 다른 어떤 사상가에게서도 찾아 볼 수 없는 풍부한 의미들을 담고 있다. 어떤 의미에서는 인문학의 발전 은 새로운 이념을 창출하고, 기존의 용어에 창의적인 의미를 부여하여 새로운 생명을 불어넣는 일과 궤도를 같이해온 측면이 있다. 즉, 인문학 의 발전은 자연과 사회의 현상에 대한 의미의 확장과 정교화 과정이라 고 말할 수 있다. 그런 점에서는 듀이의 이런 특성을 용어에 담긴 심층 적인 의미를 파고들어 들추어내는 놀라운 면모라고 해석하거나, 그의 사상이 그만큼 다면적인 이념을 담고 있다고 평가할 수도 있다. 다시 말해서 용어들에 대한 듀이의 풍부한 의미부여는 사물이나 관념에 대한 깊은 통찰력에서 나온 것이라는 점에서 긍정적으로 평가할 수도 있다는 것이다. 그러나 '그에게 나타나는 용어들의 포괄성은 지나친 것이 아닌 가?' 하는 의구심을 갖게 한다. 이 문제는 듀이 사상 전반에 걸쳐서 자주 제기되는 것으로, 용어를 지나치게 포괄적으로 사용하고 관념에 대한 일반화를 남발한다면, 구획이 아닌 구분까지 어렵게 한다는 점에서 학 문 발전에 지장을 초래할 수 있다. 용어들에 담긴 의미를 지나치게 포괄 적으로 부여하면, 단어들 사이에 교집합 부분이 많아 용어 사용에 혼선 을 초래할 가능성이 있다는 것이다. 그의 이론은 그 무엇이든 분리나 괴리를 제거하고 서로 융합하려는 통합적 사고를 기조로 하고 있어, 용 어들 사이의 공통점이나 유사점을 드러내 보이는 데 치중하다 보니, 그 들의 차이점을 분석하는 일에는 상대적으로 소홀하였다고 평가할 수 있을 것이다.

3. 결어 및 제언

경험과 교육에 대한 듀이의 이론은 몇 가지 한계를 갖고 있음에도 불구하고, 우리의 삶과 교육문제에 대해서 아주 풍부한 시사점을 제공해 주고 있다.

첫째, 듀이의 통합적 세계관은 사회 조직이나 직업 세계, 또는 학문 영역이 인위적으로 세분화된 오늘날의 현실에 중요한 메시지를 던져주고 있다. 고대 사회에서는 인간의 모든 삶은 통합된 형태로 영위되었지만, 문명이 발달한 오늘날에는 분화는 곧 발달이요, 미분화는 곧 미발달이라는 등식이 성립할 정도가 되었다. 그리하여 현대인은 원래의 통합 사태는 망각하고, 분화의 원인과 과정을 충분히 이해하지 못한 채, 분화된 결과의 세계에서 살아도 특별한 문제가 없는 것처럼 인식되기에 이르렀다. 그러다 보니 개인의 삶은 전체 균형을 상실하고, 전문성이라는 미명으로 특수 영역에만 매달림으로써, 인접 영역에서 하는 일에까지 무관심하고 때로는 반목하고 대립하는 양상을 보인다. 듀이의 통합적 사고는 이렇게 각각으로 분리된 삶과 연구의 방식이 인간의 행복을 보장하는 온전한 삶의 방식도 아니고, 진리를 탐구하는 올바른 연구 방법이 아니라는 점을 보여주고 있다.

적어도 학교교육에서는 교과목 간의 이질적 분리, 교재와 학습자, 이론과 실제, 목적과 내용과 방법 등이 대립되거나 고립된 방식을 피해야 할 것이라는 점을 주지할 필요가 있다. 말하자면, 실제적인 경험 활동을 중심으로 한 통합교육의 필요성이 절실한 것이다. 그러한 의미에서, 오늘날 우리나라 교육계가 지향하는 '통합적인 교과 과정 운영' 시도는 바람직한 동향이라고 평가할 수 있다. 그러나 진정한 통합교육은 제도와 법제적인 변화로 가능한 것이 아니고, 그 필요조건을 충족시킬 때 성공할 수 있을 것이다. 듀이의 경험 중심 교육사상은, 통합교육은 실제적인 경험 활동을 통해서 학습자가 수업에 적극적으로 참여할 수 있어야 하며, 또 이를 실현할 수 있는 교육적·사회적 여건이 구비되어야 가능한 일임을 말해주고 있다.

둘째, 듀이의 경험 개념에 담긴 다양한 의미와 양태는 우리 인간의 삶의 복합적인 양태를 다각도에서 조망하고 이해하는 데 도움을 준다. 특히 바람직한 탐구 방법으로 제안된 경험적 방법의 이념은, 논리가 참이라 해도 그것이 경험계에서 입증될 수 없는 것이라면 독단일 뿐이며 진리가 될 수 없다는 독특한 주장으로, 철학뿐만 아니라 인문학 전반에 크다란 파문을 던지는 일이며, 학문 탐구 방법에 중요한 고민을 던져주고 있다. 그의 경험이론은 철학이나 학문이 전문가의 독점물이 아니라, 우리 삶에 직결된 문제를 해결하고 삶을 풍요롭게 하는 데 공헌해야 하며, 또한 교육의 이론과 실제에도 이바지해야 한다는 것을 요구하고 있다.

셋째, 듀이의 경험이론의 토대이며 핵심에 해당하는 경험의 구조는, 우리 인간의 전체적인 삶과 앎의 과정에 대한 하나의 중요한 모델이나 틀을 보여주는 것으로, 인간을 이해하는 중요한 메시지를 담고 있다고 평가된다. 우선 경험이 능동-수동의 결합 관계로 성립한다는 것은 기존의 전통 철학에 상존하던 이분법적 결함들을 극명하게 노출하고, 상호작용의 원리는 '유전이 우선인가? 환경이 우선인가?', '개인이 우선인가? 사회가 우선인가?' 등에 대한 오랜 학술적 논쟁에 하나의 해결책을 제공해준다. 그들은 대립하는 문제가 아니라 통합적이고 상보적(相補的) 관계로 봐야 한다는 것이다. 또 경험 연속의 원리는 '유아 경험은 삶의 원형질'이라는 신념을 일깨워 주는 동시에, 평생교육 이념의 철학적 기반을 제공해준다. 그리고 선행 경험은 자신의 바램과는 무관하게 자신의 일부가 되어 후속 경험에 영향을 미친다는 것은 학습자에 대한 환경 배열의 중요성은 물론이고, 엄격한 자기 교육의 필요성을 각성시켜 주는 것이다.

넷째, 교육적 경험과 비교육적 경험의 구분은 일상생활과 학교교육에서 일어나는 온갖 경험 가운데서 그 가치 여부를 판별하는 중요한 기준을 세시하는 것이다. 그의 교육 개념은 교육철학 영역에서 해결해야 할 교육 개념에 대한 엄밀한 분석과 정립 작업에 풍부한 자원을 제공하고 있으며, 경험과 교육의 관계에 대한 폭넓은 아이디어는 교육의 목적과 방법, 그리고 교육 개념의 범주에 관련된 심층적인 연구에 다양한 길을 열어주었다고 할 수 있다.

다섯째, 직접경험과 간접경험의 장단점에 대한 그의 신념은, 지식이나 이론 학습 일변도의 우리나라 교육 실제에 대한 시급한 개혁 필요성을 역설해주고 있다.[1] 우리나라 교육 실태에 대한 의견을 물으면, 교육 연구자, 정책 입안자, 현장 교사, 학부모, 심지어 학생들까지도 한결같이, 소위 '주입식 교육'에 문제가 있다고 지적한다. 상급 학교 진학을 위한 이러한 교육방법에서 발생하는 폐단에 대해서는 거의 모든 교육이

---

1) 한국의 교육에 상존하는 여러 가지 문제들의 실제적인 개선이 어려운 것은 입시 제도와 같은 '교육 내적 요인'도 있겠지만, 그보다는 학벌과 직업의 상관도가 높은 사회 구조, 고등교육을 선호하는 문화적 풍토, 빈약한 교육재정 등의 '교육 외적인 문제'에 더 큰 원인이 있을 것이다. 그러나 본 글에서는 이러한 사회 전반의 구조적인 문제에 대해서는 논외로 하였다. 이는 현실 문제를 외면하고 이상을 추구하는 것으로 간주할 수도 있겠으나, 본 연구의 목적을 넘어선 것이기도 하거니와 교육이 가야 할 원칙을 세우는 일이 교육철학의 일차적 임무라고 보기 때문이다.

론에서 지적하고 있고, 사회적 공감대도 형성되어 있는 편이다. 그런데 정작 '주입식 교육이 왜 잘못인가?' 하고 물으면 합당한 이유를 제시하기는 쉽지 않다.

그런데 듀이가 제시하는 경험의 원리를 적용하면 그에 대한 명확한 해답을 구할 수 있다. 그의 논리에 따르면, 그것은 간접경험 방법에 의존한다는 데에 문제가 있다. 간접경험 방식은 상징이나 기호 매체를 사용하더라도 의식은 실제 상황에까지 달려간다는 것을 전제로 하지만, 실제로는 그렇지 못한 경우가 많다는 것이다. 다시 말해, 간접경험만으로는 표상이 생생하게 일어나지 않는다는 것이다.

그러한 교육방법의 폐단은 무엇보다도 수업 내용이 아동·학생의 관심사와 거리가 멀어, 그들이 수업에 흥미를 가지고 적극적으로 참여하기 어렵다는 것이다. 그리고 강요된 인내를 발휘하여 억지 공부를 하더라도, 학력 평가나 진학 시험에 마음이 사로잡혀 있다 보니, 교사에게도 학생에게도 고역거리가 되고, 학습자는 '지적 소화 불량'에 걸려, 졸업 후에는 그것을 실제 생활이나 일터에서 계속 활용하고 발전시켜 갈 의욕이나 의지가 상실된다는 것이다. 악순환을 재생산하는 이런 식의 교육은 곧 성장을 촉진하지 못함으로써 비교육적 경험이 되는 것이다. 어떻게 보면 그것은 짧은 시간과 적은 노력으로 많은 양의 지식을 습득할 수 있는 것처럼 보일지 모르지만, 평생교육의 견지에서 보면 소모적인 노력이 될 수밖에 없으므로, 그것은 결코 효율적인 방법이 아니라는 것이다. 전술했다시피 '학교교육의 가치를 평가하는 기준은 그것이 계속적인 성장으로 나아갈 열망을 얼마만큼 일으키느냐, 그리고 그 열망이 실제로 발효되도록 하는 수단을 얼마만큼 제공하느냐 하는 것'이기 때문이다.

한편, 학교교육이 사회의 실생활과 연계되어야 한다는 것은, 학교가 실생활과 동떨어진 별세계가 아님을 일깨우는 것으로, 이것은 우리의 교육, 특히 중등교육 풍토에 중요한 시사점을 던져준다. 입시 위주로 운영되는 우리의 교육풍토에서 초중등학생은 '공부만 열심히 하면 되는 특별한 사람'으로 대우하는 경향이 있다. 학생의 저축을 부모가 대신해 주고, 신발이며 옷은 물론이고 심지어 학용품까지 대신 구입해 주기도 한다. 그러나 그들은 국민 보통 교육을 받고 있는 젊은이들로서, 고도로 전문적인 학문을 탐구하는 학자도 아니고, 특별한 능력이나 범상한 예지력을 얻기 위해서 고행하는 수도승도 아니다. 듀이의 논리를 적용하면 이러한 교육풍토에서는 건강한 개인과 사회를 기대하기 어렵다고 할 수 있다.

이러한 측면을 고려하면, 우리의 교육현장에 적용해야 할 더 현실적인 해결 과제들을 생각할 수 있다.

첫째, 그 무엇보다도 우선적인 과제는 학교의 환경이 획기적으로 개선되어야 한다는 점이다. 학교 환경은 학교의 전반적인 교육여건을 의미한다. 듀이가 그토록 강조했던 '학교가 아동이 생활하고 실험하는 곳'이 되기 위해서는, 특히 학교 교정과 교실 공간의 확장, 낙후된 시설물의 현대화 등, 학교의 물리적 환경에 대한 혁신적인 변화가 요구된다. 효과적인 교육 활동에 필요한 공간과 학생 1인당 필요한 적정 면적을 과학적으로 산출하고 그 기준을 충족시켜갈 때, 경험을 중심으로 하는 교육이 가능해질 것이다. 그와 더불어 사회의 풍부한 교육 시설을 마련하고 개방하여, 그것을 학교의 연장된 환경으로 이용할 수 있도록 하는 방안도 적극 모색해야 할 것이다. 이러한 문제에 대한 근본적인 인식 전환이 없이는 교육에 대한 듀이의 아이디어는 여전히 이론으로만 남을 수밖에 없을 것이다. 아동이 본능적으로 가진 성장 원동력으로서의 충동이 바람직한 방향으로 표출되도록 하기 위해서는 시설, 공간, 여건, 자료가 충분히 마련되고 자유롭게 제공되어야 한다. 그렇지 않으면 인간의 본성에 내재한 아동·학생의 충동은 엉뚱한 방향으로 표출될 수밖에 없을 것이다.

둘째, 이것은 어제오늘 거론되는 문제가 아니지만, 학급당 인원을 대폭 감축하는 것도 시급한 해결 과제다. 소위 '과밀 학급' 문제를 해결하지 않고는 실생활을 통한 학습이니, 개별화 학습이니, 창의력 신장과 같은 정상적인 교육을 기대하는 것은 처음부터 무리다. 이것은 교원의 수와 질의 향상과 연계되어 실현되어야 할 사안으로 간단한 문제는 아닐 것이다. 그러나 교사가 아동·학생들을 학업에 적극적으로 참여하게 하고, 그들 각자가 나타내는 흥미나 성장의 정도와 방향을 정확하게 진단하여, 그것을 바람직한 방향으로 인도해야 한다는 교육자 본래의 직분을 충실하게 수행하기 위해서는, 이 문제의 개선은 필연적이고도 절실한 해결 과제인 것이다.

셋째, 현재 초중등학교에서 다루는 전반적인 학업 수준을 하향 조정하고, 학습 내용을 대폭 줄여야 할 것이다. 어떤 면에서 보면 일정 기간에 이루어지는 학교교육 상황에서는 경험이나 학습의 양과 질의 관계는 저울의 무게 중심 구조와 비슷한 면이 있다. 양을 중시하면 질이 떨어질 것이고, 질을 중시하면 양을 줄일 수밖에 없는 일이다. 어떤 것을 중시할 것인지, 어느 정도의 학습량이 질적 저하를 가져오지 않을지에 관한 문제는 심도 있는 연구가 필요하고 사회적 합의를 거쳐야 할 것이다.

학습 내용과 난이도를 낮추고 학습량을 줄이면, 당장은 학업 성취도가 떨어지고 학업 수준이 낮아질 수 있겠지만, 평생교육의 차원에서 볼 때 그것은 결코 잘못된 방법이 아닐 것이다. 듀이가 그토록 중시했던 '상호작용과 연속의 원리에 입각한 계속적인 성장'의 중요성, 교육적 경험과 비교육적 경험의 질적 차이를 상기해보라. 현재 학교교육에서 학생들에게 요구하는 학습량은 비교육적 경험을 초래할 수밖에 없는 정도라는 것은 분명하다. 단정적으로 말하건대, 현재 학교에서 주어지는 학습량을 모두 실제 경험에 적용하면서 이해하고 소화하는 것은 세상 누구에게도 불가능한 일이다. 우리의 아이들은 슈퍼맨이 아니다.

필자는 고등학교 수학 과목에 나오는 그 어려운 문제들을, 학습 목적이나 가치도 모르면서, 왜 풀 수 있어야 했는지를 지금도 이해하기 어렵다. 수준의 하향이나 내용의 축소 정도를 정확히 제시하기는 어렵지만, 실생활 경험을 적용하고, 체험과 실험 실습, 견학과 현장 학습, 노작과 실물교육 등의 방법을 선행하거나 병행하여도 학업 진도상에 애로가 없을 만큼은 줄여야 할 것이다.

넷째, 그와 더불어 다양하고 풍부한 교육자료를 개발하고 보급해야 할 것이다. 특정 연령에 필요하다고 사회적으로 공인되는 적절한 학습량을 설정하는 것은 어느 정도의 통일을 기하기 위하여 불가피할 것이다. 그러나 수업에 학생들을 능동적으로 참여하게 하고, 사고력이나 창의력을 발달하게 하고, 자기 주체적인 학습 태도를 기르기 위해서는, 그 내용을 직접 다루고 확장하는 데 필요한 다양한 자료가 개발되어야 할 것이다. 모든 학생에게 일률적으로 적용되는 획일적 교재가 아니라, 같은 연령이라도 수준별·단계별로 진행할 수 있는 다원적인 교재를 제작하여 제공해야만 학생들의 다양한 요구를 충족시키고 다양한 관심사를 이끌어낼 수 있을 것이기 때문이다. 아울러 정보의 바다에 뿌려지는 데이터의 진위 여부와 가치를 평가하는 사회적 장치도 마련되어야 할 것이다.

다섯째, '가상 체험'이나 생생한 시청각교육을 할 수 있는 교육 기자재의 개발과 보급에 많은 관심을 기울여야 할 것이다. 이러한 기자재를 통한 학습은 매개물을 이용한다는 측면에서는 간접경험에 해당하지만, 그 효과 면에서는 직접경험에 버금가는 경우가 많다. 사실 이러한 기자재의 발달에 대해서는 듀이 시대에는 아마 상상도 못했을 것이다. 물론 이것은 직접경험을 대체하는 데는 불충분하지만, 직접경험의 경우에 불가피하게 발생하는 공간적·시간적 한계를 극복하는 방안이 될 수 있다. 직접경험을 실행하기 어려운 현대의 도시사회를 고려하면, 시간과 노력 면에서 매우 효율적이라는 점에서 이러한 방법은 적극적으로 개발·보급할 필요가 있다. 이러한 기자재의 개발과 보급은 정부 차원의 대대적인 계획과 지원, 그리고 혁신적 노력이 있어야만 가능할 것이다.

마지막으로 본 연구의 한계를 언급하고, 후속 연구를 위한 제언을 하면서 마무리하고자 한다. 듀이에게 있어 경험과 교육의 개념은 광범위하고 자의적으로 사용되고 있으며, 또한 근원부터 밀착되어 있으므로, 그것을 일목요연하게 밝혀내는 일이 쉽지 않았다. 경험에 대해서도 교육이론과 직결된다고 생각되는 것들만 고찰할 수밖에 없었던 것은 본 연구의 한계이다. 특히 '자연과 경험' 문제와 '심미적 경험'과 '종교적 경험' 분야는 듀이 사상의 원숙기인 후기 저작에 나타나는 것으로 심오한 내용이 포함되어 있지만, 아직 연구자의 노력이 거기까지 미치지 못하였다.

현대의 대표적인 사상 가운데 하나인 실용주의 철학과 20세기 교육이론의 산파역을 했다는 듀이의 교육이론을 충실히 파악하고 그것을 극복하기 위해서는, 그의 경험 개념과 그에 관련된 교육이론이 좀 더 명백하게 밝혀져야만 할 것이다. 구체적으로 지적하면, 우선 경험의 개념과 양태에 대한 좀 더 다각적인 분석이 필요하고, 경험과 관련된 하위 개념들 간의 관계에 대해서도 좀 더 엄밀한 검토가 이루어져야 할 것이다.

또한 경험을 중심으로 한 그의 폭넓은 교육이론에 대한 더 다각적인 연구와 함께, 그것이 현대 교육의 이론과 실제에 끼친 영향에 대한 세밀한 검토도 필요하다. 좀 더 범위를 넓히면, 그의 경험이론이 발전된 과정과 그의 사상 발전에 따른 경험 개념의 변화 추이에 대한 통시적 연구, James와 Peirce 등 다른 실용주의자들과의 관계에 대한 면밀한 연구, 또한 그의 이론에 대한 체계적인 비판도 뒷받침되어야 할 것이다.

해방 후 미국식 사회 제도와 더불어 듀이의 교육이론이 한국 사회에 도입되었다고 하는데, 현재의 교육 현실은 철저히 반 듀이적이다. 그것은 결국 그의 교육사상이 이론으로서는 직접·간접으로 영향을 끼쳤겠지만, 교육 현실에는 거의 반영되지 않았다는 사실을 반증하는 것이다. 그러면 그것이 교육 실제에 반영되지 않은 이유는 어떻게 설명해야 할까? 거기에는 우선 듀이의 교육이론의 철학적 기반이 제대로 이해되지 않은 것에도 원인이 있겠지만, 그 무엇보다도 중요한 요인은 사회적 여건이 그것을 실행할 수가 없었다는 것에 있을 것이다. 따라서 그의 교육이론은 우리나라에 제대로 적용된 적도 없고, 또한 적용될 수도 없었다고 보는 것이 옳을 것이다.

그렇지만 그동안 우리 사회는 엄청난 변화와 발전을 거듭하였고 교육계에도 많은 변화가 생겨, 교육에 투자할 수 있는 외부적 여건은 상당히 좋아졌다. 이제는 유아교육과 초등교육에는 적극적으로, 중등교육에서는 제한적으로나마 듀이의 경험 중심 교육론에 담긴 중요한 아이디어를 우리의 교육에 제대로 반영시켜 보려는 노력이 필요할 것으로 생각된다.

　물론 듀이의 교육이론은 그 이후의 사회 발전과 문명의 변화를 고려하면 현재 상황과 상당 부분 차이가 있으며, 우리나라가 처한 사회적·역사적·국제적·경제적 특수성도 존재하는 것이 사실이다. 따라서 그의 교육이론을 우리의 교육 실제에 반영하려면, 교육 외적인 요인들, 즉 우리의 역사와 문화와 사회 문제들을 충분히 고려하여, 그것의 적용 가능성과 타당성에 대한 다각적인 검토와 연구도 함께 이루어져야 할 것이다. 그의 교육이념을 교육현장에 적용하려는 구체적인 방안들이 체계적으로 연구되고, 그리하여 실제로 반영된다면, 한국의 교육은 그만큼 보완되고 건실해질 수 있을 것으로 믿어진다.

　다행스럽게도 1990년대 후반에는 우리의 교육계에서는 몇 가지 면에서 중요한 변화의 조짐이 나타났다. 새로운 7차 교육과정에 나타난 교육개혁의 주요 방침과 실천 방안들, 예컨대 열린 교육이나 평생 학습 사회, 다중적이고 복합적인 교육제도, 학습자를 중시하는 교육, 통합 교과 운영 등은 비교육적 경험으로 얼룩진 기존 교육의 틀 자체에 대폭적인 수정을 요구하는 내용들이다. 이들은 듀이의 경험 중심 교육사상에서 제기된 이념들이 깊이 투영된 변화이며, 그동안 부분적으로는 상당한 성과를 거두어온 것으로 평가된다. 교육계의 이러한 변화는 대단히 고무적인 일로서 장기적인 차원에서 심도 있게 추진할 필요가 있다고 본다.

　듀이가 『민주주의와 교육』 제3장(34문단)에서 지적한 말은 우리의 교육 현실과 미래 교육의 방향에 뼈아픈 메시지를 던져준다. 이 문구를 인용하면서 글을 마무리하고자 한다.

　주입식으로 가르치고 수동적으로 흡수하는 학습이 어디서나 교육의 맹점으로 지적되고 있는데도 불구하고, 교육의 실제는 아직도 거기에 그토록 깊이 빠져 있는 이유가 도대체 무엇일까? 교육은 말로 전해주고 말로 전해받는 일이 아니라, 활성적인 과정이고 구성해나가는 과정이라는 원칙이 이론적으로 공인되고 있는 데도, 교육 실제에서는 그만큼이나 폭넓게 위반되고 있다. 이 개탄할 만한 사태는 바로 그 원칙 자체가 말로만 전달되고 있다는 사실 때문이 아니겠는가?

참고문헌

1. 국내 문헌

郭哲圭(1985). John Dewey의 知識論에서 照明한 敎育思想 硏究. 중앙대학교 박사학위논문.

金桂淑(1974). "「듀우이」와 「헤에겔」". 林漢永 博士 華甲紀念論文集, 49-74.

김규수(1996). 아동중심적 유아교육론. 서울: 학지사.

金柄吉(1986). John Dewey의 民主的 敎育의 哲學. 계명대학교 박사학위논문.

金在萬(1980). 듀이哲學. 서울: 배영사.

金泰吉(1990). 존 듀이의 社會哲學. 서울: 명문당.

朴榮滿(1992). John Dewey 實驗學校의 敎育理論과 實際에 關한 硏究. 성균관대학교 박사학위논문.

_____(1983). "John Dewey 經驗敎育說의 再考". 부산대학교, 敎育論文集, 제10집, 57-77.

_____(1985). "John Dewey 成長理論과 敎育". 부산대학교, 師大論文集, 제11집, 43-65.

박철홍(1993). "존 듀이 成長 槪念의 再理解: 듀이의 存在論에 비추어 본 潛在 可能性의 意味". 한국교육학회 교육철학연구회, 敎育哲學, 제11호, 297-325.

_____(1994). "경험 개념의 재이해". 강영혜 외 11인, 현대사회와 교육의 이해, 7장(271-327). 서울: 교육과학사.

신득렬(1987). "Dewey의 「철학의 개조」 연구(Ⅰ)". 한국교육철학회, 敎育哲學, 제5집, 143-160.

_____(1988). "Dewey의 「철학의 개조」 연구(Ⅱ)". 계명대학교, 敎育學硏究, 제6호, 67-114.

吳炳文(1983). John Dewey 哲學에 있어서의 經驗에 關한 硏究. 동국대학교 박사학위논문.

李敦熙(1982). "John Dewey의 敎育思想". 한국철학회 외 편, 존 듀이와 프라그마티즘, 107-124. 서울: 삼일당.

_____ 편역·해설(1992). 존 듀이 - 敎育論. 서울대학교 출판부.

_____(1993). 敎育的 經驗의 理解. 서울: 교육과학사.

李章浩(1988). 듀이의 道具主義에 있어서의 相互作用原理에 관한 硏究. 충남대학교 박사학위논문.

李烘雨(1995). 敎育의 槪念. 서울: 문음사.

林漢永(1974). 듀우이 敎育思想의 硏究. 서울: 민중서관.

鄭健泳(1988). John Dewey의 敎育的 經驗의 原理에 對한 硏究. 성균관대학교 박사학위논문.

鄭基泳(1984). "Dewey 思想의 整合的 體系 構築을 위한 試論 ─ 그의 「經驗」 槪念의 分析을 통하여". 영남철학회, 哲學論叢, 제1집, 145─170.

趙成述(1981). "「죤 듀이」에 있어서 經驗과 自然의 問題". 전남대학교, 論文集, 제26집, 69─86.

_____(1985). 존 듀이 哲學에 있어서의 經驗의 構造에 關한 硏究. 전북대학교 박사학위논문.

2. 외국 문헌

Alexander, Thomas M.(1987). *John Dewey's Theory of Art, Experience, and Nature : The Horizon of Feeling.* Albany: State University of New York.

Bernstein, Richard J.(1966). *John Dewey.* Atascadero, California: Ridgeview Publishing Company.

Brosio, Richard A.(1972). *The Relationship of Dewey's Pedagogy to His Concept of Community.* Doctoral Dissertation of Michigan University.

Brown, Bob B. (1968). *The Experimental Mind in Education.* New York: Harper & Row.

Chambliss, J. J.(1982). "John Dewey's Conception of Educative Experience: A Response to Donald Vandenberg's 'Education or Experience?'". In *Educational Theory*, Vol. 32, No. 2, 73─86.

Collins, Maurice A.(1971). *The Implication of J. Dewey's Theory of Teaching Method for Educational Practice.* Doctoral Dissertation of Southern Illinois University.

Darwin, Charles R.(n.d.), Richard E. Leakey 해설, 소현수 역(1986). 종의 기원(*The Origin of Species*). 서울: 종로서적.

Dewey, John(1897). "My Pedagogic Creed". In *John Dewey: The Early Works*, Vol. 5, 84─95. Carbondale and Edwardsville: Southern Illinois University Press, 1972. (송도선 역(2016). "나의 교육 신조", 학교와 사회 (부록). 파주: 교육과학사).

_____(1910). *How We Think.* In *John Dewey: The Middle Works*, Vol. 6. Carbondale and Edwardsville: Southern Illinois University Press, 1978.

_____(1913). *Interest and Effort in Education.* In *John Dewey: The Middle Works*, Vol. 7. Carbondale and Edwardsville: Southern Illinois University Press, 1979.

_____(1915). *The School and Society.* In *John Dewey: The Middle Works*, Vol. 1. Carbondale and Edwardsville: Southern Illinois University Press, 1976. (송도선 역(2016). 학교와 사회. 파주: 교육과학사).

_____(1916). *Democracy and Education*. In *John Dewey: The Middle Works*, Vol. 14. Carbondale and Edwardsville: Southern Illinois University Press, 1982. (李烘雨 역(1987). 民主主義와 敎育. 서울: 교육과학사).

_____(1917). "The Need for a Recovery of Philosophy". In *John Dewey: The Middle Works*, Vol. 10, 3-48. Carbondale and Edwardsville: Southern Illinois University Press, 1980.

_____(1920). *Reconstruction in Philosophy*. In *John Dewey: The Middle Works*, Vol. 12. Carbondale and Edwardsville: Southern Illinois University Press, 1982.

_____(1922). *Human Nature and Conduct*. In *John Dewey: The Middle Works*, Vol. 14. Carbondale and Edwardsville: Southern Illinois University Press, 1983.

_____(1925). *Experience and Nature*. In *John Dewey: The Later Works*, Vol. 1. Carbondale and Edwardsville: Southern Illinois University Press, 1988.

_____(1927). *The Public and Its Problems*. In *John Dewey: The Later Works*, Vol. 2. Carbondale and Edwardsville: Southern Illinois University Press, 1984.

_____(1929). *The Quest for Certainty*. In *John Dewey: The Later Works*, Vol. 4. Carbondale and Edwardsville: Southern Illinois University Press, 1984.

_____(1930). "From Absolutism to Experimentalism". In *John Dewey: The Later Works*, Vol. 5, 147-160. Carbondale and Edwardsville: Southern Illinois University Press, 1984.

_____(1935). "An Empirical Survey of Empiricisms". In *John Dewey: The Later Works*, Vol. 11, 69-83. Carbondale and Edwardsville: Southern Illinois University Press, 1987.

_____(1938). *Experience and Education*. In *John Dewey: The Later Works*, Vol. 13. Carbondale and Edwardsville: Southern Illinois University Press, 1988.

Dewey, Robert E.(1977). *The Philosophy of John Dewey - A Critical Exposition of His Method, Metaphysics, and Theory of Knowledge*. The Hague, Netherlands: Martinus Nijhoff.

Dykhuizen, George(1957). "John Dewey: American Philosopher and Educator". In *Educational Theory*, Vol. 8, No. 4, 263-268.

_____(1973). *The Life and Mind of John Dewey*. Carbondale and Edwardsville: Southern Illinois University Press.

Hook, Sidney(1939). *John Dewey: An Intellectual Portrait*. New York: The John Day Company.

_____(1966). "John Dewey: His Philosophy of Education and Its Critics". In R. D. Archambault, ed., *Dewey on Education*, 127-160. New York: Random House.

James, William(1912). *Essays in Radical Empiricism*. New York: Longmans, Green, and Co.

Lamprecht, Sterling P.(1955), 金泰吉, 尹明老, 崔明官 역(1987). 西洋哲學史(*Our Philosophical Traditions*). 서울: 을유문화사.

McDermott, John J.(1973). *The Philosophy of John Dewey* (Vol. 1: The Structure of Experience, Vol. 2: The Lived Experience). New York: Capricorn Books.

Meyer, Adolph E.(n.d.), 최정웅 역(1985). 20세기 敎育의 思潮(*The Development of Education in the Twentieth Century*). 대구: 이문출판사.

Ou, Tsuin-Chen(1961). "A Re-Evaluation of Educational Theory and Practice of John Dewey". In *Educational Forum*, Vol. 25, 277–300.

Park, Chul-Hong(1993). *Education as Living: A Re-evaluation of John Dewey's Experience-Centered Curriculum*. Doctoral Dissertation of University of New York.

Peters, R. S.(1966). *Ethics and Education*. London: George Allen & Unwin LTD. (李 烘雨 역(1980). 倫理學과 敎育. 서울: 교육과학사).

Ross, Stephen. D.(1961), *The Philosophy of Experience : An Analysis of the Concept of Experience in the Philosophy of John Dewey*. Doctoral Dissertation of Columbia University.

Russell, Bertrand(1939). "Dewey's New Logic". In Paul A. Schilpp, ed., *The Philosophy of John Dewey*, 135–156. Evanston: Northwestern University.

Troutner, Leroy F.(1972). "The Dewey-Heidegger Comparison Re-visited: A Reply and Clarification". In *Educational Theory*, Vol. 22, No. 2, 212–220.

_____(1974). "John Dewey and the Existential Phenomenologist". In D. E. Denton, ed., *Existentialism and Phenomenology in Education*, 9–50. New York: Teachers College Press.

Vandenberg, Donald(1980). "Education or Experience?". In *Educational Theory*, Vol. 30, No. 3, 235–251.

Winn, Ralph B. ed.(1959). *John Dewey: Dictionary of Education*. New York: Philosophical Library.

Wirth, Arthur G.(1966). *John Dewey as Educator: His Design for Work in Education (1894–1904)*. New York: John Wiley & Sons.

Wynne, John P. ed.(1960). *Qualities of Experience and Educational Philosophy*. New Haven: College and University Press.

Zeltner, Philip M. ed.(1975). *John Dewey's Aesthetic Philosophy*, Amsterdam: B. R. Gruner.

저자 소개

송 도 선(Song Do Seon)

[약 력]
경상대학교 영어영문학과
동 대학교 대학원 교육학과 박사
KAIST 계약교수
현, 경상대학교 사범대학 교육학과 교수

[저 작]
John Dewey의 經驗 中心 敎育論(박사학위논문)
John Dewey의 경험 개념(논문)
존 듀이의 경험의 구조(논문)
듀이의 교육목적으로서의 성장 개념 재고(논문)
듀이의 습관 개념(논문)
Dewey에 있어 경험과 교육의 관계(논문)
듀이에 있어 체험과 이론 교육의 균형 문제(논문)
동양 사상에 담긴 영재의 개념(논문)
지력의 생득요인과 경험요인을 통한 영재성 담론(논문)
듀이의 통합 교육 사상(논문)
듀이 철학에서 경험 연속성의 교육적 함의(논문)
노자의 『도덕경』에 담긴 '무(無)'의 교육적 함의(논문)
듀이의 성장이론에 담긴 평생교육 이념(논문)
명상일기의 원리와 인성 변화에 대한 고찰(논문)
학교와 사회(번역)
나의 교육 신조(번역) 등

존 듀이의
경험 중심 교육사상
John Dewey's Experience-Centered Educational Thought

2021년 5월 15일 1판 1쇄 인쇄
2021년 5월 20일 1판 1쇄 발행

지은이 • 송도선
펴낸이 • 김진환
펴낸곳 • ㈜ 학지사

04031 서울특별시 마포구 양화로 15길 20 마인드월드빌딩
대표전화 • 02)330-5114　　　팩스 • 02)324-2345
등록번호 • 제313-2006-000265호

홈페이지 • http://www.hakjisa.co.kr
페이스북 • https://www.facebook.com/hakjisa

ISBN 978-89-997-2419-0　93370

정가 16,000원

출판 · 교육 · 미디어기업 학지사

간호보건의학출판 학지사메디컬 www.hakjisamd.co.kr
심리검사연구소 인싸이트 www.inpsyt.co.kr
학술논문서비스 뉴논문 www.newnonmun.com
원격교육연수원 카운피아 www.counpia.com